TIMOTHY KELLER

Vergeben

Warum eigentlich?

Und wenn ja – wie?

Deutsch von Renate Hübsch

BRUNNEN
Verlag GmbH · Giessen

Titel der Originalausgabe: Forgive – Why should I and how can I

Veröffentlicht bei VIKING, einem Verlag der Verlagsgruppe
Penguin Random House LLC

Übersetzung aus dem amerikanischen Englisch: Renate Hübsch

MIX
Papier | Fördert gute Waldnutzung
FSC® C014496
www.fsc.org

Lektorat: Uwe Bertelmann
Umschlagfoto: Adobe Stock
Umschlaggestaltung: Jonathan Maul
Druck: GGP Media GmbH, Pößneck
ISBN Buch: 978-3-7655-3617-5
ISBN E-Book: 978-3-7655-7868-7
www.brunnen-verlag.de

Für David A. Powlison und Donald A. Carson

Zwei Freunde und begnadete Bibellehrer,
deren biblische Einsichten über Vergebung
mir als Grundlage für dieses Buch dienten.

INHALT

DAS GLEICHNIS VOM DIENER, DER KEINE SCHULD ERLASSEN WOLLTE

Da wandte sich Petrus an Jesus und fragte: „Herr, wie oft muss ich meinem Bruder vergeben, wenn er immer wieder gegen mich sündigt? Siebenmal?" – „Nein", gab Jesus ihm zur Antwort, „nicht siebenmal, sondern siebenundsiebzigmal!"

„Darum hört dieses Gleichnis: Mit dem Himmelreich ist es wie mit einem König, der mit den Dienern, die seine Güter verwalteten, abrechnen wollte. Gleich zu Beginn brachte man einen vor ihn, der ihm zehntausend Talente schuldete. Und weil er nicht zahlen konnte, befahl der Herr, ihn mit Frau und Kindern und seinem ganzen Besitz zu verkaufen und mit dem Erlös die Schuld zu begleichen.

Der Mann warf sich vor ihm nieder und bat auf den Knien: ‚Hab Geduld mit mir! Ich will dir alles zurückzahlen.' Da hatte der Herr Mitleid mit seinem Diener; er ließ ihn frei, und auch die Schuld erließ er ihm.

Doch kaum war der Mann zur Tür hinaus, da traf er einen anderen Diener, der ihm hundert Denare schuldete. Er packte ihn an der Kehle, würgte ihn und sagte: ‚Bezahle, was du mir schuldig bist!'

Da warf sich der Mann vor ihm nieder und flehte ihn an: ‚Hab Geduld mit mir! Ich will es dir zurückzahlen.' Er aber wollte nicht darauf eingehen, sondern ließ ihn auf der Stelle ins Gefängnis werfen, wo er so lange bleiben sollte, bis er ihm die Schuld zurückgezahlt hätte.

Als das die anderen Diener sahen, waren sie entsetzt. Sie gingen zu ihrem Herrn und berichteten ihm alles.

Da ließ sein Herr ihn kommen und sagte zu ihm: ‚Du böser Mensch! Deine ganze Schuld habe ich dir erlassen, weil du mich angefleht hast. Hättest du da mit jenem anderen Diener nicht auch Erbarmen haben müssen, so wie ich mit dir Erbarmen hatte?'

Und voller Zorn übergab ihn der Herr den Folterknechten, bis er ihm alles zurückgezahlt hätte, was er ihm schuldig war. So wird auch mein Vater im Himmel jeden von euch behandeln, der seinem Bruder nicht von Herzen vergibt."

(Matthäus 18,21-35)

EINFÜHRUNG

„Keine Zukunft ohne Vergebung“

Für mich sind Vergebung und Mitgefühl immer miteinander verbunden: Wie können wir Menschen für ihr Fehlverhalten zur Rechenschaft ziehen und gleichzeitig mit ihrer Menschlichkeit in Kontakt bleiben, um an ihre Fähigkeit zur Veränderung zu glauben?

Bell Hooks im Gespräch mit Maya Angelou[1]

Umstrittene Vergebung

Der schwarze südafrikanische Erzbischof und Friedensnobelpreisträger Desmond Tutu, der unter der Apartheid aufgewachsen war und viele Jahre im Gefängnis verbracht hatte, wurde nicht müde zu betonen, dass es „ohne Vergebung keine Zukunft“ für Südafrika gebe. Er lehnte das Modell der Nürnberger Prozesse ab, das im Nachkriegsdeutschland bei der Aufarbeitung von Kriegsverbrechen während der Herrschaft der Nationalsozialisten angewandt wurde. Dieser Ansatz hätte für alle Personen, die wegen Gewaltverbrechen unter dem Apartheid-Regime angeklagt waren, ein abgeschlossenes Gerichtsverfahren und eine entsprechende Verurteilung erfordert. Tutu entwarf stattdessen einen Plan, der Amnestie und Vergebung für alle Gewalttäter – Schwarze oder Weiße – vorsah, die sich melden und öffentlich die volle Wahrheit über ihre Taten während bestimmter genau benannter Jahre bekennen würden.

Diejenigen, die zu ihren Taten standen, wurden nicht strafrechtlich verfolgt, aber weil das Licht der Wahrheit darauf fiel und die Taten bekannt gemacht wurden, konnte die Gesellschaft in die Zukunft blicken. Für die Täter gab es natürliche Konsequenzen, moralische und soziale. Die Wahrheits- und Versöhnungskommission schuf Gelegenheiten, persönliche Vergebung zu gewähren und Beziehungen wiederherzustellen. Bischof Tutu argumentierte, in Südafrika wäre die Alternative zur Vergebung der Kreislauf der Gewalt gewesen, wie er auf dem Balkan nach dem Zerfall Jugoslawiens zu beobachten war.[2] Als Desmond Tutu in der letzten Woche des Jahres 2021 starb, schrieb ich folgenden Beitrag auf Twitter:

Viele vertreten die Ansicht, dass die „Vergebungskultur" den Tätern hilft, sich ihrer Verantwortung zu entziehen. Desmond Tutu argumentierte: Ohne Vergebung behalten die Täter uns im Griff. Er vertrat die Position, dass es möglich sei, gleichzeitig Vergebung und Gerechtigkeit anzustreben. Er lehnte das Modell der Nürnberger Prozesse ab und setzte Wahrheit und Versöhnung dagegen.[3]

Wie erwartet waren die Reaktionen auf diesen Tweet gemischt. Viele Menschen, die Missbrauch erlebt hatten, warnten davor, dass die Forderung nach Vergebung gegen die Opfer verwendet würde, indem man sie aufforderte, nach vorn zu schauen, über das Erlittene hinwegzukommen und zu vergeben. Einige sahen darin eine Strategie von Institutionen und Missbrauchstätern, um sich der Verantwortung zu entziehen. Und doch konnten die meisten dieser Stimmen nicht leugnen, was Desmond Tutus Kommission erreicht hatte. Jemand antwortete auf den Tweet: „Menschen aufzufordern, zu vergeben und nach vorn zu schauen […], hilft Missbrauchstätern, sich der Verantwortung zu entziehen.“ Aber dann ergänzte er oder sie: „Ich weiß, dass Pfarrer Tutu eine erstaunliche Arbeit geleistet und wahre Gnade bewiesen und gelehrt hat.“

Andere meinten, dass Tutus Modell unsere derzeitige Cancel-Culture verändern könnte. Michael Dyson – Pastor, Collegeprofessor, Radiomoderator, Kolumnist der *New York Times* und Autor mehrerer Bestseller u. a. über Martin Luther King Jr. – räumte ein, dass sein Aufruf zur Vergebung heute „überholt, pathetisch oder geradezu irrelevant erscheinen mag […], selbst für die meisten Verfechter der sozialen Gerechtigkeit“, aber er forderte alle auf, ihm dennoch Aufmerksamkeit zu schenken.[4]

Das Verblassen des Verzeihens

Wie in einem Mikrokosmos lässt sich in den widersprüchlichen Reaktionen auf Tutus Werk nach seinem Tod die zwiespältige Haltung unserer eigenen Gesellschaft zur Vergebung beobachten. Im Juni 2020 tweetete Elizabeth Bruenig von der New York Times:

„Ein geistiges Klima, das ständige Sühne fordert, aber den bloßen Gedanken der Vergebung aktiv verachtet, hat etwas Untragbares an sich.“[5]

Schnell wurde sie mit empörten E-Mails überschwemmt und löschte bald, was sie geschrieben hatte, aus Betroffenheit darüber, welchen Aufruhr sie verursacht hatte. In einem Gespräch erklärte sie jedoch, dass wir eine Kultur haben, die von einem übersteigerten Gerechtigkeitssinn und dem Wunsch geprägt ist, Menschen für ihre Sünden büßen zu lassen. „Ich [sehe] in der amerikanischen Kultur, wie anstößig die Idee des

Verzeihens für die Menschen ist. Sie scheinen es unmoralisch zu finden, und ich denke, das ist sehr beunruhigend."[6]

Viele finden das Konzept der Vergebung zunehmend problematisch. Nach den Todesfällen der beiden Afroamerikaner Michael Brown in Ferguson, Missouri, und Eric Garner in New York City im Jahr 2014 entstand eine neue Bewegung für Gerechtigkeit zwischen den Ethnien, die ursprünglich von einem neuen Netzwerk namens *Black Lives Matter* ausgelöst wurde. Doch nach der Ermordung von George Floyd in Minneapolis im Mai 2020 nahmen die Forderungen nach einer Änderung des systemischen Rassismus in den westlichen Gesellschaften ein Ausmaß an, das den Rahmen einer einzelnen Organisation weit überstieg. Millionen Menschen gingen weltweit auf die Straße, um Veränderungen zu fordern. Diese neue Bewegung schlug andere Töne an als die Bürgerrechtsbewegung in den 1960er-Jahren. „Dies ist nicht die Bürgerrechtsbewegung eurer Großeltern"[7], sagte der Rapper Tef Poe. Diese Bewegung, so meinte er, würde viel zorniger sein.

Unser kulturelles Problem mit der Vergebung ist nicht nur auf ethnische Konflikte beschränkt. Auch die *#MeToo*-Bewegung hat große Probleme damit, wenn an Vergebung appelliert wird. Viele Frauen fragen: Ermutigt es die Täter nicht nur zu weiterem Missbrauch, wenn man verzeiht? Auch die Welt der sozialen Medien scheint ein Bereich zu sein, in dem Fehltritte und ungesetzliche Beiträge nie verziehen werden. Stattdessen können Screenshots von jedem unbedachten Wort, das irgendjemand jemals online geäußert hat, auf ewig in Umlauf sein.

Selbst nachdem sich die TV-Größe Whoopi Goldberg für beleidigende Äußerungen über den Holocaust entschuldigt hatte, wurde sie ausgeschlossen und bestraft. Der jüdische Schriftsteller Nathan Hersh fand diesen Mangel an Vergebung „beunruhigend". Er fand Goldbergs Äußerungen ebenfalls antisemitisch und beleidigend, aber er verwies auf die jüdische und biblische Tradition, dem Menschen, der Reue zeigt, zu vergeben. Er äußerte die Befürchtung, dass das Bedürfnis der Kultur, selbst diejenigen ins Abseits zu stellen, die zur Veränderung bereit sind, nicht dazu dienen würde, Bigotterie abzubauen. Es könnte sie sogar noch verstärken.[8]

„Zur Hölle mit der Vergebungskultur"

Angehörige der neun in Charleston, South Carolina, getöteten Afroamerikaner sagten öffentlich zu dem Amokläufer Dylann Roof: „Ich vergebe Ihnen." In einem Kommentar in der Washington Post schrieb die bekannte Journalistin und Aktivistin für den Schutz von Kindern vor Gewalt, Stacey Patton, daraufhin: „Das schwarze Amerika sollte aufhören, weißen Rassisten zu vergeben."[9] Die Erwartung, dass Schwarze vergeben sollten, und die Bewunderung dafür, so schrieb sie, „dienen dem Schutz des Weißseins […]. Beides ermöglicht es den Weißen, die Schäden zu leugnen, die rassistische Gewalt verursacht […], ständiges Verzeihen setzt den Kreislauf von Angriffen und Missbrauch nur fort." Schnell zu verzeihen, so sagte sie, führe schließlich zur Unfähigkeit, die Täter für ihr Verhalten zur Rechenschaft zu ziehen.

Im September 2018 kam Amber Guyger, eine Polizeibeamtin aus Dallas, von der Arbeit nach Hause und betrat eine benachbarte Wohnung, die sie fälschlicherweise für ihre eigene hielt. Als sie in der Wohnung einen Schwarzen sah, schoss sie auf ihn und tötete ihn. Es war Botham Jean, ihr unbewaffneter Nachbar, der in seiner eigenen Wohnung vor dem Fernseher saß. Kurz nachdem Guyger vor Gericht zu zehn Jahren Gefängnis verurteilt worden war, verzieh der Bruder des Opfers,

Brandt Jean, ihr öffentlich und umarmte sie. Die landesweiten Reaktionen auf diese bewegende Szene waren höchst unterschiedlich.

Das *Institute for Law Enforcement Administration* verlieh Brandt den Ethical Courage Award 2019.

Aber andere vertraten die Ansicht, eine solche öffentliche Vergebung der Schwarzen gegenüber den Weißen führe nur dazu, dass die weiße Vorherrschaft gefestigt wird. Der schwarze Journalist und Menschenrechtsaktivist Kevin Powell schrieb einen Artikel mit der Überschrift „Der Irrsinn von Weißer Gerechtigkeit und Schwarzer Vergebung: Einen weiteren tragischen Verlust eines Menschenlebens zu einer Kitschpostkarte zu reduzieren, ist keine Gerechtigkeit".[10] Der Anwalt und Aktivist Preston Mitchum twitterte: „Schwarze Menschen werden schon immer gezwungen, den Kolonisatoren gegenüber Mitgefühl zu zeigen, und es wird ihnen ein schlechtes Gewissen eingeredet, wenn sie es nicht tun."[11]

In derselben Zeitung schrieb die siebzigjährige Barbara Reynolds, die in den 1960er-Jahren an den Bürgerrechtsprotesten teilgenommen hatte, eine Gegendarstellung zu Stacey Pattons Artikel. Sie argumentierte, dass die von Martin Luther King Jr. und Nelson Mandela angeführten Bewegungen deswegen die moralische Oberhand gewonnen und die Mehrheit überzeugt hatten, weil sie von der „Ethik der Liebe, der Vergebung und der Versöhnung" geprägt waren. Dass sie sich durchgesetzt hatten, sei zurückzuführen auf die „Kraft des spirituellen Ansatzes".[12]

Reynolds schloss ihren Artikel mit der Feststellung, dass Liebe und Vergebung „in dieser Bewegung fehlen". Vergebung, so argumentierte sie, entwaffne die Unterdrücker und gewinne viele ihrer Anhänger und schwäche so das System. „Wenn man zornig wird", so zitiert sie den ehemaligen Bürgermeister von

Atlanta und Bürgerrechtsaktivisten Andrew Young, „ist das ansteckend, und am Ende handelt man genauso schlecht wie die Täter.“ Der derzeitige zornige Ansatz könne zwar zu kurzfristigen Erfolgen führen, werde das Land aber letztlich nur spalten, statt es zu einen.

Und doch – haben Menschen, die wie Stacey Patton frustriert sind, weil sich nichts ändert, nicht auch recht? Ist es nicht so, dass eine permanent unterdrückte Gruppe von Menschen, die ihren Unterdrückern vergibt, lediglich das System stabilisiert?

Sabine Birdsong macht für den Missbrauch der Vergebung nicht nur eine schlechte Praxis verantwortlich, sondern das Christentum an sich. In einem Blogbeitrag mit dem aufsehenerregenden Titel „Zur Hölle mit der Vergebungskultur“ argumentierte sie, dass „wir weiterhin glauben, dass Vergebung einen Menschen überlegen macht und dass jeder, der etwas so Einfaches nicht zuwege bringt, die Schuld bei sich suchen sollte“. Die Autorin macht dafür „eine tief eingeprägte religiöse Nachwirkung aus dem Christentum“ verantwortlich, eine Denkweise, die „sich in Geboten wie Vergeben und Vergessen, die andere Wange hinhalten“ manifestiert. Wir verurteilen Menschen, die nicht vergeben wollen, und sagen, sie „vergiften sich selbst“, was „einer weiteren abrahamitischen kulturell geprägten Schuldzuweisung gleichkommt. Kurz gesagt, es ist Opferbeschuldigung.“ Dies diene nur dazu, Missbrauchstätern zu helfen, die „ungestraft handeln können [… weil] sie ungeachtet der Schwere ihrer Taten in der selbstgefälligen Gewissheit ruhen können, dass ihnen vergeben wird“. Die Betonung der Vergebung führe tendenziell auch dazu, die Täter als Menschen zu sehen, was es schwieriger mache, sie zur Verantwortung zu ziehen. „Die Menschen lieben eine gute Erlösungsgeschichte. Dieses [Vergebungs-]Narrativ ist nichts weiter als ein bloßes

Mittel, um [...] dem Täter auf Kosten der Opfer charakterliche Tiefe zu verleihen."[13]

In einem Folgeartikel fordert die Autorin, dass wir „die überholten Vorstellungen von Vergebung neu schreiben", die „das pseudo-spirituelle Märchen von Erlösung und Vergebung" idealisieren und „über das inhärente Recht der Menschen, nicht missbraucht zu werden", stellen.[14]

Dieses letzte Zitat stellt das Problem klar heraus, das wir heute empfinden: den offensichtlichen Widerspruch zwischen Vergebung und Gerechtigkeit, das Gefühl, dass wir das eine dem anderen vorziehen müssen.

Aber ist das wahr?

Das unauslöschliche Bedürfnis nach Vergebung

Das menschliche Bedürfnis nach Vergebung scheint unauslöschlich zu sein. Es verschwindet nicht, wenn man es anprangert oder versucht, es zu dekonstruieren. Damit meine ich sowohl ein tiefes Bedürfnis, Vergebung zu gewähren, als auch Vergebung zu empfangen.

In der Silvesternacht des Jahres 1843 stand in einer lutherischen Gemeinde in Möttlingen ein junger Mann vor der Tür des Pfarrers Johann Blumhardt. Er beichtete viele Sünden und Verfehlungen, gravierende wie weniger schwere. Der Mann erfuhr große Erleichterung und das sprach sich herum. Bis Ende Januar waren 35 Menschen gekommen, um ihre Gewissen bei dem Pfarrer zu erleichtern und Gott um Vergebung zu bitten. Bis Mitte Februar waren es bereits über 150.

Diese Erweckung, über die an verschiedenen Stellen berichtet wird, war wegen der konkreten Verhaltensänderungen, die sie bewirkte, bemerkenswert. „Gestohlene Güter wurden zurückgegeben, Feinde wurden versöhnt, Untreue wurde gebeichtet und zerbrochene Ehen wiederhergestellt. Verbrechen, darunter ein Fall von Kindermord, wurden aufgeklärt“, und Alkoholiker wurden trocken.[15] Hier sehen wir ein Beispiel dafür, wie die Gewährung von Vergebung in dieser Stadt eine Bewegung für mehr Gerechtigkeit auslöste.

Ziemlich zu Anfang von Jesu öffentlichem Wirken brachte eine Gruppe von vier Freunden einen gelähmten Mann in das Haus, in dem er sprach, weil sie hofften, eine Heilung für ihn erwirken zu können. „Doch es herrschte ein solches Gedränge, dass sie nicht zu ihm durchkamen. Da deckten sie das Dach über der Stelle ab, wo Jesus sich befand, und machten eine Öffnung, durch die sie den Gelähmten auf seiner Matte hinunterließen“ (Markus 2,4). Zum Erstaunen aller heilte Jesus zunächst nicht die Lähmung des Mannes. Vielmehr lesen wir: „Als Jesus ihren Glauben sah, sagte er zu dem Gelähmten: ‚Mein Sohn, deine Sünden sind dir vergeben!‘“ (Vers 5).

Versetzen Sie sich einen Moment lang in die Situation des gelähmten Mannes. Vermutlich hätten Sie gedacht (und wenn Sie eine mutige Persönlichkeit sind, hätten Sie es vielleicht auch gesagt): „Äh, danke – aber ist es nicht offensichtlich, dass ich hier ein dringenderes Bedürfnis habe?“ Und wenn Sie das gesagt hätten, hätte Jesus geantwortet: „Nein, das stimmt nicht.“

Wahrscheinlich hatte der Mann das Gefühl: „Wenn ich nur wieder laufen könnte – dann wäre ich glücklich. Ich würde mich nie beklagen. Ich würde zufrieden sein.“ Aber Jesus sagt gewissermaßen: „Sieh dich um, und sieh dir all diese Menschen an – sie können alle laufen. Aber sind sie in ihrem Herzen zufrieden? Sind sie alle glücklich? Wenn ich dich nur heile, wirst du eine Zeit lang überglücklich sein, aber dann wirst du werden wie alle anderen auch.“ Nein. Was der Mann brauchte, war Vergebung. Vergebung geht den Dingen auf den Grund –

der Entfremdung von Gott und von uns selbst, die wir empfinden, weil wir eben Dinge falsch machen.

Was Jesus hier sagt, ist im Grunde: „Ich will euch zeigen, dass das tiefste Bedürfnis, das ihr als Menschen habt, das Bedürfnis nach mir ist. Nur ich kann euch vollkommene Liebe, neue Identität, unendlichen Trost, Hoffnung und Herrlichkeit schenken. *Und das Tor zu alldem ist es, zu erfahren, was Vergebung ist.*“

Es ist an der Zeit, diese Tür zu öffnen und hindurchzugehen.

KAPITEL 1

Eine Geschichte der Vergebung

WILL MUNNY: Es ist eine höllische Sache, einen Menschen zu töten, nicht wahr? Man nimmt ihm alles, was er hat, und alles, was er je haben wird.
THE SCHOFIELD KID: Na ja, ich schätze, sie haben es … verdient.
WILL MUNNY: Wir haben es alle verdient, Kid.

(Im Film „Erbarmungslos“, 1992)

Eine Geschichte vom Scheitern der Vergebung

Tom war professioneller Investor. In den letzten Jahren hatte er mit seinem Aktienportfolio gute Ergebnisse erzielt. Voller Zuversicht wandte er sich an seinen wohlhabenden Freund Joseph und bat ihn um einen enormen Kredit, um damit große Anteile an verschiedenen heißen Aktien zu kaufen. Er versprach Joseph eine hohe Rendite, und angesichts der bisherigen Ergebnisse schien dies auch durchaus möglich. Allerdings verheimlichte er Joseph eine Reihe von Fakten über die Unternehmen, in die er investierte.

Als eines der Unternehmen in eine Krise geriet und sich der Markt gegen Toms Aktien entwickelte, verlor Joseph Millionen. Als er sah, was passiert war, schrieb er:

„Wie konntest du mir das antun, Tom? Ich habe deinem Wort vertraut, und du hast mir das Risiko verschwiegen, dem du mich ausgesetzt hast. Du hast mich betrogen. Ich verlange, dass du mir mein Geld zurückzahlst, und ich werde vor Gericht gehen und dafür sorgen, dass das geschieht."

Tom suchte Joseph auf. Er ging in Josephs Büro, setzte sich und brach in Tränen aus. „Wenn du mich auf diesen Betrag verklagst, werde ich buchstäblich nichts mehr haben! Bitte verzeih mir!"

Und Joseph vergab ihm. Es war ein erstaunlicher Akt der Barmherzigkeit. Joseph hatte wegen Toms Fehlspekulation ein Vermögen verloren, aber er vergab ihm.

Toms Freunde waren fassungslos, als er ihnen von Josephs Großmut und Großzügigkeit erzählte. Aber ebenso fassungslos waren sie, als sie sahen, was Tom als Nächstes tat. Ein Mann in ihrem Freundeskreis, Harry, hatte gerade eine schmerzhafte Scheidung hinter sich. Seine Frau hatte das Haus und das Sorgerecht für die Kinder bekommen, und Harry lebte in einem kleinen gemieteten Zimmer mit sehr geringem Einkommen.

„Hey", sagte Tom einige Tage nach seinem Treffen mit Joseph zu Harry, „ich habe dir letztes Jahr fünftausend Dollar geliehen, und ich brauche sie jetzt zurück."

„Du hättest mich nicht zu einem schlechteren Zeitpunkt fragen können", sagte Harry. „Das ist fast alles, was ich an Ersparnissen habe. Wenn ich dir das Geld geben würde, stünde ich auf der Straße. Bitte gib mir mehr Zeit – oder, wenn du dazu bereit wärst, erlass mir die Schulden einfach ganz. Das könnte ich gerade ziemlich gut brauchen."

„Wofür hältst du mich?", lachte Tom. „Wenn du es mir nicht gibst, werde ich Wege finden, dir das Leben ziemlich ungemütlich zu machen! Bezahl jetzt, sonst wirst du mich kennenlernen."

Einer von Toms entsetzten Freunden wandte sich an Joseph und erzählte ihm die ganze Geschichte. Joseph rief Tom an und sagte: „Hättest du deinem Freund nicht seine Schulden erlassen sollen, so wie ich dir deine erlassen habe? Morgen reiche ich meine Klage gegen dich wegen des Verlusts meines Geldes erneut ein. Sollen sich doch die Gerichte mit dir befassen."

Das Gleichnis vom Diener, der keine Schuld erlassen wollte

Sicher haben Sie schon erkannt, dass ich hier ein Gleichnis von Jesus selbst nacherzählt habe (es ist auch am Anfang dieses Buchs abgedruckt). Es ist vielleicht die ausführlichste Behandlung des Themas Vergebung im Neuen Testament. Aber Jesus wählt nicht die Form einer Abhandlung oder eines Essays. Vielmehr handelt es sich um eine fesselnde, tragische Geschichte. Dieser realistische Bericht über das Leben in dieser Welt zeigt, wie ein Akt der Vergebung trotz seines heilenden, lebensverändernden Potenzials in einer Weise missbraucht werden kann, die alle Beteiligten ins Verderben stürzt.

Da wandte sich Petrus an Jesus und fragte: „Herr, wie oft muss ich meinem Bruder vergeben, wenn er immer wieder gegen mich sündigt? Siebenmal?" – „Nein", gab Jesus ihm zur Antwort, „nicht siebenmal, sondern siebenundsiebzigmal!" (Matthäus 18,21-22).

Jesus hat dem Thema Vergebung in seiner Verkündigung einen hohen Stellenwert eingeräumt. Der einzige Zusatz zum Vaterunser selbst ist Matthäus 6,14-15. Hier sagt Jesus mit Nachdruck, dass Gott uns die Vergebung verweigern wird, wenn wir anderen die Vergebung verweigern.

Die Jünger sind perplex angesichts der Feststellung Jesu, dass die Vergebung durch Gott und die Vergebung gegenüber anderen voneinander abhängig sind. Die Frage von Petrus zeigt seine Besorgnis, dass das Gebot Jesu von einem skrupellosen Täter dazu benutzt werden könnte, sich an anderen zu versündigen, ohne zur Rechenschaft gezogen zu werden. Deshalb schlägt Petrus eine Grenze vor. „Herr, wie oft muss ich meinem Bruder oder meiner Schwester vergeben, wenn sie immer wieder gegen mich sündigen? Siebenmal?" Petrus' Vorschlag ist ihm selbst wohl großzügig erschienen – nach dem jüdischen Talmud (b. Yoma 86b-87a) müssen wir ein und derselben Person nur dreimal vergeben.[1]

Jesus weigert sich, eine Grenze für die Vergebung gelten zu lassen. Seine schockierende Feststellung lautet, dass wir „nicht siebenmal, sondern siebenundsiebzigmal" vergeben müssen. Der von ihm verwendete Begriff wird manchmal so übersetzt, dass er siebzig *mal* sieben oder 490 Mal bedeutet. Aber wenn man sich auf die genaue Zahl fixiert, verfehlt man völlig, was Jesus meint. Die Zahl sieben steht für Vollständigkeit. „Und das bedeutet, dass diese Aussage Jesu […] die Sprache der Übertreibung, nicht der Berechnung verwendet. Wer sich Gedanken darüber macht, ob die Zahl 77 oder 490 lauten soll, hat das Wesentliche nicht begriffen. […] Es gibt keine Grenze, keinen Platz dafür, darüber Buch zu führen, wie viel Vergebung bereits verbraucht wurde. Die Frage von Petrus ging völlig an der Sache vorbei: Wenn man noch zählt […], dann vergibt man nicht."[2]

Keine Grenze für die Vergebung

Um diese verblüffende Behauptung zu untermauern, erzählt Jesus das Gleichnis vom Diener, der keine Schuld erlassen wollte (Matthäus 18,21-35, vgl. S. 7).

Das Vergehen. Ein König hatte einen Diener, der ihm zehntausend Talente schuldete. Alle Ausleger weisen darauf hin, dass diese Summe bewusst unrealistisch angesetzt ist. Ein gewöhnlicher Arbeiter konnte damit rechnen, in einem Jahr vielleicht ein einziges Talent zu verdienen. Umgerechnet auf heute, wo ein Arbeiter vielleicht 40.000 Euro im Jahr verdient, macht das eine Schuld von 400 Milliarden Euro – mehr als das heutige Bruttosozialprodukt von 80 Prozent aller Länder der Welt. Auch wenn wir davon ausgehen, dass es sich um eine Fiktion handelt, müssen wir dennoch verstehen, was Jesus damit sagen wollte. Warum hat er eine unvorstellbar hohe Zahl gewählt? Im Rahmen der Geschichte kann es sich nicht um einen geschäftlichen oder persönlichen Kredit gehandelt haben. Kein König im wirklichen Leben hätte einem Diener zehntausend Talente geben können oder wollen.

Manche meinen, Jesus wolle, dass sich die Zuhörer einen Diener vorstellen, der ein reicher Statthalter oder Satrap im Reich ist und der durch epische Misswirtschaft und Pflichtverletzungen die gesamte Wirtschaft und das Reich selbst in Gefahr gebracht hat. Andererseits könnte es sein, dass das Matthäusevangelium bewusst sagen will, dass es hier um etwas geht, was das Gefüge der weltlichen Realitäten sprengt. Das Talent war die größte Währungseinheit im Reich, und Zehntausend war die höchste Zahl, für die es in der griechischen Sprache ein eigenes Wort gab.[3] Vielleicht spricht Jesus einfach anschaulich von einer *grenzenlosen*, nicht zu bemessenden Schuld.

Der König stellt den Diener zur Rede und verlangt von ihm, dass er seine Schulden begleicht, aber das ist etwas Menschenunmögliches. Der in den Kulturen des Altertums übliche Weg, um mit einem Bankrott umzugehen, war, den Schuldner zum Sklaven zu machen, und so fordert der König seinen Verkauf, obwohl er dadurch natürlich seine Verluste nicht wieder wettmachen kann.

Die Bitte. Der Diener bittet den König: „Hab Geduld mit mir, ich will es dir zurückzahlen." Dass er auf die Knie fällt, zeigt tiefe Emotionen, echten Kummer über das begangene Unrecht. Das Angebot, „alles zurückzuzahlen", ist nicht nur ein Ausdruck des Bedauerns, sondern ein Angebot zur Wiedergutmachung. Doch selbst die aufrichtigsten Bemühungen des Dieners könnten das Geld, das König und Reich verloren haben, nicht ersetzen.

Der Freispruch. Daraufhin „ließ der König ihn frei" und „auch die Schuld erließ er ihm". Er spricht ihn frei von jeder Haftung und Verpflichtung. Die Bitte des Dieners um „Geduld" – *makrothumeo,* ein griechisches Wort, das wörtlich „langsam kochend oder schmelzend" bedeutet – deutet auf den Preis der Vergebung hin. Eine ältere Übersetzung für *makrothumeo* war „langmütig". Langmut ist die Fähigkeit, Leid mutig zu ertragen, anstatt ihm zu erliegen. Jemandem seine Schulden zu erlassen, bedeutet, die Schulden selbst zu übernehmen. Wenn ein Freund sich Ihr Auto leiht, es rücksichtslos zu Schrott fährt und nicht in der Lage ist, Sie finanziell zu entschädigen, können Sie sagen: „Ich vergebe dir", aber der Preis für das Unrecht löst sich nicht in Luft auf. Entweder Sie treiben das Geld auf, um ein neues Auto zu kaufen, oder Sie verzichten auf ein Auto. In jedem Fall bedeutet Vergebung, dass die Kosten für das Unrecht vom Verursacher auf Sie übergehen und Sie sie tragen müssen.

Vergebung ist also eine Weise, freiwillig Leid auf sich zu nehmen. Wenn man vergibt, anstatt Vergeltung zu üben, trifft man die Entscheidung, die Kosten zu tragen.

Das neue Vergehen. In der nächsten Szene sehen wir, wie der Diener, dem die Schuld erlassen wurde, einen zweiten Diener trifft. Dieser zweite Mann schuldet dem ersten den modernen

Gegenwert von ein paar Euro. Aber der Diener, dem vergeben wurde, packt ihn und beginnt ihn zu würgen! Der zweite Diener äußert dem ersten Diener gegenüber die gleiche Bitte wie der erste Diener dem König gegenüber. Aber als der Schuldner das Geld nicht sofort aufbringen kann, wirft der Diener, dem selbst so große Schuld erlassen wurde, ihn ins Gefängnis.

Der Urteilsspruch. Als der König dies hört, ruft er den ersten Diener zu sich und sagt: „Wie kann jemand, der die überreiche Barmherzigkeit erfahren hat, die ich dir gegenüber bewiesen habe, sich anderen gegenüber so grausam und kleinlich verhalten?“ Und damit wirft er den ersten Diener ins Gefängnis. Jesus beendet seine Beispielerzählung mit einem Satz, bei dem uns das Herz zu Eis gefrieren kann: „So wird auch mein Vater im Himmel jeden von euch behandeln, der seinem Bruder nicht von Herzen vergibt.“

Die Bedeutung ist nicht schwer zu erfassen. Der König ist Gott. Wir alle sind der Diener. Die zehntausend Talente sind die unendliche Schuld, die wir Gott schulden. Gott hat uns erschaffen und erhält unser Leben in jeder einzelnen Sekunde – wir schulden ihm also unendliche Liebe, Vertrauen und Gehorsam. Aber wir geben ihm das nicht. Es gibt keinen Menschen auf der Erde, der nicht in irgendeiner Weise die Barmherzigkeit Gottes erfährt (vgl. Psalm 145). Dennoch bleibt die Art und Weise, wie wir andere Menschen behandeln, unendlich weit hinter der großzügigen Barmherzigkeit zurück, mit der Gott uns begegnet.

Wir haben nun ein Grundverständnis dieses Gleichnisses gewonnen. Im Folgenden möchte ich entfalten, was wir daraus über Gottes Vergebung für uns und unsere Vergebung für andere lernen.

Die Schwierigkeit der Vergebung

Wie wir gesehen haben, wird Vergebung in unserer Gesellschaft als schwierig und problematisch empfunden. Das Gleichnis ist in dieser Hinsicht mehr als realistisch.

Es fällt uns schwer, Vergebung anzunehmen. Die enorme Schuld, die der Diener hat, zeigt uns, dass unsere Schuld gegenüber Gott zu groß ist, als dass wir sie jemals begleichen könnten. Gottes Vergebung kann in keiner Weise verdient werden – sie muss absolut frei geschenkt werden. Das erbärmliche Angebot des Dieners, dem König das Geld zurückzuzahlen, ist ebenso unrealistisch wie jeder Versuch, uns den Weg in den Himmel durch das Gute, das wir tun, zu verdienen. Zu Gott zu sagen: „Wenn du mir vergibst, werde ich jede Woche in die Kirche gehen und mich bemühen, ein besserer Mensch zu sein", ist genauso sinnlos, wie zu sagen: „Ich zahle die vierhundert Milliarden Euro zurück, indem ich jeden Monat fünf Euro überweise." Es ist auch sinnlos, wie der unbarmherzige Diener zu denken: „Wenn ich mich selbst kleinmache und erniedrige und krieche, werde ich der Vergebung würdig sein." Keine noch so heftige Selbstbezichtigung kann den Schaden, den wir angerichtet haben, ungeschehen machen. Unsere einzige Hoffnung ist die erstaunliche, *frei geschenkte* Gnade und Vergebung von Gott selbst.

Der Schaden: zu groß, um ihn wiedergutzumachen

Vergebung ist nicht nur für uns schwierig. Wir müssen hier sehr sorgfältig und mit allem Respekt sprechen, aber das Gleichnis weist auf etwas hin, was wir auch im Rest der Bibel sehen werden, nämlich dass es selbst für Gott Hindernisse für die Vergebung gibt. Die Geschichte deutet an, dass Vergebung Gott außerordentlich *teuer zu stehen kommt.* Das Gleichnis spricht dies nicht direkt an, aber Jesus wählt bewusst eine unvorstellbar große Schuld, von der er weiß, dass selbst ein großer König sie nicht vergeben könnte, ohne sein Reich zu destabilisieren. Wie teuer die Vergebung, die wir von Gott erbitten, Gott selbst zu stehen kommt, bleibt außerhalb des Rahmens dieses Gleichnisses.[4] Es wird jedoch angedeutet – und das ist wichtig.

Auch Vergebung zu gewähren, fällt uns schwer. Der vielleicht schockierendste Teil der Geschichte ist die Herzlosigkeit des Dieners, dem vergeben wurde, gegenüber anderen. Wie kommt es, dass er sich von der Barmherzigkeit des Königs nicht erweichen und verwandeln lässt? Als Zuhörer der Geschichte können wir die Ungereimtheit klar erkennen. Doch wir, die wir jede Sekunde unseres Lebens nur von der Barmherzigkeit Gottes leben, versäumen es jeden Tag, freundlich, barmherzig, großzügig, gütig und vergebungsbereit zu sein. Diese Geschichte ist also ein Pfeil, der direkt auf unser eigenes Herz gerichtet ist.

Die Definition der Vergebung

Natürlich gibt es für uns nichts Wichtigeres, als zu fragen: Was ist eigentlich Vergebung? Wie wir sehen werden, sind falsche Auffassungen von Reue und Vergebung fatal, sowohl geistlich als auch gesellschaftlich. Aber dieses Gleichnis hilft uns, die Kerndefinition von Vergebung zu verstehen. In der Person des Königs tut Gott vier Dinge – er bringt den Mann vor sich, hat dann aber Mitleid mit ihm, vergibt ihm die Schuld und lässt ihn frei.[5]

Der Mann wird zunächst „vor [den König] gebracht“ (Vers 24). Dann wird die eigentliche Schuld benannt. Vergebung beginnt damit, dass man die Wahrheit sagt, dass man seine

Schuld offenlegt, anstatt sie mit Ausreden oder Halbwahrheiten zu vertuschen.

Aber dann hat der König *Mitleid* mit ihm (Vers 27). Mitleid mit einem Menschen zu haben, der einem Unrecht zugefügt hat, bedeutet, dass man bewusst die innere Arbeit auf sich nimmt, Verständnis aufzubringen für die Situation des Täters, für seine Verletzlichkeit. Und das tun wir nicht von Natur aus. Unser Herz will sich nur darauf konzentrieren, wie schlimm der Täter ist und wie sehr er es verdient, zu leiden. Aber der König, der Gott repräsentiert, sieht den Täter nicht nur als Verursacher des Bösen, sondern als einen Menschen mit seinen eigenen Ängsten und Sorgen.

Der *Schuldenerlass* (Vers 27) bringt uns zum Kern der Vergebung. Wenn der König die Schuld vergibt, bedeutet das, dass er den Verlust auf sich nimmt. Wenn ich von jemandem ein Darlehen aufnehme und dann sage, dass ich es nicht zurückzahlen kann, und der Gläubiger mir die Schuld erlässt, bedeutet das, dass er den Verlust tragen muss. „Aber wie funktioniert das“, fragen Sie, „wenn es nicht um Geld geht?“ Vergebung bedeutet, dass man sich dem Wunsch verweigert, den anderen leiden zu lassen. Und diese Weigerung ist *schwer.* Sie ist schwierig und kostspielig, denn dadurch nehmen Sie selbst die Schuld auf sich. Viele Menschen denken, wenn sie zornig und unversöhnlich bleiben, geben sie den Tätern das, was sie verdienen; sie zahlen ihnen das Unrecht heim. Aber in Wirklichkeit ermöglichen sie es den Tätern, sie fortwährend weiter zu verletzen. Wenn wir stattdessen auf diese Weise Stück für Stück Vergebung *gewähren*, werden wir schließlich anfangen, Vergebung zu empfinden.

Schließlich heißt es, dass der König *ihn freilässt* (Vers 27). Das bedeutet, dass die Beziehung zwischen dem Mann und dem König wiederhergestellt ist. Der Mann ist nicht länger ein

Schuldner, der das Vertrauen des Königs missbraucht hat, sondern wieder ein Bürger und Diener. Dieser Teil der Geschichte wird bei Menschen, denen die Gerechtigkeit ein wichtiges Anliegen ist, Fragen aufwerfen, aber zwei Dinge sollten wir dabei im Blick behalten. Wie wir sehen werden, müssen Vergebung und das Bemühen um Gerechtigkeit Hand in Hand gehen. Wenn jemand einem anderen nicht vergibt, wird sein Streben nach Gerechtigkeit wahrscheinlich in den Terror der Rache abgleiten.

Aber so weit ins Detail geht dieses Gleichnis nicht. Stattdessen zeigt es, dass jeder, der – wie der König – wirklich vergibt, bereit ist zur Versöhnung, zu einer Wiederherstellung der Beziehung. Ob es dazu kommt, hängt allerdings von der Reaktion dessen ab, dem die Vergebung gewährt wird. Weil der Diener auf die Vergebung des Königs nicht mit echter Reue und einer Veränderung seines Lebens antwortet, zerbricht die Beziehung zum König erneut.

Vergeben bedeutet also erstens, die Übertretung wahrheitsgemäß als Unrecht und als strafwürdig zu benennen, statt sie lediglich zu entschuldigen. Zweitens bedeutet es, sich mit dem Täter als Mitsünder zu identifizieren, statt zu denken, wie anders er oder sie ist als man selbst. Es bedeutet, das Wohl des anderen zu wollen. Drittens bedeutet Vergeben, den Täter aus jeder Verpflichtung zu entlassen, indem man die Schuld selbst trägt, statt sich zu rächen und es ihm heimzuzahlen. Und schließlich bedeutet es, eine Versöhnung anzustreben, statt die Beziehung endgültig abzubrechen. Wenn nur einer dieser vier Schritte fehlt, ist die Vergebung nicht vollständig.

Versöhnung: Wiederherstellung der Beziehung

Die Dimensionen des Vergebens

Die vielleicht grundlegendste Lektion des Gleichnisses ist die, dass die menschliche Vergebung auf der Erfahrung der göttlichen Vergebung beruhen muss. Eine oberflächliche Lektüre von Vers 35 („So wird mein himmlischer Vater jeden von euch behandeln, wenn ihr nicht vergebt [...]") hat manche zu dem Schluss geführt, Jesus sage hier, dass Gottes Vergebung für uns davon abhängt, dass wir anderen vergeben – dass wir sie uns also verdienen, indem wir selbst vergeben.[6] Aber der Erzählgang der Geschichte passt überhaupt nicht zu dieser Interpretation. Der König gewährt zuerst Vergebung und sagt dann ausdrücklich, dass die Vergebung des Dieners für seinen Mitdiener auf der Vergebung des Königs für ihn beruhen und durch diese motiviert sein sollte. Der Schlusssatz von Jesus bedeutet, dass die göttliche Barmherzigkeit unser Herz so verändern sollte, dass wir in der Lage sind, zu vergeben, wie Gott uns vergeben hat. Wenn wir anderen keine Vergebung gewähren, zeigt das, dass wir nicht wirklich bereut und Gottes Vergebung angenommen haben.

Der Hauptgedanke liegt hier in den Worten des Königs in Vers 33: „Hättest du da mit jenem anderen Diener nicht auch Erbarmen haben müssen, so wie ich mit dir Erbarmen hatte?" Menschliche Vergebung hängt von der göttlichen Vergebung ab.

Die Dimensionen christlicher Vergebung

VERTIKAL oder „aufwärts"

Gott

göttliche Vergebung angeboten

ÄUSSERLICH oder „nach außen"

bereuen und Gottes Vergebung annehmen
-> *neue Identität*

wenn der Schuldige bereut und Ihre Vergebung annimmt
-> *neue Beziehung*

INNERLICH oder „nach innen"

Sie

innerlich vergeben, sich um Versöhnung und Gerechtigkeit bemühen

Andere

menschliche Vergebung angeboten

Mit anderen Worten: Es gibt drei grundlegende Dimensionen der christlichen Vergebung. Erstens gibt es die vertikale Dimension – Gottes Vergebung uns gegenüber. Zweitens gibt es die innere – die Vergebung, die wir jedem gewähren, der uns Unrecht zugefügt hat. Drittens gibt es die horizontale – unsere Bereitschaft zur Versöhnung. Die horizontale Dimension basiert auf der inneren, und die innere basiert auf der vertikalen.

Wir müssen unsere Vergebung für andere bewusst auf Gottes Vergebung für uns gründen. Die Vergebung des Königs hätte den Diener zu einem vergebenden Menschen machen müssen. Warum geschah das nicht? Die Antwort, das fehlende Bindeglied – und darauf werden wir in diesem Buch noch viel genauer eingehen – ist das Fehlen echter Reue aufseiten des Dieners. Die abschließenden Worte Jesu – dass die Vergebung von Herzen kommen muss – sind entscheidend. Dass der Diener innerlich bewegt erscheint und Zeichen der Trauer an den Tag legt, erweist sich eher als Selbstmitleid denn als echte Reue. Und da er keine Reue zeigt, gibt es keine Verbindung zwischen der vertikalen und der horizontalen Dimension.

(Unser) Versagen bei der Vergebung

Was wir nicht übersehen sollten, ist, dass das Gleichnis uns konfrontieren will. Dieses Gleichnis Jesu über die Vergebung ist keine Wohlfühlgeschichte über Menschen, die Gottes Vergebung empfangen und diese Liebe dann bereitwillig an andere weitergeben. Vielmehr ist es eine Geschichte über einen Menschen, der um Vergebung bittet, sie erhält und selbst dadurch in keiner Weise verändert wird. Einige Zeit nachdem König David Batseba, die Frau des Urija, zu seiner Frau gemacht hatte, kam der Prophet Nathan und erzählte David eine Geschichte über einen reichen Mann, der viele Schafe besitzt, aber als er einen Braten für ein Fest braucht, stiehlt er das einzige Lamm, das einem armen Mann gehört. David wurde zornig und erklärte, der Mann in der Geschichte solle auf jeden Fall sterben.

„*Du* bist der Mann“, sagte Nathan (2. Samuel 12,7), und David war zutiefst erschüttert.

Genauso sollten wir das Gleichnis vom unbarmherzigen Diener hören. Der Beginn des Kapitels 18 bei Matthäus handelt davon, wie die radikal veränderten Beziehungen aussehen, die Christen haben sollten. Sie sollten von Demut und Dienst am Nächsten statt von Stolz geprägt sein (Matthäus 18,1-5), von

„Du bist der Mann“

Geduld und Verständnis für die Fehler der Menschen (Matthäus 18,6-10) und von der Bereitschaft, sich zu versöhnen und zerbrochene Beziehungen zu heilen (Matthäus 18,11-17).

Doch dann stößt Jesus uns mit dieser Geschichte auf die bittere Realität. Die meisten Menschen, die von sich sagen, sie hätten Gott um Vergebung gebeten, sind dadurch nicht verändert worden – und der Ort, an dem wir das sehen, sind unsere Beziehungen. Jesus nennt ein Kennzeichen seiner wahren Nachfolger: sichtbare, ungewöhnliche, offensichtliche Liebe (Johannes 13,34-35). Er sagt, dass die einzigartige liebende Gemeinschaft, die Christen bilden, einer der wichtigsten Wege ist, wie die Welt erkennen wird, dass Jesus der ist, der er zu sein behauptet (Johannes 17,20-23). Johannes betont dies wiederholt in seinem ersten Brief: Es ist die außergewöhnliche Liebe, die beweist, dass man Gott persönlich kennt und nicht nur ein formales Lippenbekenntnis ablegt (1. Johannes 2,5.10; 3,11.14.16-18; 4,7-11.16-21).

Dieses Gleichnis illustriert eindrucksvoll, wie Vergebung scheitert, denn *das ist die übliche menschliche Geschichte.* Die Bewegung von der göttlichen Vergebung zur menschlichen Vergebung wird ständig durch die menschliche Sünde vereitelt. Sogar in dem anderen berühmten Gleichnis Jesu über Vergebung – dem Gleichnis vom verlorenen Sohn – sehen wir, wie das Handeln des Vaters Anstoß und Streit verursacht, anstatt Liebe und Großzügigkeit hervorzurufen.

Sind die christlichen Kirchen bekannt für ihre Liebe und Großherzigkeit gegenüber Skeptikern und Ungläubigen? Ganz und gar nicht. Sind Sie bekennender Christ? Wenn ja, sind Sie bei Ihren Freunden und Nachbarn dafür bekannt, dass Sie ungewöhnlich liebevoll, großzügig, gütig und vergebungsbereit sind? Wenn nicht, dann hören Sie dieses Gleichnis, und hören Sie Jesus sagen: „*Du* bist der Mann." Wenn wir sein Heil wirklich begriffen und angenommen haben, sollte es uns verändern – ganz im Gegensatz zu dem Diener im Gleichnis, den es nicht verändert hat. Gottes Barmherzigkeit *muss* und *wird* uns barmherzig machen – wenn das nicht der Fall ist, dann haben wir Gottes Barmherzigkeit in Wahrheit nie verstanden oder angenommen.

Wenn Sie an das Evangelium glauben – dass Sie aus reiner Gnade und durch die frei geschenkte Vergebung Gottes gerettet sind – und wenn Sie immer noch einen Groll gegen irgendjemanden hegen, zeigt das zumindest, dass Sie die tatsächliche Wirkung des Evangeliums in Ihrem Leben blockieren. Oder Sie machen sich etwas vor und glauben vielleicht gar nicht an das Evangelium. Wie auch immer: Jemandem nicht zu vergeben, bedeutet geistlich gesehen, sich selbst in eine Art Gefängnis zu stecken. Der letzte Akt des Gleichnisses, bei dem der unbarmherzige Diener ins Gefängnis geworfen wird, scheint hart, aber er ist durchaus realistisch. Die Selbstbezogenheit, die entsteht, wenn man im Zorn auf jemanden verharrt, wenn man ihm etwas vorhält, wenn man ihn weiterhin so betrachtet, als wäre er einem etwas schuldig und müsse Wiedergutmachung leisten, ist ein Gefängnis.

Als ich junger Pastor in einer Kleinstadt in Virginia war, begegnete ich innerhalb einiger Tage zwei Menschen, die in ihren eigenen Gefängnissen des Nicht-vergeben-Könnens gefangen waren. Es war im Juni und wir veranstalteten eine „Ferienbibelschule". Wir gingen in der Nachbarschaft von Tür zu Tür, um die Bewohner einzuladen, ihre Kinder für die Woche zu uns zu schicken. Ein junger Vater an der Tür war zunächst höflich und sagte: „Nein, danke." Als ich ihm jedoch anbot, seine Söhne abzuholen, antwortete er hitzig: „Mein Vater hat uns *gezwungen*, in die Kirche zu gehen. Er hat uns die Religion *aufgezwungen*. Ich werde *niemals* zulassen, dass meine Söhne die Tür einer Kirche verdunkeln!“ Ich bin mir ziemlich sicher, dass er dann etwas darüber murmelte, wie wenig es ihm passte, dass es eine Kirche so nah bei seinem Haus gab. Mehr gab es nicht zu sagen. Aber es war klar: Weil er noch immer so zornig auf seinen Vater war, wurde nicht nur er selbst noch *von seinem Vater* gelenkt und kontrolliert, sondern auch die Erziehung seiner Kinder.

Nicht lange danach hatte ich ein langes Gespräch mit einer Jugendlichen, die zu meiner Gemeinde gehörte. Auch sie hatte einen herrischen und schwierigen Vater und er hatte sie vor ihren Freunden in Verlegenheit gebracht. Sie sagte mir, dass sie sich weigerte, ihm das jemals zu verzeihen. Meine Erwiderung lautete in etwa so: „Ja, er hat dir Unrecht angetan. Aber wenn du ihm nicht vergibst, so wie Jesus dir vergeben hat, gibst du ihm Macht über dich. Du wirst nicht deshalb Dinge tun, weil sie das Beste wären, was du tun kannst, sondern weil du in deinem Herzen weißt, dass sie deinem Vater nicht gefallen werden. Du wirst andere Dinge *nicht* tun, weil du weißt, dass dein Vater sie gut finden würde. Ich habe gesehen, wie das bei anderen Jugendlichen passiert ist. Ich will nicht, dass dir das auch passiert.“ Zu meiner Überraschung leuchtete ihr das vollkommen ein. „So habe ich das noch nie gesehen“, sagte sie.

Dem Gefängnis des Nicht-Vergebens entkommen

Anders als der unbarmherzige Diener – und viele andere – konnte sie dem Gefängnis des Nicht-Vergebens entkommen.

Flügel für Vergebung entwickeln

Die scharfe und berechtigte Verurteilung des unbarmherzigen Dieners kann uns davon ablenken, dass das Gleichnis darauf abzielt, unser Leben zu verändern. Wir vergeben nicht, indem wir uns mehr darum bemühen oder an soziale Vorteile oder Eigeninteressen appellieren. Wir sollen dem lebendigen Gott durch Reue und Glauben begegnen. Wir sollen nicht nur eine abstrakte Vergebung empfangen, sondern Christus selbst und eine neue Identität als angenommenes, gerechtfertigtes, adoptiertes und bedingungslos geliebtes Kind Gottes. Dann sollen wir mit diesem Gott durch sein Wort, durch Gebet und Gottesdienst in Verbindung bleiben, damit diese objektiven Realitäten für unser Herz immer mehr zur subjektiven Wirklichkeit werden und so unsere instinktive Reaktion auf das Leben prägen.

In einem geistlichen Lied aus dem achtzehnten Jahrhundert beschreibt der Dichter William Cowper diesen Wandel sehr anschaulich. Cowper hatte versucht, sich an die Gebote zu halten und ein moralischer Mensch zu sein – aus rein pragmatischen Gründen: Er wollte sich Gottes Segen hier und nach dem Tod den Himmel sichern. Doch er stellte fest, dass diese Gründe, die im Wesentlichen negativ waren, weil er sich vor Strafe fürchtete, nicht ausreichten, um seinen Charakter wirklich zu verändern. Sein Glaube beruhte auf seiner eigenen Fähigkeit, den moralischen Standards gerecht zu werden, und der Druck, der auf ihm lastete, wurde unerträglich. Dann erklärte ihm jemand, dass das Heil durch Gnade und Vergebung erlangt wird. Cowper setzte seinen Glauben ganz auf Christus, und das veränderte seine innere Motivation durch und durch.

Wie lange hielt mich das Gesetz
gebunden und beschwert.

Doch alles Streben, recht zu sein,
war nicht der Mühe wert.
Einst folgt ich dem Gebot, besorgt,
vor Gott gerecht zu sein.
Doch jetzt, da mich der Sohn erwählt,
folg ich Ihm froh und frei.
Denn das Gesetz hat Er erfüllt.
Er ist's, der mich freispricht.
Und aus dem Sklaven wird ein Kind
und Freude aus der Pflicht.[7]

C. S. Lewis hat das, was Cowper hier beschreibt, in eine klassische Metapher gefasst:

> *Bloße [moralische] Verbesserung ist noch lange keine Erlösung […]. Es ist nicht so, als wollte man ein Pferd dazu bringen, immer besser zu springen, sondern als würde man es in ein geflügeltes Wesen verwandeln. Sobald es Flügel hat, wird es natürlich Hindernisse nehmen, die es vorher verweigert hätte, und also wird es ein natürliches Pferd auf seinem eigenen Gebiet schlagen. Aber es mag eine Zwischenzeit geben, in der es das nicht kann. In dem Stadium mögen die Stümpfe auf seinen Schultern – denen niemand ansehen kann, dass einmal Flügel daraus werden – das Pferd sogar recht hässlich aussehen lassen.*[8]

Das Gleichnis vom unbarmherzigen Diener sagt uns: Wenn wir wirklich Jesus folgen, wenn wir die Gnade des Evangeliums erfasst und erfahren haben, dann werden diese „Flügel" wachsen. Die Botschaft von Jesus am Ende des Gleichnisses ist in etwa: „Wenn du deinen Groll festhältst, wenn du dich an jemandem rächst, dann magst du zwar beteuern, dass du glaubst, dass du ein Sünder bist, der aus Gnade gerettet wurde, aber du glaubst das nicht wirklich. Du leugnest es sowohl in deinem Herzen als auch in deinem Leben, egal, was du sagst."[9]

Ein Mann, dem diese Flügel gewachsen sind, ist Hashim Garrett. Hashim war fünfzehn Jahre alt, lebte bei seiner Mutter und trieb sich mit einer Gang auf den Straßen von Brooklyn herum, als er sechsmal angeschossen wurde und von der Hüfte abwärts gelähmt blieb. Für den größten Teil des nächsten Jahres lag er in einem Krankenhaus in New York City und fantasierte von Rache. Später schrieb er: „Die Rache fraß mich auf. Alles, woran ich denken konnte, war: ‚Wartet nur, bis es mir besser geht; wartet nur, bis ich diesen Kerl zu fassen kriege.'"

Aber als er unmittelbar nach der Schießerei auf dem Bürgersteig lag, hatte er instinktiv zu Gott um Hilfe gerufen, und zu seiner Überraschung hatte er eine seltsame Gelassenheit verspürt. Jetzt, während seiner Rehabilitation, kam ihm ein neuer Gedanke: Wenn er sich an diesem Jungen rächen würde – warum sollte Gott *ihm* dann nicht auch all *seine* Sünden vergelten? „Sechs Monate bevor dies geschah", schrieb er, „hatte ich auf einen Jungen geschossen, ohne jeden Grund, außer dass ein Freund es mir befohlen hatte und ich beweisen wollte, wie hart ich war. Sechs Monate später wurde ich selbst von jemandem angeschossen, weil *sein* Freund es *ihm* befohlen hatte." Dieser Gedanke war elektrisierend – er konnte sich dem Täter nicht mehr überlegen fühlen. Sie waren beide gleichermaßen Sünder, die Strafe verdienten – und Vergebung brauchten.

> *Am Ende […] beschloss ich, zu vergeben. Ich spürte, dass Gott mein Leben mit einer bestimmten Absicht gerettet hatte und dass ich dieser Absicht besser entsprechen sollte […]. Und ich wusste, dass ich nie wieder da rausgehen*

und jemanden verletzen könnte. Ich war fertig mit dieser Denkweise und dem Leben, das damit verbunden ist. Ich begriff, dass ich loslassen und aufhören muss zu hassen.[10]

Der König, der ein Diener war

Dieses Gleichnis von Jesus skizziert die Schwierigkeit, die Definition und die Dimensionen der Vergebung. Der einzige wichtige Aspekt der christlichen Vergebung, der zwar angedeutet, aber nicht ausdrücklich dargestellt wird, ist die „Dynamik" der Vergebung – die Grundlage von allem. Was ist es, das Gott befähigt, uns so radikal zu vergeben, obwohl er heilig und gerecht ist? Was ist es, das uns befähigt, anderen so radikal zu vergeben, indem es uns die inneren Ressourcen übernatürlicher Demut, Zuversicht, Liebe und Freude erschließt? Es ist der Sühnetod Christi am Kreuz.

Was ist so widersprüchlich an der Haltung des unbarmherzigen Dieners gegenüber seinem Mitmenschen? Es ist Folgendes: Ein Mann, der ein Diener ist und nur von der Barmherzigkeit des Königs lebt, verhält sich so, als wäre *er* der König und Richter. „Ins Gefängnis mit dir!", sagt er zu jemandem, der ein Diener ist wie er. Wie unpassend und unangebracht. Aber Jesus möchte, dass wir uns selbst im Spiegel dieser Geschichte sehen. Wenn wir, die wir nur von Gottes Barmherzigkeit leben, über andere urteilen, versetzen wir uns dann nicht selbst an Gottes Stelle? Wenn wir das tun, richten wir uns gegenseitig, zahlen es einander heim, erleiden selbst Vergeltung und geben sie dann wieder zurück. Wir sind alle Diener, die sich wie Könige aufführen.

Der Diener will König sein

Was wird unsere Herzen verändern? Das Einzige, was einen

Diener davon abbringen kann, sich wie ein König zu verhalten, ist ein Blick auf die erstaunliche Liebe des Königs, der ein Diener wurde.

Wir sollten auf der Anklagebank sitzen, aber wir haben uns auf den Richterstuhl gesetzt. Der Herr aber, der zu Recht auf dem Richterstuhl des Universums saß, stieg herab, setzte sich auf die Anklagebank und ging ans Kreuz. Der Richter der ganzen Welt wurde verurteilt. Er wurde für uns bestraft. Er nahm die Strafe auf sich, die wir verdient haben. Das macht uns demütig und lässt uns unsere Bitterkeit aufgeben, weil wir wissen, dass auch wir Sünder sind, die nur aus reiner Barmherzigkeit leben. Aber es erhebt uns auch aus unserer Bitterkeit, weil wir sagen können: „Ich bin in Jesus Christus gerechtfertigt und angenommen worden. Du hast mir Schaden zugefügt, und ich werde dich damit konfrontieren, aber du kannst mir meine wahren Güter, meine tiefsten Freuden nicht nehmen." Und aus dieser Haltung heraus kann man vergeben.

Als Jesus Christus am Kreuz stirbt, sagt er: „Vater, vergib ihnen, denn sie wissen nicht, was sie tun" (Lukas 23,34). Er sagt, dass es *falsch* ist, was sie alle getan haben. Und dass es Vergebung erfordert. Und er bittet den Vater, diese Vergebung zu gewähren. Statt seine Henker anzuschreien: „Ihr werdet schon sehen", sagt er: „Vater, sie begreifen wirklich nicht das Ausmaß dessen, was sie da tun." Jesus bittet um Vergebung für die, die ihn töten.

Wenn er seine Henker so behandelt, wie können Sie und ich dann kalt und verschlossen sein – wie können wir bitter und hart zu den Menschen sein? Jesus würde nicht einmal mit seinen Peinigern so reden. Möge Gott uns die Gnade und Geduld schenken, die nur aus einem tiefen Verständnis der Barmherzigkeit des sterbenden Christus für uns erwachsen kann.

Vergebung
finden und verlieren

KAPITEL 2

Die Verflüchtigung der Vergebung

Warum sollen die Verletzten, die noch bluten, die Last der Vergebung tragen?

Delia Owens, Der Gesang der Flusskrebse[1]

Delia Owens formuliert eine Frage, die sich immer mehr Menschen in unserer Kultur stellen. Inwiefern spricht die Geschichte vom unbarmherzigen Diener und ihre vielschichtige Lehre über Vergebung zu den Ängsten und der Verwirrung unserer Gesellschaft in Bezug auf Vergebung?

#MeToo und das Problem des Vergebens

Im Jahr 2006 prägte die von einem sexuellen Übergriff betroffene Tarana Burke den Begriff „MeToo", um Frauen, die in ähnlicher Weise missbraucht worden waren, zu ermutigen, über das Vorgefallene zu sprechen. Ende 2017 gewann die Bewegung plötzlich Breitenwirkung, ausgelöst durch die Enthüllungen über Harvey Weinsteins Geschichte sexuellen Missbrauchs. In den ersten Monaten der Bewegung fanden viele Frauen darin eine Unterstützung, die es ihnen ermöglichte, ihre Geschichten von sexueller Belästigung, Missbrauch und Übergriffen öffentlich zu machen. MeToo zeigte der Gesellschaft, dass übergriffiges Verhalten von Männern weitaus verbreiteter war, als man zugeben wollte. Als Folge dieser Bewegung wirkten viele auf eine Reihe von positiven Veränderungen hin, von neuen Regeln am Arbeitsplatz bis hin zu verstärkter formeller und informeller Unterstützung für Missbrauchsopfer. Dabei kam unweigerlich die Frage der Vergebung auf.

Die Schauspielerin Salma Hayek schrieb, sie habe ihr Schweigen über Weinsteins sexuelle Belästigung rationalisiert, weil „ich stolz darauf war, dass ich fähig war zu vergeben".[2] Aber diese Betonung der Vergebung sei ein Deckmantel für ihre „Feigheit" und ihre mangelnde Bereitschaft gewesen, öffentlich Gerechtigkeit zu suchen. Und dadurch habe sie es versäumt, künftige Opfer zu schützen.

Danielle Berrin stellte in der *New York Times* die Frage: „Sollten wir den Männern, die uns angegriffen haben, verzeihen?"[3] Sie kam zu dem Schluss, dass sie nicht bereit sei, ihrem Angreifer zu verzeihen, stellte aber die Möglichkeit in Aussicht, dass „öffentliche und private Wiedergutmachung" sie zum Verzeihen bewegen könnte. Andere Stimmen waren weniger aufgeschlossen. Ein Kommentar zu Berrins Artikel erklärte, Vergebung sei eine Ausweitung des Patriarchats.

Vergebung: mangelnde Bereitschaft, öffentlich Gerechtigkeit zu suchen?

> *Darauf zu bestehen, dass sie vergibt […], spielt der Krankheit patriarchalischer frauenfeindlicher Religionen, die männliche Überlegenheit predigen, in die Hände. Vergebung […] heilt [weder] den Körper noch den Geist […]. Lass den Verbrecher seine Götter, falls es welche gibt, um Vergebung bitten […]. Statt von Opfern zu sprechen, die vergeben müssen, sollten wir darüber reden, die Worte „Vergewaltiger" oder „Sexualstraftäter" auf die Stirn der*

Täter zu tätowieren – das würde tatsächlich dazu beitragen, mehr Sicherheit für Frauen und Kinder zu gewährleisten.[4]

Was verbirgt sich hinter diesem Konflikt um Vergebung? Alle Argumente, die man gegen die Vergebung vorbringt, gehen von Definitionen und Modellen von Vergebung aus, die in der Tat problematisch sein können. Es reicht also nicht aus, an die Menschen zu appellieren, vergebungsbereiter zu sein. Die drei verbreiteten Modelle von Vergebung müssen kritisch hinterfragt werden.

Modell 1: bedingungslos vergeben

1987 ging die Amerikanerin Dianna Ortiz, Nonne des Ursulinenordens, auf eine zweijährige Mission in das westliche Hochland Guatemalas, um einheimischen Kindern Lesen und Schreiben beizubringen. Am 2. November 1989 wurde sie von Mitgliedern des guatemaltekischen Militärs entführt, gefoltert und vergewaltigt. Als sich herausstellte, dass sie nicht aus Guatemala stammte, sondern amerikanische Staatsbürgerin war, ließen die in Panik geratenen Entführer sie mit der strengen Anweisung frei, niemandem zu erzählen, was passiert war. Sie wurde angewiesen, eine gute Nonne zu sein und „zu vergeben".[5]

Nicht nur ihre Folterer sagten ihr, sie solle verzeihen. Ihre Gefangennahme und Vergewaltigung waren eine große Peinlichkeit für die guatemaltekischen Regierungsbeamten, die weggeschaut hatten, während rechtsgerichtete Kräfte die indigene Bevölkerung terrorisierten, angeblich um den Kommunismus zu bekämpfen. Dianna Ortiz erinnert sich:

> *Ich wurde nicht gefragt, weder von Freunden noch von Fremden, ob meine Regierung in irgendeiner Form für Gerechtigkeit für mich gesorgt hätte; ich wurde gefragt, ob ich den Tätern vergeben habe […]. Sie wollten, dass ich vergebe, damit sie weitermachen können. Wenn ich vergeben würde, würde alles gut – für sie. Beim Christentum, so schien es, ginge es nur um individuelle Vergebung, nicht um soziale Gerechtigkeit.*[6]

Ein anderer Fall: Susan Waters wurde ab ihrem siebten Lebensjahr regelmäßig von ihrem älteren Bruder und einem erwachsenen Schwimmlehrer belästigt. Ihr Bruder missbrauchte sie bis ins Jugendalter.[7] Später im Leben suchte sie „Hilfe in christlicher Literatur" und bei Freunden, aber ohne Erfolg. Was sie zu hören bekam, war, dass sie ihren Zorn loslassen sollte, dass sie „vergeben und vergessen" sollte, weil Gott unsere Sünden vergeben und vergessen hat. Es gab „nur rührende Geschichten über Versöhnung oder Gebete um die Erlösung des Täters. Gott hat mir vergeben, also muss ich auch vergeben. Das verstärkte nur mein Schuldgefühl, das auf einem Meer von Geheimnissen dahintrieb."[8]

Mit der Zeit sah sie immer deutlicher, wie oft in der Kirche die Idee der Vergebung gegen Opfer von Missbrauch und Ungerechtigkeit angewandt wurde. Die Täter wussten, wie sie die Lehre von der Vergebung nutzen konnten, um schnell wieder in eine Vertrauensposition zu gelangen – von der aus sie erneut missbrauchen konnten. Betroffene, die nicht sofort „vergaben und vergaßen", galten als rachsüchtig. Die Aufforderung zur Vergebung war oft die Weise, wie Gemeinden oder christliche Einrichtungen ihr öffentliches Image und ihren Ruf schützten, anstatt Unrecht wiedergutzumachen.

„Der Druck zur blinden Vergebung", so Susan, „insbesondere in der kirchlichen Unterweisung, kann Menschen in missbräuchlichen und unsicheren Verhältnissen festhalten. Ich glaube, dass diese leichte Gnade dem Missbrauch in Familien und Institutionen Vorschub leisten kann."[9]

„Leichte Gnade" leistet weiterem Missbrauch Vorschub

Wo Susan den Begriff der *leichten Gnade* verwendet, könnte man Dietrich Bonhoeffers berühmte Formulierung der *billigen Gnade* verwenden. Dianna und Susan wurden zur bedingungslosen Vergebung aufgerufen, einer billigen Gnade, bei der das Machtgefälle zwischen Missbrauchern und Missbrauchten unverändert blieb und keine Gerechtigkeit angestrebt wurde.

Modell 2: Vergeben als Transaktion

Ein anderer zeitgenössischer Ansatz wird als „transaktionale" oder „verdiente" Vergebung bezeichnet. In der Frauenzeitschrift Harper's Bazaar fragte Jennifer Wright: „Sollten wir Männern vergeben, die der sexuellen Nötigung beschuldigt werden?" Ihre Antwort:

> *Frauen waren bisher selten in der Position, zornig zu sein, aber wir waren auch selten in einer Situation, in der unsere Vergebung nicht automatisch vorausgesetzt wurde. Sie wohlüberlegt denen zu gewähren, die sie sich verdienen, auch das ist eine Art von Macht, die uns zusteht.*[10]

Hier beschreibt sie zwei der aktuellen Modelle von Vergebung. Das erste ist die Position „zornig sein" (das Modell der Nicht-Vergebung) und das zweite ist die automatisch vorausgesetzte Vergebung (das Modell der bedingungslosen Vergebung). Sie rät zu einem dritten Weg – die Täter sollen sich Vergebung „verdienen“. Dies verleihe den Frauen „eine Art Macht“, meint sie. Ein Kommentar dazu auf der Website des Artikels bemerkt, in der Vergangenheit habe das Problem darin bestanden, dass uns gesagt wurde, Vergebung sei etwas, „das man den Menschen schuldet, und nicht etwas, das man sich verdient“.[11] Dies ist ein Aufruf zum Vergeben als Transaktion, also auf Gegenleistung – eine Vergebung, die verdient werden muss.

Vergebung, die verdient werden muss

Auf den ersten Blick scheint dies ein guter Kompromiss zwischen der Bitterkeit der Position der Nicht-Vergebung und der offensichtlichen Ungerechtigkeit der bedingungslosen Vergebung zu sein. Allerdings hat dieser Ansatz auch starke und überzeugende Kritik erfahren. Eine Twitter-Konversation, die ich kürzlich gesehen habe, beweist dies: „Vergebung wird völlig überbewertet und dient nur dazu, ein Machtgefälle zu schaffen. ‚Ich vergebe dir‘ = ‚Ich bin dir moralisch überlegen‘, wie auch immer man es betrachtet.“[12] „Es ist eine Funktion dessen, was Nietzsche die Sklavenmoral der modernen bürgerlichen Gesellschaft nannte.“[13] Und in der Tat sah Nietzsche eine bedingte Vergebung als strafend an. Die Christen, so erläutert er, die keinen Erfolg und keine Macht nach den Maßstäben der heidnischen Kulturen erlangt hatten, hätten einen neuen Weg erfunden, um sich überlegen zu fühlen, nämlich indem sie freundlicher und vergebungsbereiter waren.[14] Nietzsche stimmt also der Aussage von Jennifer Wright zu, dass verdiente Vergebung letztlich eine Form der Machtausübung über einen anderen ist. Das bedeutet aber, dass es sich *nicht* wirklich um Vergebung handelt. Sie kann nur ein weiterer geschickt verborgener Weg sein, es anderen heimzuzahlen und Kontrolle über sie zu erlangen – eine Form der Rache, die sich als Tugend ausgibt.

Die stärkste und nachdenklichste Kritikerin der „Vergebung als Transaktion“ ist Martha C. Nussbaum von der University of Chicago. Sie beschreibt, wie diese Weise der Vergebung als „eine zentrale politische und persönliche Tugend [...] energisch verteidigt“ wird, und skizziert den grundlegenden Fahrplan. Zuerst geht das Opfer auf Konfrontation. Wenn der Täter mit einem Geständnis und einer Entschuldigung reagiert, dann „arbeitet“ die geschädigte Person ihre Gefühle durch, und schließlich „tritt die geschädigte Person siegreich hervor, unbelastet von wütenden Emotionen, ihre Ansprüche voll anerkannt, bereit, die Gnade des Nicht-Zorns zu gewähren.“[15]

Aber, so Nussbaum, die eigentliche „Bedingung“ für die Vergebung ist „genügend Weinen, Flehen und Entschuldigen – was unvermeidlich eine beträchtliche Selbsterniedrigung beinhaltet“. Wenn der Täter dies in ausreichendem Maße tut, wird ihm oder ihr vergeben, aber *„die Erniedrigung ist die Voraussetzung für die Erhöhung“*.[16]

Ihre Schlussfolgerung: „Vergebung, jedenfalls in ihrer klassischen transaktionalen Form, weist eine allzu inquisitorische und disziplinierende Mentalität auf.“[17] Letztlich ist es keine wirkliche Vergebung – es ist ein Spießrutenlauf, durch den der Täter so lange zu laufen gezwungen wird, bis er oder sie ausreichend verletzt ist.

Modell 3: überhaupt nicht vergeben

Aus den Unzulänglichkeiten dieser anderen, kulturell dominanten Modelle von Vergebung erwächst der Druck, Vergebung generell zu verweigern.

An einem Tag im späten November 1984 rief die dreizehnjährige Candace Derksen ihre Mutter an und sagte, sie sei auf dem Heimweg von der Schule. Aber sie kam nie zu Hause an. Ihre Eltern, Wilma und Cliff, riefen die Polizei an, die die größte Suche nach einer Zivilperson in der Geschichte ihrer Stadt Winnipeg, Manitoba, startete. Sieben Wochen nach Candaces Verschwinden wurde ihre Leiche mit gefesselten Händen und Füßen in einem Schuppen gefunden, der weniger als 1500 Meter vom Haus der Derksens entfernt war. Der Gerichtsmediziner stellte fest, dass sie erfroren war.[18]

An dem Tag, an dem Cliff und Wilma von ihrem Tod erfuhren, trafen sie einen anderen Mann, dessen Tochter einige Jahre zuvor ermordet worden war. Als sie ihm zuhörten, wurde deutlich, dass er von seinem Zorn und seinem Kummer verzehrt wurde und dass dies sein Leben ruiniert hatte. „Und so fassten wir in dieser Nacht den Entschluss“, schrieb Wilma Jahre später, „dass wir anders reagieren würden, und wir wählten den Weg der Vergebung. Als wir am nächsten Tag auf der Pressekonferenz gefragt wurden, wie wir über den Täter dachten, antworteten wir, dass es unsere Absicht sei, ihm zu vergeben.“[19]

Sie stießen auf entsetzte Reaktionen. Als Wilma sich einer Initiative von hinterbliebenen Angehörigen von Mordopfern anschloss, sagte man ihr unmissverständlich, sie solle aufhören, über Vergebung zu sprechen, denn das sei falsch, sowohl gesellschaftlich als auch emotional. Einige sagten, sie könnten Candace nicht wirklich geliebt haben, wenn sie dem Mörder vergeben könnten. Andere meinten, dass ihre Vergebung eine gefährlichere Gesellschaft schaffe, in der Gewalttäter nicht zur Rechenschaft gezogen würden. Andere beschwerten sich darüber, dass die Derksens ihnen ein schlechtes Gewissen machten, weil sie selbst nicht vergaben. „Manchmal war es unglaublich hart“, sagte Wilma.[20]

Ein Psychologieprofessor einer Universität wurde beauftragt, die Beratungsfachkräfte einer anderen Universität auszubilden, damit diese den Studenten eine „Vergebungstherapie" anbieten können. Als jedoch ein leitender Mitarbeiter dieser Universität von dem Plan erfuhr, wurde der Professor vorgeladen, und ihm wurde die Erlaubnis verweigert, das zu tun, worum er gebeten worden war.

„Vergebung? Sie macht Menschen zu Opfern!", wurde ihm gesagt. Dann kam die Erklärung: Wenn Menschen von anderen grausam behandelt werden, und dann kommt jemand daher und sagt ihnen, dass sie vergeben müssen, fügt man einem bereits verletzten Herzen einen weiteren Schmerz zu. Und könnte nicht das Bemühen, jemandem zu vergeben, mit dem Versuch dieser Person einhergehen, Sie zu kontrollieren? In Ihrem Vergebungsprozess sagen Sie vielleicht: „Na ja, er ist gar nicht so ein schlechter Mensch. Vielleicht war das, was er getan hat, doch nicht so schlimm." Und so werde Vergebung zu einem Mittel, durch das Menschen, die die Macht haben, andere zu missbrauchen, diese Macht aufrechterhalten.[21]

Das Modell des Nicht-Verzeihens wendet sich gezielt an Frauen und Minderheiten und sagt ihnen, dass sie nicht verzeihen sollten, da sie historisch benachteiligt und ihrer Möglichkeiten beraubt worden seien. Andere Gegner der Vergebung bringen vor, Vergebung stehe ihrem Wesen nach dem Bemühen um Gerechtigkeit und der Verantwortlichkeit der Täter entgegen.

Macht Vergebung Menschen zu Opfern?

Wie wir an den Erfahrungen von Dianna Ortiz und Susan Waters sehen können, haben die Gegner der Vergebung nicht ganz unrecht. Vergebung – automatisch, bedingungslos und vorausgesetzt – *war* ein Mittel, um Frauen und Minderheiten zu kontrollieren. Vergebung als Transaktion kann ein Hindernis für öffentliche Gerechtigkeit sein. Das Opfer mag über seinen Zorn siegen, wenn der Täter sich ausreichend demütigt, aber hat das Opfer wirklich das Recht, der oder die Einzige zu sein, die festlegt, was der Täter verdient hat? Und ist es das Recht des Opfers, den Täter für freigesprochen zu erklären?

Andere, die das Modell des Nicht-Verzeihens empfehlen, berufen sich nicht auf psychische Gesundheit und Selbstachtung, sondern auf moralische Angemessenheit. Im zwanzigsten Jahrhundert hat die Menschheit den Holocaust und die Massaker und Vergewaltigungen von Nanking, das südafrikanische Apartheidregime, den Völkermord an den Armeniern, die „ethnischen Säuberungen" auf dem Balkan und die Killing Fields in Kambodscha verübt. In einem Interview aus dem Jahr 2006 wurde der Holocaust-Überlebende Elie Wiesel gefragt, ob er den Nazis verziehen habe. Er antwortete: „Wer bin ich, um zu vergeben? Ich bin nicht Gott […]. Nein, ich kann nicht vergeben."[22] Viele denken heute, dass er recht hat. Es scheint moralisch unangemessen, das Böse zu vergeben.

Vier Modelle der Vergebung

In unserer säkularen Gesellschaft haben sich also drei Ansätze im Blick auf die Vergebung herausgebildet:

- ***Billige Gnade.*** Das Modell der bedingungslosen Vergebung, bei dem der Schwerpunkt darauf liegt, das Opfer therapeutisch von seinem Zorn zu befreien. Die Konfrontation mit dem Täter kann eine Rolle spielen, aber nur, wenn und soweit sie zur inneren Heilung des Opfers beiträgt, was das einzige wirkliche Anliegen ist.

- ***Ein bisschen Gnade.*** Das Modell der Vergebung als Transaktion, bei dem der Schwerpunkt darauf liegt, dass der

Täter sich die Vergebung verdient. Das Opfer gibt seinen Zorn nur dann auf, wenn der Täter dies durch umfangreiche Reue- und Wiedergutmachungshandlungen verdient hat.

- ***Keine Gnade.*** Das Modell der Nicht-Vergebung, bei dem die Vergebung vollständig zugunsten des Bemühens um Gerechtigkeit für das Opfer aufgegeben wird.

Was diesen Modellen gemeinsam ist, ist das Fehlen einer vertikalen Dimension. Sie alle stehen im Gegensatz zu dem in der Bibel angenommenen Modell der ***teuren Gnade*** der Vergebung, das sowohl eine horizontale als auch eine vertikale Dimension hat.

Bevor wir dieses biblische Modell in späteren Kapiteln untersuchen, ist es wichtig, die zugrunde liegenden Überzeugungen und Grundannahmen in unserer Kultur zu erkennen, die diese drei Ansätze der Vergebung unterstützen.

Die therapeutische Kultur

Unsere Kultur hat eine deutliche Wendung nach innen genommen. Während andere Kulturen die Bedeutung der Gemeinschaft und die Notwendigkeit betonten, eine persönliche Identität auszubilden, die mit dem Gemeinwohl in Einklang steht, hat die Moderne den Schwerpunkt darauf gelegt, den Blick nach innen zu richten, um unsere eigene Identität auf der Grundlage unserer Wünsche zu schaffen, und dann erst nach außen, um zu fordern, dass die Gesellschaft unsere individuellen Interessen anerkennt.

Der moderne Ansatz der Therapie entstand, um den Einzelnen gegen alle gesellschaftlichen oder äußeren Einflüsse zu verteidigen, die ihm Normen aufzwangen, die Schuldgefühle verursachen. Freud verfolgte einen „analytischen" Ansatz – einen Ansatz der Dekonstruktion – gegenüber allen moralischen Normen oder Überzeugungen, die Angst oder Scham hervorriefen. Individuelle Authentizität bedeutete nun die Befreiung von Normen, die man nicht selbst gewählt oder geschaffen hatte.

Freud: Dekonstruktion der moralischen Normen

Das jüngste Interview einer Schauspielerin in einer Ausgabe des Magazins *Global Heroes* (gemeinsam mit dem *Wall Street Journal* publiziert) ist ein gutes Beispiel für die therapeutische Wende. Auf die Frage: „Was ist eine gute Entscheidung, die jeder treffen kann, um die Welt um sich herum zu verbessern?", antwortete sie: „Alles infrage stellen [...]. Suche nach deiner eigenen Wahrheit, LEBE deine eigene Wahrheit, anstatt die von anderen zu wiederholen." Dies führte sie weiter aus: „Für mich ist es entscheidend, mein Publikum dazu zu bringen, [ihre] alten Überzeugungen zu hinterfragen."[23] Sie rät ihren Fans, sich „jeden Tag zu fragen: ‚Was brauche ich heute?'", und es sich dann zu holen. Es „könnte eine Therapie sein, eine Ernährungsumstellung, eine Scheidung, ein Yoga-Retreat oder (ja, manchmal) ein Medikament [...]. Die einzige Person, die durch diese Tür gehen kann, bist du selbst. Eröffnet uns das nicht ungeahnte Möglichkeiten?" Die ganze Betonung liegt auf dem Individuum, das sich von den Fesseln der Tradition, der Pflicht und der Verpflichtung gegenüber der Gemeinschaft befreit, um seine eigenen Wünsche zu erfüllen und seine persönlichen Ziele zu erreichen.

Vor einigen Jahren nahm ein christlicher Student in Harvard an einem Seminar über „Beratungsmodelle" teil. Der Professor untersuchte fachkundig eine Fallstudie, in der ein Patient in die Lage versetzt wurde, wahrzunehmen, dass er eine große verborgene Feindseligkeit gegenüber seiner Mutter in sich trug. Ihm die Mechanismen sichtbar zu machen, die in ihm am Werk waren – seine innere Wut und die verschiedenen Arten der Verleugnung, deren er sich bediente –, half ihm sehr. Als der Student fragte, wie der Therapeut dem Patienten dann helfen könne, seiner Mutter zu vergeben, antwortete der Professor, das solle der Therapeut gerade nicht tun. „[Der Klient] muss lernen, mit [seiner Feindseligkeit] zu leben und hoffentlich nicht von ihr getrieben zu werden."

Interessanterweise stellten sich einige säkulare Studenten in dem Kurs auf die Seite des Christen. Sie fragten, warum Vergebung so problematisch sei, und der Professor antwortete: „Zwingen Sie dem Patienten nicht Ihre Werte [...] über Vergebung auf." Seiner Ansicht nach besteht der Sinn der Therapie darin, den Patienten gegenüber der Welt zu unterstützen und ihm nicht eine moralische Last oder einen „Wert" der Vergebung aufzuerlegen, was ihn gewissermaßen in Beziehungen zurückzwingen würde, die er nicht will.[24]

L. Gregory Jones sieht in der therapeutischen Wende und in dem, was er „die psychologische Gefangenschaft der Kirche in der westlichen Kultur" nennt, vielleicht den Hauptgrund dafür, dass wir in der modernen westlichen Kultur ein so „verarmtes zeitgenössisches Verständnis und eine ebensolche Praxis der Vergebung haben [...]. Wenn nur noch die Autonomie des Einzelnen zählt, dann sind Vergebung und Versöhnung, die die Gemeinschaft fördern und erhalten sollen, von geringer Bedeutung."[25]

Heute, so Jones, wird Vergebung entweder als moralische Belastung für die geschädigte Person abgelehnt (das Modell der Nicht-Vergebung) oder bestenfalls als Möglichkeit angeboten, sich selbst zu friedlicheren inneren Gefühlen zu verhelfen (das

Modell der bedingungslosen Vergebung), um „uns von unserem Hass zu heilen“[26]. Im Gegensatz dazu, so Jones, soll die Kirche ein Vorgeschmack auf die zukünftige Welt der Liebe und der vollkommenen Gemeinschaft unter der Herrschaft Jesu sein.[27] Unsere Sünde zwingt uns zu einem Verhalten, das Beziehungen regelmäßig schwächt und zerstört, aber durch den Geist Gottes wird uns die Fähigkeit gegeben, schon jetzt – ansatzweise, in diesem Leben niemals umfassend – etwas von der Schönheit und Freude dieser zukünftigen Beziehungen zu verwirklichen, in dem wir Vergebung und Versöhnung praktizieren und einüben.

Aber die Ressourcen für die Heilung von Beziehungen und die Stärkung der Gemeinschaft werden durch die therapeutische Kultur eliminiert.

Eine neue Scham- und Ehrenkultur

Der zweite Einfluss, der die moderne Praxis der Vergebung verkümmern lässt, ist eine neue, auf den Kopf gestellte Kultur der Scham und Ehre, die auch als neue säkulare Religion bezeichnet wurde.

Bradley Campbell und Jason Manning haben diese neue Kultur sowohl in einer akademischen Abhandlung als auch später in einem Buch erörtert.[28] Sie vertreten die These, dass sich die westliche Kultur von einer ursprünglichen Scham- und Ehrenkultur wie der Rest der Welt zu einer Kultur der „Würde“, wie sie es nennen, gewandelt hat, und nun eine neue Art von Scham- und Ehrenkultur entsteht. Diese neue Kultur ähnelt den älteren Ehrenkulturen, aber mit einer neuen Wendung, die Anleihen beim Therapeutischen macht.

Die moderne Kultur lehrt uns, dass es unser Hauptanliegen

sein muss, Respekt für unsere eigene Identität und deren Bestätigung zu fordern. Darin spiegelt sich der Wunsch nach Respekt und Ehre wider, der die nicht christlichen Kulturen vor Jahrhunderten antrieb. Die Menschen werden heute ermutigt, selbst auf die kleinste Beleidigung mit Empörung zu reagieren, wie es auch in den älteren Gesellschaften der Fall war.

Der Unterschied heute ist jedoch folgender: Das moderne Therapie-Verständnis sieht den Menschen als unterdrückt und kontrolliert durch die Erwartungen, Rollen und Strukturen der Gesellschaft. Den Menschen wird umso mehr Ehre und moralische Tugend zugesprochen, je mehr sie von der Gesellschaft oder anderen in Machtpositionen viktimisiert und unterdrückt wurden. Je weiter *unten* man sich auf der sozialen Leiter befindet, desto mehr Ehre ist möglich. Ironischerweise haben wir also „eine Scham- und Ehrenkultur des Opferseins“ entwickelt.

Campbell und Manning kritisieren, dass diese neue umgekehrte Ehrenkultur – auch „Cancel-Culture“ genannt – am Ende nicht Stärke, sondern Zerbrechlichkeit bewertet und eine Gesellschaft schafft, in der es über die kleinsten Anlässe ständig Grundsatzkonflikte von Gut gegen Böse gibt und Menschen als Opfer oder als deren Verteidiger um Status konkurrieren. Sie lässt unsere Fähigkeit verkümmern, liebevoll über Kränkungen hinwegzusehen (vgl. 1. Petrus 4,8: „Liebe deckt viele Sünden zu“). Vor allem aber wird die Idee von Vergebung und Versöhnung an sich hinweggefegt. Vergebung wird jetzt als radikal ungerecht und unpraktikabel angesehen, als ein Ausbremsen der Fähigkeit der Opfer, Ehre und Tugend zu erlangen, während andere sich erheben, um sie zu verteidigen.[29] Und so ist diese Kultur übersät mit einer enormen Anzahl von zerbrochenen und nun irreparablen Beziehungen.

Von anderen Seiten wird die gut begründete These vertreten, diese Entwicklung habe die Politik in eine neue Art von

Religion verwandelt, jedoch ohne die Möglichkeit, Erlösung oder Vergebung zu erlangen.[30] Anstatt andere als irrend zu betrachten, sieht man sie nun als böse, als Ketzer. „Den Ketzer darf man nicht ansehen, geschweige denn mit ihm ins Gespräch kommen."[31]

Einige erklären, diese neue säkulare Religion sei unvermeidlich gewesen, weil die westliche Kultur mit ihrem Relativismus in Bezug auf moralische Wahrheit den Menschen das Gefühl gibt, moralisch leer und isoliert zu sein, und unweigerlich zu einer sozialen Fragmentierung führt. Wie Émile Durkheim dargelegt hat, kann keine Kultur ohne ein „kollektives Gewissen" Solidarität schaffen. Das meint: eine Reihe gemeinsamer moralischer Normen, die uns verbinden und in etwas Heiligem gründen – eine Reihe von Werten, die nicht erst im Diskurs ausgehandelt werden müssen, an denen man um jeden Preis festhalten und sie verteidigen muss und die nicht infrage gestellt werden dürfen.[32] Durkheim erkannte, dass der übliche Weg, um ein kollektives Gewissen zu bilden, schon immer die Religion war, und er erkannte die Schwierigkeiten säkularer Kulturen, ihre moralischen Überzeugungen auf etwas zu gründen, was stark und unanfechtbar genug ist, um die Menschen zu vereinen.[33]

Die Sakralisierung säkularer progressiver Werte zu einer Art Religion ist also keine Überraschung. Da die westlichen Ideen der Menschenrechte, der umfassenden Wohltätigkeit gegenüber den Armen und der sozialen Gerechtigkeit tief in der biblischen Religion verwurzelt sind, können Christen oft Verbündete von säkularen Menschen sein, die sich für Gerechtigkeit zwischen verschiedenen Ethnien und in wirtschaftlicher Hinsicht einsetzen.[34] Wenn wir jedoch unsere moralischen Normen im biblischen Gott verwurzeln, bedeutet das, dass wir uns nicht nur auf einen heiligen und gerechten, sondern auch auf einen barmherzigen und vergebenden Gott berufen. Ein respektvoller Umgang mit Gegnern und Vergebung für Täter ist unverzichtbarer Bestandteil des christlichen Glaubens.

Aber diese Züge sind weder in der antiken noch in der modernen Scham- und Ehrenkultur zu finden. In einer solchen säkularen Religion ist eine Abweichung von den Normen einfach unverzeihlich.

Säkulare Religion: Eine Abweichung von gesellschaftlichen Normen ist unverzeihlich

Die sozialen Medien haben diese Entwicklung hin zu einer Kultur ohne Gnade nur noch beschleunigt. Wie Alan Jacobs schrieb:

> *Wenn eine Gesellschaft die christliche Erklärung dessen, wer wir sind, ablehnt, wird sie nicht weniger moralisch, sondern eher deutlich moralischer, weil sie zwar ein unbestimmtes Gefühl für Gerechtigkeit behält, aber keine Möglichkeit hat, Vergebung anzubieten und zu empfangen. Die große moralische Krise unserer Zeit ist nicht, wie viele meiner Mitchristen glauben, die sexuelle Zügellosigkeit, sondern die Rachsucht. Die sozialen Medien dienen als Crack für Moralisten: Kein anderes Hochgefühl kommt dem gleich, das man durch die Bestrafung von Schuldigen bekommt. Aber wie jede Sucht leidet auch diese unter dem unerbittlichen Gesetz des abnehmenden Lustgewinns. Der Bestrafungswahn wird also erst schlimmer, bevor er besser wird.*[35]

Zusammenfassend lässt sich sagen, dass die neue Scham- und Ehrenkultur entweder zu einem stark inquisitorischen Ansatz führt, bei dem Vergebung verdient werden muss, oder die Menschen dazu bringt, sich ganz vom Gedanken der Vergebung zu verabschieden.

Keine Zukunft ohne Vergebung

Das Modell der billigen Gnade der Vergebung konzentriert sich ausschließlich auf die innere emotionale Heilung des Opfers, darauf, „darüber hinwegzukommen und nach vorn zu schauen", und lässt schließlich den Täter vom Haken. Das Modell „ein bisschen Gnade" und das Modell „keine Gnade!" zielen im Wesentlichen auf Rache ab, was zu endlosen Kreisläufen von Vergeltung und Rache zwischen Opfer und Täter führen kann, einem ständigen Hin und Her. Was all diesen säkularen Modellen fehlt, ist die veränderte Motivation, die die vertikale Dimension der Vergebung mit sich bringt. Die Erfahrung der göttlichen Vergebung bringt tiefe Heilung. Sie gründet sich auf die Sicht des Glaubens auf das teure Opfer Jesu für unsere Vergebung. Das erinnert uns daran, dass wir Sünder sind, die wie alle anderen der Barmherzigkeit bedürfen. Aber es füllt auch unsere Herzen mit Gottes Liebe und seinem Ja zu uns. Das macht es uns möglich, dem Täter zu vergeben und dann mit ihm oder ihr zu sprechen und wenn möglich sowohl Gerechtigkeit als auch Versöhnung zu suchen. Jetzt aber tun wir es nicht mehr im eigenen Interesse, sondern im Interesse der Gerechtigkeit, im Interesse Gottes, im Interesse des Täters und möglicher künftiger Opfer. Die Motivation hat sich radikal verändert.

Unsere Gesellschaft kann ohne Vergebung nicht leben. Wenn sie nicht vorhanden ist, sind die Folgen erschreckend. Unzählige Schießereien in unseren Städten sind Racheakte zwischen Banden oder sogar Familienmitgliedern. So viele der sogenannten Massenschießereien sind Angriffe von Schützen, die ihren Groll gehegt haben. Ein Mann, der sich mit den Mitgliedern seiner Fahrgemeinschaft zerstritten hatte, erschoss systematisch sechs von ihnen. Als er an den Wunden durch Schüsse aus Polizeipistolen starb, erklärte er in aller Ruhe, was er gegen jedes seiner Opfer gehabt hatte, und bedauerte, dass er den letzten nicht auch noch umgebracht hatte.[36]

Es gibt eine große Zahl weniger bekannter Völkermorde, die das Ergebnis historischer Kränkungen und Ressentiments sind und zu Vergeltungszyklen geführt haben, die Generationen überdauern, wie der Holodomar („Terrorhunger") in der Ukraine, die Anfal-Kampagne gegen die Kurden und die Massaker an den Igbos in Nigeria und den Hutus in Burundi und Ruanda.

Während der Unruhen auf dem Balkan nach dem Zerfall des ehemaligen Jugoslawiens wurde ein serbischer Soldat von der Kosovo-Befreiungsarmee gefangen genommen. In einem Fernsehinterview gab er freimütig zu, dass seine Militäreinheit ethnische Albaner getötet hatte. Er sagte jedoch: „Sie müssen verstehen [...], es war unsere Rache!"[37] Auch die Kosovo-Befreiungsarmee selbst machte sich aus demselben Grund der Gewalt gegen ethnische Serben und Roma schuldig. Wie ein Albaner es ausdrückte, war es der „verständliche Wunsch nach Rache".[38]

Diese Beispiele sind nur die äußerste Spitze des Eisbergs von unterschwelligem Zorn und Groll unter der Oberfläche von uns Menschen. Sie legen beeindruckend Zeugnis für die von Thackeray festgestellte Wahrheit ab: „Rache mag böse sein, aber sie ist ganz eindeutig absolut natürlich."[39] Sie ist in der Tat ein nur allzu natürlicher Teil der menschlichen Natur, als dass es eine einfache Lösung dafür gäbe. Es gibt keine „strukturelle", politische Lösung. Wenn wir vor uns selbst gerettet werden und lernen wollen, zu vergeben, brauchen wir starke innere Ressourcen und Hilfen.

Von Hannah Arendt, Martin Luther King Jr. und Desmond Tutu – alles Menschen, die Gruppen repräsentieren, die im zwanzigsten Jahrhundert auf ungeheuerliche Weise unterdrückt wurden – gibt es lautstarke, eindringliche Aufrufe, zu vergeben. Arendt, eine jüdische politische Philosophin, die nach dem Holocaust schrieb, sagte:

> *Könnten wir einander nicht vergeben, d. h. uns gegenseitig von den Folgen unserer Taten wieder entbinden, so beschränkte sich unsere Fähigkeit zu handeln gewissermaßen auf eine einzige Tat, deren Folgen uns bis an unser Lebensende im wahrsten Sinne des Wortes verfolgen würden, im Guten wie im Bösen; gerade im Handeln waren wir das Opfer unserer selbst, als seien wir der Zauberlehrling, der das erlösende Wort […] nicht findet.*[40]

Martin Luther King Jr. schrieb: „Wer keine Kraft zum Vergeben hat, hat auch keine Kraft zur Liebe […]. Wir können niemals sagen: ‚Ich werde vergeben, aber ich will nichts mehr mit dir zu tun haben.' Vergebung bedeutet Versöhnung und Wiederannäherung."[41] Diese Denker legen überzeugend dar: Wenn wir eine gesunde Gesellschaft sein wollen – eine Gesellschaft, in der zerbrochene Beziehungen wiederhergestellt werden können –, müssen wir lernen, zu vergeben.

Arendt, King und Tutu stehen für Zeiten in der Geschichte, in denen schreckliche systemische Unterdrückung sowohl mit Wahrheit als auch mit Liebe, sowohl mit Gerechtigkeit als auch mit Vergebung beantwortet werden musste. Aber diese Beispiele einer „Vergebung im Großen" sollten nicht darüber hinwegtäuschen, dass wir dringend lernen müssen, jeden Tag Vergebung im Kleinen zu üben. Wir sind überschwemmt von Kränkungen, Enttäuschungen und unbeabsichtigten Verletzungen, ganz zu schweigen von den vielen kleinen Akten von Unrecht, die Menschen jeden Tag bewusst gegen uns begehen. Niemand kann leben, wenn er nicht lernt, wann er im Stillen verzeihen sollte, wann er die Angelegenheit zur Sprache bringen sollte und wie er verzeihen kann, auch wenn die andere Person nicht bereit ist, ihre Schuld zuzugeben. Ohne Vergebung können wir nicht lieben, aber wir können auch nicht ohne sie leben.

Ohne Vergebung können wir nicht lieben und nicht leben

Gemeinschaften der Vergebung

Dass Vergebung notwendig ist, ist klar, und die Aufrufe dazu sind wortreich. Aber ist sie auch realisierbar?

Im Oktober 2006 nahm ein bewaffneter Mann Geiseln in einem Schulhaus der Amischen in Nickel Mines, Pennsylvania. Er schoss auf zehn Kinder im Alter von sieben bis dreizehn Jahren, von denen fünf starben, und beging dann Selbstmord. Innerhalb weniger Stunden besuchten Mitglieder der amischen Gemeinschaft sowohl die unmittelbare Familie des Mörders als auch seine Eltern und drückten ihnen ihr Mitgefühl aus. Die Amischen sprachen dem Mörder und seiner Familie einmütig Vergebung aus. Die Vergebung und Liebe, die dem Täter und seiner Familie entgegengebracht wurden, erstaunten viele. Zahlreiche Stimmen riefen die Amerikaner dazu auf, es den Amischen gleichzutun und mehr Vergebungsbereitschaft zu zeigen.

Vier Jahre später schrieb eine Gruppe von Wissenschaftlern über den Vorfall und kam zu dem Schluss, dass einfache Appelle, mehr zu vergeben, in unserer Kultur unbeachtet bleiben.[42] Unsere Gesellschaft bringe keine Menschen mehr hervor, die mit Leid umgehen können, ohne Vergeltung zu suchen, wie es die Amischen taten. Amerikaner würden auf Selbstverwirklichung und Selbstbehauptung setzen und hätten ein ausgeprägtes Anspruchsdenken. Sie würden glauben, dass ihr Glück, ihre Interessen und ihre Bedürfnisse immer an erster Stelle stehen.[43]

Für die Amischen ist jedoch einer ihrer Grundwerte die „Selbstverleugnung". Eine Ausprägung davon ist Vergebung. Es bedeutet, dass man auf das Recht verzichtet, einem Menschen das zurückzuzahlen, was er einem angetan hat – in scharfem Gegensatz zur amerikanischen Kultur, die Selbstverwirklichung gegen Selbstaufopferung ausspielt und auf jede unfreundliche Behandlung mit Rache oder Kontaktabbruch reagiert. „Die meisten von uns sind [daher] von einer Kultur geprägt worden, die Rache nährt und Gnade verspottet", schlussfolgern die Autoren.[44] In einer solchen Kultur wird Vergebung als selbstschädigend angesehen, und Rache und Zorn gelten als authentisch.

Für die Amischen jedoch beruht die Fähigkeit zu vergeben auf zwei Faktoren – einem der Lebensform und einem der inneren Vision.

Erstens bilden die Amischen eine echte Gemeinschaft, in der Beziehungen Vorrang vor individuellen Interessen haben. Die Amischen sind Teil der täuferischen Tradition, und viele ihrer Gemeinden halten sich auch heute noch an das Dordrechter Glaubensbekenntnis (1632), ein mennonitisches und täuferisches Bekenntnisdokument, und lehren es. Taufbewerbern wird dieses Bekenntnis oft zum Studium vorgelegt, damit sie es am Tag der Taufe bekräftigen können. Getreu der Tradition enthält das Dordrechter Bekenntnis einen ganzen Artikel, der sich gegen das Ausüben von Rache wendet.[45] Dieser Artikel lautet:

> *Was die Rache angeht, dem Feinde mit dem Schwert zu widerstehen, davon glauben und bekennen wir, dass der Herr Christus Seinen Jüngern und Nachfolgern alle Rache*

und Widerrache untersagt und verboten hat. Stattdessen hat Er geboten und befohlen (Mat 5,39.44; Röm 12,14; 1. Petr 3,9), niemandem Böses mit Bösem noch Scheltwort mit Scheltwort zu vergelten, sondern das Schwert in die Scheide zu stecken, oder wie die Propheten geweissagt haben (Jes 2,4; Micha 4,3), Pflugscharen daraus zu machen. Daraus verstehen wir, dass wir daher Seinem Beispiel, Seiner Lehre und Seinem Leben zufolge niemanden beleidigen, Verdruss oder Übel antun mögen, sondern uns vielmehr gebührt, aller Menschen höchstes Wohlergehen und Seligkeit zu suchen. Und wenn es die Not erfordert, um des Herrn willen zu fliehen von der einen Stadt oder Land ins andere, ja auch den Raub unserer Güter zu erleiden (Mat 5,39), dennoch niemanden zu beleidigen, und da man geschlagen wird, lieber die andere Backe hinzuhalten, als sich selbst zu rächen oder zurückzuschlagen. Und dass wir über das auch für unsere Feinde bitten müssen, auch wenn sie hungrig oder durstig sind, sie laben und speisen, und sie so mit Wohltun zu überzeugen, um alle Unwissenheit zu überwinden. Zuletzt, dass wir Gutes tun müssen, und uns gegenüber allen Gewissen der Menschen wohl und gütig zeigen, und nach Christi Gesetz niemand etwas anderes tun mögen, als was wir wollen, dass uns geschehe (Mat 7,12). Und dass wir für unsere Feinde beten, sie speisen und erfrischen sollen, wenn sie hungrig oder durstig sind, und sie so durch gute Taten überzeugen und alle Unwissenheit überwinden (Röm 12,19.20).[46]

Diese starke gemeinschaftliche Ablehnung der Rache war kein abstraktes theologisches Prinzip. Es ist „der Herr Christus", der die Rache verbietet. Und sie sollen nicht nur auf Vergeltung verzichten, sondern sogar das höchste Wohl derer anstreben, die sie verletzt haben. Und warum? Sie sollen „nach seinem Beispiel" handeln. Im Herzen ihres Glaubens und ihrer Kultur verehren die amischen Christen einen Mann, der für seine Feinde gestorben ist. Durch gemeinschaftliche Vollzüge wird dieses Bild der Selbstaufopferung dargestellt, gepriesen, besungen, geglaubt und ständig gefeiert. Dass Jesus sein Leben hingab und seinen Peinigern vergab, war ein Akt von enormer Liebe und geistiger Kraft und von überragender Schönheit. Er ist in die Herzen und die Vorstellungskraft aller Mitglieder der Gemeinschaft eingebrannt.

Starke gemeinschaftliche Ablehnung der Rache

Der Apostel Petrus sah diese Schönheit mit eigenen Augen und fasste sie anschaulich zusammen:

> *Wenn er beleidigt wurde, gab er es nicht zurück. Wenn er leiden musste, drohte er nicht mit Vergeltung, sondern überließ es Gott, ihm zum Recht zu verhelfen. Unsere Sünden hat er ans Kreuz hinaufgetragen, mit seinem eigenen Leib. Damit sind wir für die Sünden tot und können nun für das Gute leben. Durch seine Wunden seid ihr geheilt worden! […] Vergeltet Böses nicht mit Bösem, und gebt Beleidigungen nicht wieder zurück! Im Gegenteil, segnet eure Beleidiger, denn Gott hat euch dazu berufen, seinen Segen zu empfangen. (1. Petrus 2,23-24; 3,9; GNB)*

Dies ist die Art von Gemeinschaft, die Vergebung und die Heilung von Beziehungen ermöglicht. Wie werden wir in Zukunft weitere solche Gemeinschaften aufbauen?

KAPITEL 3

Die Geschichte der Vergebung

Groll ist, als würde man Gift trinken und dann darauf warten, dass die andere Person stirbt.

Carrie Fisher[1]

Dass wir in unserer Kultur die Vergebung verloren haben, ist in der Tat beunruhigend – aber das wirft eine Frage auf. Woher kommt unser Verständnis von Vergebung? Wie können wir es bewahren oder wiedergewinnen?

Hannah Arendt gibt ihre eigene Antwort:

Was das Verzeihen innerhalb des Bereiches menschlicher Angelegenheiten vermag, hat wohl Jesus von Nazareth zuerst gesehen und entdeckt. Daß diese Entdeckung in einem religiösen Zusammenhang gemacht und ausgesprochen ist, ist noch kein Grund, sie nicht auch in einem durchaus diesseitigen Sinne so ernst zu nehmen, wie sie es verdient.[2]

Sie schlägt vor, dass wir uns damit befassen, was Jesus über Vergebung gesagt hat, denn auf ihn geht das weltweite Verständnis von Vergebung zurück.

Vergebung – in der Antike unbekannt

Hannah Arendt geht davon aus, dass in antiken Kulturen, selbst in den beeindruckendsten und kultiviertesten, Vergebung nicht wirklich ein Thema war. Ein Großteil der modernen Wissenschaft bestätigt dies.

Der Altphilologe David Konstan schreibt: „Das moderne Konzept der Vergebung, im vollen oder umfassenden Sinne des Wortes, existierte in der klassischen Antike, d. h. in Griechenland und Rom [den Haupteinflüssen auf die westliche Zivilisation], nicht, oder jedenfalls spielte es im ethischen Denken dieser Gesellschaften keine Rolle."[3] Charles L. Griswold sagt in der vielleicht renommiertesten zeitgenössischen philosophischen Abhandlung über Vergebung: „Es ist überraschend und erhellend, dass Vergebung von den antiken griechischen Philosophen nicht als Tugend angesehen wird."[4]

Das heißt nicht, dass die Griechen nicht manchmal die Tugend des Mitleids kannten – aber das entspricht bei Weitem nicht unserem modernen Verständnis von Vergebung. Die „Kardinaltugenden" waren Weisheit, Gerechtigkeit, Mut und Selbstbeherrschung, die alle dazu tendieren, die zarten Gefühle des Mitgefühls und der Zuneigung auszuschließen oder zumindest abzuschwächen. Die antiken Autoren „stellten sich die Götter als Menschen vor und statteten sie mit Leidenschaften wie Eifersucht, Bosheit und Rache aus und konnten daher die erhabene Idee einer freien und gnädigen Vergebung nicht begreifen".[5]

Homers *Ilias* ist ein Epos, dessen Handlung fast vollständig vom Streben nach Blutgerechtigkeit und Rache bestimmt ist. Sie beschreibt den „Zorn, der selbst auch den Weiseren pflegt zu erbittern: der, weit süßer zuerst denn sanfteingleitender Honig, bald in der Männer Brust aufwächst wie dampfendes

Feuer!"[6] Das Werk gipfelt in der Rückkehr des Achilleus in Gesang 21 und 22, um nach dem Tod seines Freundes Patroklos gegen die Trojaner zu kämpfen. Erst nachdem er sowohl Hektor getötet als auch seinen Leichnam geschändet hat, hört Achilleus auf König Priamos, Hektors Vater, der sein Leben riskiert, indem er nachts allein zu Achilleus' Zelt kommt und um den Leichnam seines Sohnes bittet. Er bittet Achilleus, Mitleid mit ihm zu haben (*eleison*), indem er ihn an seinen eigenen Vater erinnert (Gesang 24, 503–505). Achilleus zeigt endlich Mitgefühl und bringt den Leichnam zu Priamos zurück, damit der ihn ordnungsgemäß bestatten kann.

Die griechische Antike: Mitleid, Mitgefühl, Nachsicht – aber keine Vergebung

Dieser griechische Begriff *eleison* (Mitleid) und ein anderer – *sungnome*, nachsichtig sein im Urteil – bedeuten jedoch nur eine weniger strenge Strafe oder ein milderes Urteil aus Mitleid oder Mitgefühl. Im Gegensatz dazu ist der biblische Schlüsselbegriff für Vergebung *aphiemi*, was einen rechtlichen Freispruch oder die Streichung einer Schuld bedeutet, nicht nur eine Strafmilderung. Es gibt keinen Hinweis darauf, dass Achilleus Hektor oder den Trojanern oder ihrem König ihre Taten gegen die Griechen und gegen ihn vergeben hätte.[7]

Auch in der altgriechischen Philosophie spielt Vergebung keine große Rolle. Aristoteles verwendet den Begriff der *Verzeihung* zwar, aber nur dann, wenn „jemand eine falsche Handlung aufgrund von Bedingungen begeht, die die menschliche Natur überfordern und die niemand ertragen kann".[8] *Sungnome* (Verzeihung) bedeutet für die Griechen nicht Vergebung, sondern Entschuldigung. Es bedeutet nicht: „Das ist ein Unrecht, und ich vergebe es", sondern: „Das hätte nicht vermieden werden können." Entschuldigung bedeutet, den Täter aufgrund mildernder Umstände nicht für die Tat verantwortlich zu machen, auch wenn die Tat an sich falsch war. Entschuldigen bedeutet, eine Handlung „an einen Fehler zu knüpfen, den man nachempfinden kann und der nicht beabsichtigt ist“.[9]

Dies ist eher Nachsicht als Vergebung. Statt zu sagen: „Ich vergebe dir“, sagt Aristoteles: „Ich entschuldige es.“ Dies steht in auffälligem Gegensatz zu Matthäus 6,12. Jesus fordert seine Jünger auf zu beten: „Vergib uns […], wie auch wir vergeben haben“, wobei er das Wort *aphiemi* verwendet, das rechtlich freisprechen oder eine Schuld erlassen bedeutet. Auch wenn für Aristoteles „Großzügigkeit“ oder „Großherzigkeit“ eine Tugend ist, die auch Nachsicht und Verzeihen beinhaltet – er spricht nicht von dem, was wir heute Vergebung nennen.

Die Gründe für das Fehlen der Vergebung

Griswold führt zwei Gründe dafür an, dass Vergebung in der klassischen Antike nicht als hohes Gut angesehen wurde.

Zunächst einmal brauchen tugendhafte Menschen selbst keine Vergebung, weil sie sich durch moralische Tadellosigkeit auszeichnen. Nur „minderwertige Menschen“ brauchen Vergebung, und warum sollten die Tugendhaften sie gewähren? Aristoteles ist der Meinung, dass derart tugendhafte Menschen auf andere, die ihnen Unrecht antun, nicht mit Vergebung (was den Tätern zu viel Bedeutung beimesse), sondern mit Verachtung reagieren sollten. Tugendhaft zu sein, bedeutet, „sich nicht über die Handlungen der *hoi polloi* [der vielen] zu ärgern“[10], sondern so lange auf sie herabzusehen, bis das, was sie getan haben, für einen selbst unwichtig wird. Der Ärger darüber sollte unter der Würde des tugendhaften Menschen liegen, ebenso wie die Verursacher des Unrechts selbst.

Was hier offensichtlich fehlt, ist die christliche Vorstellung, dass auch moralisch gute Menschen unvollkommene Sünder sind, die der Vergebung bedürfen. Griswold schreibt, dass Vergebung nur einleuchtet in

> *einer Weltsicht, die die Vorstellung einer gemeinsamen und unheilbar begrenzten und fehlbaren menschlichen Natur betont [...]. Vergebung ist eine Tugend vor dem Hintergrund eines Narrativs über die menschliche Natur [...], das die Unvollkommenheit [...], unsere gegenseitige Verletzlichkeit [...], unsere Sterblichkeit [und] die Allgegenwärtigkeit des Leidens als unser Los akzeptiert. All dies sind feste Bestandteile unserer Unvollkommenheit.*[11]

Die Griechen hatten ebenso auch keine Vorstellung davon, dass allen Menschen die gleiche Würde zukommt, unabhängig von ethnischer Zugehörigkeit, Kultur oder moralischem Charakter. Griswold schreibt: „Der Gedanke an die den Menschen innewohnende Würde fehlt anscheinend [...] in diesem aristokratischen System. Das [...] System, in dem Vergebung ihren Platz hat, erkennt [...] unsere Berechtigung an, voneinander eine respektvolle Behandlung zu verlangen."[12]

Der zweite Grund, warum die Vergebung im klassischen Denken ignoriert wurde, liegt in der Sichtweise der Griechen auf das Universum an sich. Sie glaubten, dass das Universum im Grunde unpersönlich sei. Während das einfache Volk die Welt als vom Schicksal bestimmt verstand, argumentierten die Philosophen, dass hinter dem Universum der *Logos* stehe – ein rationales (aber immer noch unpersönliches) transzendentes Prinzip, das das Universum und die Geschichte ordnet. In beiden Fällen war der Kosmos unerbittlich und konnte ganz sicher nicht vergeben. In diesem Universum gab es ein

Der Gedanke der Menschenwürde fehlte

Pantheon von Göttern, aber wie ein Fachwissenschaftler es nach der Lektüre aller antiken Geschichten und Berichte über sie ausgedrückt hat, „gebieten uns die griechischen Götter [nicht nur] nicht, zu vergeben [...], sie sind selbst nicht auffallend vergebungsbereit [...]. Weil den Griechen ein göttliches oder messianisches Beispiel für bedingungslose Vergebung fehlte, empfanden sie keinen religiösen Druck, anderen Menschen zu vergeben."[13]

Nachdem Griswold Aristoteles untersucht hat, geht er zu Platon und den Stoikern über und stellt fest, dass diese der Idee des Verzeihens, geschweige denn der Vergebung, noch weniger Aufmerksamkeit schenken. Ein Grund dafür ist, dass Vergebung und Versöhnung Mitgefühl für den Standpunkt eines anderen voraussetzen. Und während, wie wir in der *Ilias* gesehen haben, das Konzept des Mitgefühls in der antiken Literatur durchaus eine Rolle spielte, wurde es in der antiken Moralphilosophie ignoriert.[14] Griswold kommt zu dem Schluss, dass die antike Philosophie „perfektionistisch" war, das heißt, sie verlangte moralische Beinahe-Vollkommenheit und zeigte keinerlei Sympathie für diejenigen, die diese nicht aufbringen konnten. Vergebung sei „in diesen antiken Kulturen [...] keine Tugend, weil die vervollkommnete [moralische] Seele fast immun dagegen ist, verletzt zu werden oder selbst zu verletzen".[15]

Das Aufkommen des Christentums

Von Anfang an zeichnete sich die christliche Kirche durch ihre Betonung und Praxis der Vergebung und des Verzichts auf Vergeltung aus. Larry Hurtado gibt einen Überblick über die jüngsten historischen Studien und kommt zu dem Schluss, dass das Christentum in seinen ersten drei Jahrhunderten die am meisten verfolgte Religion im Römischen Reich war. Christ zu sein, war mit hohen sozialen Kosten verbunden (Ablehnung durch Verwandte und Nachbarn, Verlust des Einkommens oder des Arbeitsplatzes, Bedrohung und Gewalt), und in vielen Fällen musste man mit politischer Verfolgung und juristischen Folgen rechnen, im Extremfall mit der Hinrichtung.[16] Trotzdem wuchs das Christentum schnell. Warum? Der Historiker Kenneth Scott Latourette versucht, diese Frage zu beantworten. Er nennt viele Faktoren, darunter auch diesen:

> *Es ist auch wichtig, uns daran zu erinnern, dass die Kirche nicht auf Vergeltung an ihren Verfolgern aus war. In den christlichen Schriften dieser Zeit ist wenig oder nichts von Bitterkeit oder Rachegelüsten gegenüber denen zu lesen, die die Gläubigen verfolgten […]. Soweit uns bekannt ist, wurden keine Verwünschungsgebete gegen sie gesprochen.*[17]

Der christliche Bischof Cyprian aus dem dritten Jahrhundert hielt eine Predigt mit dem Titel De bono patientiae („Über das Gut der Geduld"), die überliefert ist. Er stellt fest, dass die Gläubigen nicht nur, wie alle Menschen, mit persönlichen Krisen wie Geldmangel, Krankheit und Tod konfrontiert sind, sondern auch mit dem Verlust von Landbesitz, mit Gefängnis, Schwert, wilden Tieren, Feuer und Hinrichtung, weil sie Christen sind.[18] Trotzdem sollen sich die Christen nicht rächen. Cyprian räumt freimütig ein, dass aufgrund der jüngsten Verfolgungswelle manche Christen „entweder wegen der Schwere ihrer drückenden Unrechtserfahrungen oder aus Ressentiments gegenüber denen, die sie angreifen, schnell Rache üben wollen".[19] Aber, so sagt Cyprian, die Christen tun das nicht, und sie müssen es auch nicht tun.

Sie sollten es nicht tun, weil Jesus uns sowohl vorgelebt als auch geboten hat, unsere Feinde zu lieben und die andere Wange hinzuhalten. Vielmehr, so fügt Cyprian mit großem Nachdruck hinzu, sollen die Christen „mit großer Geduld den Tag der gerechten Rache abwarten und das Unrecht ertragen“.[20] Jesus kam das erste Mal als leidender Gottesknecht, und wir sollen ihm darin folgen. Aber bei seiner Wiederkunft wird er der Richter sein, der alles Unrecht zurechtbringen wird. Wir sollen darauf mit einer Hoffnung warten, die uns Ausdauer gibt. Die Predigt ist insofern bemerkenswert, als sie die Christen zum Verzicht auf Vergeltung, zur Geduld und zur Feindesliebe aufruft, ohne dabei die Ungerechtigkeit dessen, was ihnen angetan wurde, zu verharmlosen.

Um den Einfluss des Christentums auf die westliche Kultur zu verstehen, sehen wir uns an, wie der englische Historiker Dr. C. John Sommerville, der an der Universität von Florida lehrte, seinen Studenten die Situation zu veranschaulichen suchte. „Als die Angelsachsen in England das Christentum annahmen“, schreibt er, verstanden sie nicht, „worauf sie sich einließen“. Wie bei den Griechen und Römern vor ihnen gehörte zu „den Werten […], die [sie] immer als selbstverständlich empfunden hatten […], das Konzept der Ehre, was bedeutet, dass man sich den Respekt anderer verdient und ihn einfordert“, indem man Stärke, manchmal sogar brutale Stärke, zeigt.[21] Menschen, die sich ein höheres soziales Ansehen verdient hatten, waren des Respekts würdig, aber Menschen ohne soziales Ansehen – Sklaven, Frauen, Feiglinge – waren es nicht. Die Werte, die für die christlichen Missionare, die die nicht christlichen europäischen Volksstämme für Christus gewannen, selbstverständlich waren, standen in krassem Gegensatz dazu: Dienstbereitschaft, Vergebung und

Das Christentum brachte die Idee, dass jeder Mensch als Ebenbild Gottes eine Würde hat und Nächstenliebe erfahren soll

„Nächstenliebe, das heißt, das Beste für andere zu wollen". Und all dies basierte auf der Idee, dass jeder Mensch als Ebenbild Gottes eine Würde hat und Nächstenliebe erfahren sollte.

Ein Gedankenexperiment

Um den Studenten den Unterschied zu verdeutlichen, gab Sommerville ihnen folgende Aufgabe: Stellen Sie sich vor, Sie sehen nachts im Dunkeln eine gebrechliche alte Dame mit einer großen Handtasche unter dem Arm die Straße entlangkommen. Es liegt auf der Hand, dass Sie sich diese Tasche schnappen und den Inhalt an sich nehmen könnten, ohne dass die alte Dame Sie sieht. – Sie können also davon ausgehen, dass Sie nicht bestraft würden. Würden Sie es tun?

Der angelsächsische Krieger würde es nicht tun. Denn es wäre unter seiner Würde. Eine ältere Person verdiente Respekt für ihr Alter, und sie war noch dazu eine Frau – sie zu berauben, würde seine Ehre in seinen eigenen Augen beschmutzen. Und wenn jemand sehen würde, was er täte, würde er auch in dessen Augen seine Ehre verlieren. „Mit anderen Worten", schreibt Sommerville, wenn Sie Angelsachse wären, „würden Sie nur an sich selbst denken, an Ihre Ehre oder Ihren Ruf, nicht an die kleine alte Dame".[22]

Was aber, wenn Sie stattdessen daran denken, wie entsetzt, verletzlich und traumatisiert diese Frau sich fühlen würde, wenn jemand sie überfiele? Sie würden überlegen, dass andere Menschen auf ihr Geld angewiesen sein könnten. Der Diebstahl der Handtasche könnte anderen Menschen Leid zufügen. Also tun Sie es nicht. Warum? „Sie versetzen sich in die Situation anderer und wollen das Beste für sie."[23] In einer Scham- und Ehrenkultur baut das ethische System auf Selbstachtung und Selbstverwirklichung. Ein ethisches System, das sich auf christliche Überzeugungen stützt, ist eine Ethik der „Fremdachtung", die auf dem Engagement für das Wohl der anderen in *deren*, nicht im eigenen, Interesse beruht.

In einer Kultur der Selbstverwirklichung erscheint Vergebung natürlich wenig sinnvoll. Wenn man geschädigt wird, kann man seine Ehre nur wiedererlangen, indem man den anderen bloßstellt und sich an ihm rächt. Sommerville schreibt: „Mit der Ehre geht eine Konzentration auf Stolz statt Demut, Dominanz statt Dienst […], Ruhm statt Bescheidenheit, Loyalität [gegenüber dem eigenen Stamm und Volk] statt Respekt für alle, Großzügigkeit [nur] gegenüber den eigenen Freunden statt Gleichheit" und Rache statt Vergebung einher. In der christlichen Weltanschauung ist Vergebung jedoch kein Zeichen von innerer Schwäche, sondern von höchster moralischer Tugend und Stärke. Sommerville berichtet: Wenn er diese gegensätzlichen Werte – zwischen der nicht christlichen Ehrenkultur und der christlichen Kultur der Würde – einblendet, erkennen seine Studenten sofort, wie grundlegend ihre moralische Orientierung vom Christentum geprägt ist, selbst wenn sie dessen Dogmen und Glaubensüberzeugungen ablehnen.[24]

Scham- und Ehrenkultur: Selbstachtung und Selbstverwirklichung

Doch selbst der flüchtige Beobachter wird feststellen, dass das Abendland nie so etwas war wie eine durch und durch christliche Kultur. Für die Angelsachsen klang allein schon der Gedanke an Vergebung gefährlich. Die soziale Ordnung beruhte auf dem Respekt vor Stärke. Mussten die Menschen nicht wissen, dass sie für begangenes Unrecht verfolgt würden und Sühne leisten müssten? In westlichen Ländern wurde der Einfluss des Christentums so begrenzt, dass das gewährleistet blieb.

„Sie entstellten das Christentum zur der Religion, in deren Namen zu Kreuzzügen aufgerufen werden konnte – die natürlich zum Schutz der Ehre Gottes durchgeführt wurden. Die mittelalterliche Arbeitsteilung überließ es den Frauen, Leibeigenen und Mönchen, sich auf die karitativen Tugenden zu spezialisieren.“[25] Um ein weiteres Beispiel zu nennen: Bis ins frühe neunzehnte Jahrhundert duellierten sich Männer – ein offensichtliches Überbleibsel der Scham- und Ehrenkultur.[26]

Dennoch war die christliche Liebesethik eine revolutionäre Idee, die Europa sehr langsam und bruchstückhaft zur ersten Kultur umgestaltete, die die gleiche Würde und die gleichen Rechte jedes Einzelnen anerkannte, im Gegensatz zu den eher korporativen Scham- und Ehrenkulturen, die den „höheren“ Klassen und Familien einen höheren Status zuwiesen. Während in einer Ehrenkultur die Menschen sich die Ehre verdienen mussten oder verachtet wurden, ging man in einer christlich geprägten Kultur davon aus, dass allen Menschen eine Würde innewohnt, die sie sich nicht verdienen müssen. In Kulturen, die die Würde des Menschen betonten, wandte man sich ab von persönlicher Aggression und Gewalt und bemühte zur Lösung von Streitigkeiten Gerichte oder Verwaltungsorgane.

Hannah Arendt hatte also recht. Ihr Argument war: Obwohl Jesus „in einem religiösen Kontext“ von Vergebung sprach, gebe es keinen Grund, Vergebung „in einem säkularen Kontext“ nicht ernst zu nehmen.[27] Nicholas Wolterstorff hat diesem Statement von Hannah Arendt einen wichtigen Vorbehalt hinzugefügt:

> *Aber wir haben gesehen, dass es […] Denksysteme gibt, in denen Vergebung keinen Platz finden kann. Vergebung kam damit in die Welt, dass der Wert des Menschen und der Wert des Göttlichen erkannt wurde […] und damit*

> *auch Rechte, Pflichten und Schuld. Sie kann nicht geschehen, wenn dies alles nicht anerkannt wird.*[28]

Ist dies unsere heutige Situation? Viele gehen davon aus.

Die Beharrungskraft der Vergebung

Ist es möglich, dass sich die Idee der Vergebung in unserer Kultur einfach verflüchtigt, wenn sie mit einer neuen und anderen Betonung von Gerechtigkeit und Ehre anstelle von Liebe und Barmherzigkeit konfrontiert wird? Ich glaube das nicht. Auch wenn die theologischen und kulturellen Ressourcen dafür in der Gesellschaft abnehmen – die Vergebung wird nicht aussterben. Es gibt nach wie vor eine starke menschliche Intuition bezüglich ihrer Bedeutung und Kraft, selbst in einer säkularen Kultur, in der die vertikale Beziehung zu Gott abgeschafft ist. Diese Intuition wird durch folgende seltsamen und wunderbaren kurzen Verse aus Prediger 3 erklärt. Sie kommt aus „dem Wunsch des Herzens, nach dem zu fragen, was ewig ist“:

> *Ich habe erkannt, was für eine schwere Last das ist, die Gott den Menschen auferlegt hat. Für alles auf der Welt hat Gott schon vorher die rechte Zeit bestimmt. In das Herz des Menschen hat er den Wunsch gelegt, nach dem zu fragen, was ewig ist. Aber der Mensch kann Gottes Werke nie voll und ganz begreifen. (V. 10-11; Hfa)*

Das Wort, das hier mit „ewig“ übersetzt wird, bedeutet Endlosigkeit oder Zeitlosigkeit. Es bedeutet, dass wir eine Realität wahrnehmen, die außerhalb der Zeit existiert, und dass wir uns nach dieser Realität sehnen. Wir sehnen uns nach Leben und

Liebe ohne Trennung, nach dem endgültigen Triumph über das Böse, nach vielen Dingen, die diese Welt nicht geben kann. „Im Gegensatz zu den Tieren leben wir in der Zeit, sehnen wir uns danach, [die Ereignisse und Tatsachen des Lebens] in ihrem vollen Zusammenhang zu sehen, denn wir wissen [unvermeidlich] etwas von Ewigkeit.“[29] Wenn diese Welt alles ist, was es gibt – und wenn die Natur immer nur ein System war, bei dem die Starken die Schwachen fressen –, warum stört uns dann das Böse überhaupt? Warum fühlen wir so sehr, dass es tatsächlich moralisch absolute Werte gibt, obwohl wir uns sagen, dass es sie nicht geben kann? Warum haben wir das Gefühl, dass andere, die diese absoluten Werte verletzen, eine Strafe verdienen, während wir, wenn wir sie verletzen, um Vergebung bitten?

Die Antwort des Buchs Prediger lautet, dass wir unserem Wissen um Gott und um die Ewigkeit nicht entkommen können. Wir können mit unserem Intellekt leugnen, dass es außer dieser Welt „unter der Sonne“ noch etwas anderes gibt. Wir können sagen, dass es keinen Sinn im Leben gibt, keine absoluten moralischen Werte, keine Seele. Nur – so können wir nicht leben. Wir glauben im Grunde unseres Herzens einfach nicht, dass das Leben „unter der Sonne“ alles ist, was es gibt.

Es wurde schon häufig darauf hingewiesen, dass eines der Hauptthemen in Mozarts Opern die Vergebung ist. In der *Entführung aus dem Serail* versuchen zwei Männer, ihre Geliebte aus einem Harem zu befreien, werden aber gefasst. Der Polizeichef will sie bestrafen, doch der gütige Pascha bietet den Paaren die Begnadigung an. In *Idomeneo* bietet der Gott Neptun den Hauptfiguren am Ende Vergebung an. In *Così fan tutte* wird zwei Frauen, die ihren Verlobten untreu geworden sind, verziehen. Die bei Weitem berühmteste Darstellung der Ver-

Wir können sagen, dass es keinen Sinn und keine absoluten moralischen Werte gibt – aber wir können nicht so leben

gebung bei Mozart ist jedoch das Ende von *Die Hochzeit des Figaro.*

Figaro, ein Hausangestellter, ist mit Susanna, einem Dienstmädchen, verlobt. Gemeinsam arbeiten sie für den Grafen Almaviva und seine Frau, die Gräfin Rosina. Der Graf ist ein unglücklicher und reizbarer Mann und fühlt sich zu Susanna hingezogen. Zum Leidwesen der Gräfin stellt er ihr nach.

Im letzten Akt tauschen Susanna und die Gräfin ihre Kleider, um den Grafen zu täuschen und ihn dazu zu bringen, sich wieder in seine Frau zu verlieben. Er beginnt, „Susanna“ zu umwerben, die in Wirklichkeit seine Gattin ist. Als der Graf sieht, wie Figaro mit der Frau, die er für die Gräfin hält (in Wirklichkeit ist es Susanna), intim wird, ist er empört. Sowohl Susanna (immer noch als Gräfin verkleidet) als auch Figaro bitten den Grafen um Verzeihung, aber er verweigert sie.

Schließlich sieht der Graf den Ring, den „Susanna“ (in Wirklichkeit die Gräfin) trägt, und erkennt, dass er versucht hat, seine eigene Frau zu verführen. Er sieht sich plötzlich mit den Augen der anderen und erkennt die Zerstörungskraft und das Böse seines Verhaltens. Erschüttert richtet er seine vor ihm kniende Frau auf und kniet selbst vor ihr nieder. Nun, da er all seiner Selbstrechtfertigungen und seines Selbstmitleids entledigt ist und nicht mehr anderen die Schuld für sein Handeln gibt, singt er: „Contessa, *perdono*!“ – „Meine Herrin, verzeiht mir“. Die Gräfin antwortet: „Ja“, und alle um sie herum singen: „Dann lasst uns alle glücklich sein!“

Was diese Szene so berühmt macht, ist jedoch die Musik. Generationen von Zuhörern haben gespürt, dass die Musik nicht nur schön und einprägsam ist, sondern dass sie die einzigartige Zartheit und Schönheit der Vergebung und ihre fast übernatürliche Kraft vermittelt, Rechnungen auszutilgen, Lasten zu beseitigen, Beziehungen neu zu gestalten und die Identität zu verändern. Viele haben geäußert, dass die Musik, wenn man sie in einer reumütigen Gesinnung hört, eine Art Absolution erteilt. Als der Graf die Worte der Vergebung hört, lichtet sich seine innere Dunkelheit endlich.

Aber die Kraft dieser Szene und dieser Musik ergibt aus einer säkularen Sichtweise, die jede vertikale oder transzendente Dimension leugnet, nicht viel Sinn. Genau das empfand Ian Power, als er über die Arie des Grafen „Contessa, perdono" schrieb: „Warum bringt mich dieses Mozartstück zum Weinen, obwohl es dumm und wahrscheinlich böse ist?"[30] Power, Dozent für Musik an der Universität von Baltimore, schreibt, dass die Geschichte des Figaro in einer unterdrückerischen, stark hierarchischen Sklavengesellschaft angesiedelt ist. Die Oper kritisiert nicht die erdrückenden Ungerechtigkeiten dieser Gesellschaft – im Gegenteil, sie feiert und unterstützt sie. Und die Vorstellung, dass einige Menschen die Macht haben, über andere moralisch zu urteilen und ihnen zu vergeben, ist Teil dieser traditionellen Herrschaftsstruktur. Power sieht das, findet die Szene aber widersinnigerweise trotzdem unglaublich bewegend.

> *Das Problem, das sich mir stellt, ist, dass sie [die Schlussszene] ziemlich dumm ist. [Es ist] ein reicher A*, der sich bei seiner Frau entschuldigt, weil er mit allen Mitteln versucht hat, sie zu betrügen, es ihm aber nicht gelang […] und die Frau sagt ihm, dass alles in Ordnung ist, weil sie ein besserer Mensch ist, und dann singt die umstehende Menge zwanzig Minuten lang „Dann lasst uns alle feiern". Warum bringt mich das zum Weinen?*

Power versucht es mit der Antwort, dass große, meisterhafte Musik einfach direkt auf die Gefühle wirkt. „Ist es die herzzerreißend einfache dreistimmige Melodie? Sind es diese verführerischen Kadenzen? Ist es die Art und Weise, wie sich der Refrain in die intime Textur schleicht wie die Blätter eines Waldes, die in den Fokus geraten? Die Art und Weise, wie die Streicher die Harmonie auf die unaufdringlichste Weise zurücknehmen […]?" Aber dann weist er diese Vermutungen zurück – zu Recht. „Ich glaube nicht, dass Musik eine kontextlose Kraft hat, Emotionen zu beeinflussen Es muss irgendetwas an ihrer Semantik sein, das mich berührt." „Traurige" oder „fröhliche" oder „nachdenkliche" oder „bittersüße" Musik wird so genannt, weil wir sie mit tatsächlichen Erfahrungen verbinden. Sie ist bedeutungsvoll, weil es etwas Bedeutungsvolles an diesen menschlichen Erfahrungen gibt.

Aber wenn, wie Power glaubt, die Handlung der Szene nur „die feudalistische Unterdrückung stützt" und eine Momentaufnahme der „Sklaverei und des Grauens, die diese Kultur stützten", ist – warum sollte diese Handlung ihn dann bewegen?

Am Ende kann er nur sagen: „So erforschen wir den Affekt: Indem wir zugeben, dass er real ist, egal, ob er es sein ‚sollte' oder nicht." In gewisser Weise tritt Power in die Fußstapfen der Figur des Salieri in dem Theaterstück und Film *Amadeus.* Trotz seines Hasses auf Mozart ist Salieri von dessen Werk ergriffen.

> *Ich hörte die Musik echter Vergebung, die das Theater erfüllte und allen, die dort saßen, die vollkommene Absolution erteilte. Gott sang durch diesen kleinen Mann für die ganze Welt. Unaufhaltsam.*[31]

Der Soziologe Philip Gorski aus Yale erklärt, dass die säkulare Annahme, dass alle Dinge eine materielle Ursache haben müssen, die Moral entweder zum Produkt unserer Evolutionsbiologie macht oder zur Konstruktion unserer Kultur, die immer darauf ausgerichtet ist, die Machthaber zu unterstützen. So oder so ist die Moral relativ – es gibt keine absoluten Werte.[32] In einer solchen Weltanschauung sind Bekenntnis und Vergebung nie wirklich real, immer eine Art Schein: Wer kann sagen, was eine Sünde ist? Warum sollte ich mich für etwas schuldig fühlen, was ich tun will? Wer sind Sie, mir zuzusprechen, ob mir vergeben wird oder nicht?

Ian Power stand intellektuell im Einklang mit seiner Weltanschauung, als er den Akt der Vergebung in „Contessa, perdono" als „dumm oder sogar böse" bezeichnete. Und doch konnte er sich des Gefühls nicht erwehren, dass es dennoch wunderbar war. So wie Leonard Bernstein – obwohl er ein säkularer Mensch war – in Beethovens Musik intuitiv spürte, dass „Himmel" und „Gott" real sind,[33] so entdeckte Power, dass Mozarts Musik ihn spüren ließ, dass Vergebung real ist.

Und sie ist es.

KAPITEL 4

Das Buch der Vergebung

Er zog an Mose vorüber und rief: „Der Herr bin ich, der Herr, ein barmherziger und gnädiger Gott, geduldig und reich an Güte und Treue. Unerschütterlich erweise ich meine Güte über Tausende von Generationen und vergebe ihnen Schuld, Unrecht und Sünde. Trotzdem lasse ich die Schuldigen nicht ungestraft davonkommen, sondern ziehe sie zur Rechenschaft. Selbst ihre Nachkommen werden die Folgen noch bis in die dritte und vierte Generation spüren."

2. Mose 34,6-7

Wenn wir uns daran machen, Vergebung neu zu entdecken, müssen wir uns die Quelle ansehen. Wie Hannah Arendt sagte, ist diese Quelle die Bibel im Allgemeinen und die Verkündigung von Jesus im Besonderen. In der Tat kann man sagen: Vergebung ist das Herzstück der christlichen Botschaft und zieht sich durch die ganze Bibel.

Bestreitung des Anspruchs

Es gibt Kritiker, die darauf beharren, dass Vergebung in der Bibel nicht besonders betont wird. Ein Autor schreibt: „Das […]

Verblüffende ist die Seltenheit der Hinweise auf ‚Vergebung' im Neuen Testament, und angesichts der Behauptung von Theologen, dass die Vergebung der zentrale Punkt des Christentums ist, ist das in der Tat erstaunlich."[1] Der Harvard-Bibelwissenschaftler Krister Stendahl sagt, dass die gebräuchlichsten griechischen Wörter für Vergebung *(aphesis und apheiemi)* in den Paulusbriefen „auffällig abwesend" sind.[2] All dies soll die revisionistische Idee untermauern, dass Vergebung in der Bibel nicht so präsent ist, wie man gemeinhin denkt.

Aber nur weil eines der Wörter, die Vergebung bezeichnen, in einem Abschnitt nicht vorkommt, bedeutet das nicht, dass der Gedanke nicht vorhanden ist. Und wenn Paulus den Begriff verwendet, zeigt er, wie wichtig er für sein gesamtes Denken ist. In Versen wie Kolosser 1,14 zum Beispiel kann das Wort das Wesentliche dessen zusammenfassen, was Christus für uns getan und uns geschenkt hat. Jesus hat uns aus der Finsternis errettet, uns in Gottes Reich versetzt, um uns „die Vergebung der Sünden" zu schenken.

Und in den Evangelien lesen wir, dass die Erklärung Jesu, dass er Sünden vergeben kann, eine enorme Kontroverse ausgelöst hat. Aber sie war wesentlich für seinen Anspruch, selbst Gott zu sein (Matthäus 9,2-6; Markus 2,7-10). Jesus sagt, sein Blut sei „zur Vergebung der Sünden" vergossen worden (Matthäus 26,28). Und wie wir gesehen haben, ist die Vergebung der Sünden die eine Bitte des Vaterunsers, die Jesus wiederholt, unterstreicht und betont (Matthäus 6,14-15).

Unabhängig davon, wie oft der Begriff verwendet wird, ist die Idee der Vergebung von zentraler Bedeutung für die Gesamtaussage der Bibel – sowohl des Alten als auch des Neuen Testaments – und für den Glauben der Christen.

In der hebräischen Schrift gibt es drei Wortstämme, die Vergebung ausdrücken. *Kpr* bedeutet Sünde bedecken und wird regelmäßig im Zusammenhang mit den Tieropfern verwendet. *Slh* ist ein Wort, das verzeihen bedeutet, oder aufhören, jemanden zu beschuldigen. Es wird ebenfalls mit den Opfern in Verbindung gebracht. Es zeigt, dass die Vergebung eine Art von Sühne – eine Art von Zahlung – erfordert. *Ns* bedeutet wegnehmen oder wegtragen, ein Bild dafür, dass die Sünde von uns entfernt und nicht mehr mit uns in Verbindung gebracht wird (vgl. Psalm 103,12). Dieser Wortstamm wird sowohl im Blick auf menschliche als auch auf göttliche Vergebung verwendet (vgl. 1. Samuel 25,28; 1. Mose 50,17).

Die Idee der Vergebung ist in der Bibel aber oft auch dann präsent, wenn keine spezifischen Worte dafür verwendet werden. Wer aufmerksam liest, wird sie in fast allen großen Erzählungen des 1. Buchs Mose wiedererkennen.

Vergebung in den Büchern Mose

In 1. Mose 2,17 lesen wir, dass Adam und Eva gesagt wird: „An dem Tag", an dem sie vom Baum der Erkenntnis von Gut und Böse essen würden, würden sie sterben. Als sie jedoch tatsächlich von dem Baum essen, leben sie weiter. Augustinus erklärt:

> *„Auf die Frage, mit welchem Tod Gott den Menschen [in 1. Mose 2,17] gedroht hat, ob mit dem leiblichen, dem geistlichen oder dem zweiten Tod, antworten wir: Mit allen drei." Er versteht darunter nicht nur den ersten […] Tod, bei dem die Seele Gott verliert, und auch nicht den zweiten […] Tod, der ewig ist und schließlich folgt […], sondern den Tod überhaupt.*[3]

Adam und Eva verlieren ihre Beziehung zu Gott und erleben das, was Augustinus den „geistlichen Tod“ nennt – Entfremdung von Gott (sie verstecken sich) und voneinander (die verhüllenden Feigenblätter). Aber Gott hat Adam und Eva am Tag ihrer Sünde nicht mit dem leiblichen und ewigen Tod bestraft, den sie nach seinem eigenen Urteil verdient hätten. Warum nicht? Der Grund lag in seiner Gnade und Barmherzigkeit, den göttlichen Attributen, in denen jede Vergebung wurzelt.

Das Gleiche geschieht, als Kain seinen Bruder Abel ermordet. Statt das Verbrechen zu bereuen, beklagt sich Kain, dass andere ihn nun finden und für seine Tat töten werden (1. Mose 4,13-14). Erstaunlicherweise versieht Gott Kain mit einem „Zeichen“ oder einer Tätowierung – „kein Stigma, sondern ein freies Geleit“[4], das ihn auf unerklärliche Weise schützt, sodass er ein normales Leben führen kann. Ein Kommentator merkte an: „Dies ist das Äußerste, was die Barmherzigkeit für den Unbußfertigen tun kann“.[5]

Wenn Abrahams Glaube Gott veranlasst, „ihn als einen treuen und gerechten Menschen [anzuerkennen]“ (1. Mose 15,6), bedeutet das, dass ihm alle seine Sünden vergeben wurden, wie Paulus in Römer 4,1-16 deutlich macht, obwohl wiederum das Wort *Vergebung* im Text nicht ausdrücklich vorkommt.

Die Sintfluterzählung scheint auf den ersten Blick lediglich ein göttliches Gericht über die Sünde zu schildern. Aber der Text sagt uns, dass Gott vor der Sintflut, als er sah, „wie viel Unheil die Menschen überall auf der Erde anrichteten“ (1. Mose 6,5), „tiefen Schmerz“ empfand (1. Mose 6,6). Das hebräische Wort deutet auf eine Kombination aus Zorn und Trauer hin – und hier, auf den ersten Seiten der Bibel, erhalten wir einen bemerkenswerten Einblick in Gottes Haltung gegenüber der Sünde.

Gottes Zorn und Gottes Trauer schließen sich nicht aus,

denn er ist nicht nur heilig und nicht nur liebend, sondern beides gleichzeitig. Er ist zornig über das Vergehen und die Missachtung seines Gebots durch die Sünde, aber er trauert auch über ihre Auswirkungen, über das, was sie der Schöpfung und den Menschen, die er liebt, antut. Für unsere Zwecke ist es wichtig zu sehen, dass die Bibel uns neben anderen Beschreibungen auch die *Schmerzlichkeit* der Sünde für Gott aufzeigt. Derek Kidner drückt es mit Blick auf 1. Mose 6,6 in den schärfsten Worten aus: „Schon jetzt leidet Gott um des Menschen willen“ – eine Vorahnung von Gottes freiwilligem Leiden für die Sünde am Kreuz.[6]

Die Sünde löst bei Gott nicht nur Zorn, sondern auch Schmerz aus. Daran erkennen wir, dass nicht nur das Beharren auf der Bestrafung von Bösem und Ungerechtigkeit im Wesen Gottes liegt, sondern auch die Liebe, selbst zu seinem gefallenen Volk. Es ist diese offensichtliche Spannung zwischen Gottes Heiligkeit und seiner Liebe – zwischen der Notwendigkeit, die Sünde zu bestrafen, und dem Wunsch, die Sünder freizusprechen –, die zur Grundlage der Vergebung wird, die Gott uns anbietet und zuteilwerden lässt. Es ist eine Vergebung, die gleichermaßen der Gerechtigkeit wie der Barmherzigkeit gerecht wird.

Der Gedanke, dass Sünde Gott Schmerz bereitet, hat auch tiefgreifende praktische Auswirkungen für Menschen, die ihr Leben und ihre Gewohnheiten ändern wollen. Wenn Sie sagen: „Ich muss damit aufhören, weil es mich in Schwierigkeiten bringt“, dann bereuen Sie nicht wirklich die Sünde selbst, sondern die *Folgen* oder Ergebnisse der Sünde. Es tut Ihnen nicht in erster Linie leid, weil die Sünde Gott betrübt hat, sondern weil sie Ihnen selbst oder anderen Schmerzen bereitet hat. Das bedeutet:

> Sünde löst bei Gott nicht nur Zorn, sondern auch Schmerz aus.

Sobald Ihre sündige Gewohnheit Ihnen keinen Ärger mehr macht, hören Sie auch auf, ihr Ärger zu bereiten. Wenn Sie aber erkennen und spüren, was Ihre Sünde Gott antut, werden Sie eine tiefere und dauerhaftere Motivation haben, sich von der Sünde selbst abzuwenden.

Das erste Mal, dass Vergebung im 1. Buch Mose und damit in der Bibel ausdrücklich erwähnt wird, ist in der Geschichte von Josef. Josefs Brüder bitten ihn, ihnen zu vergeben, weil sie ihn in die Sklaverei verkauft haben (1. Mose 50,17). Das hebräische Wort *nasah* bedeutet, dass die Sünde weggeschickt wird, sodass der Vergebende sie dem Verursacher nicht mehr anrechnet. Auch wenn Josef nicht wörtlich sagt: „Ich vergebe euch", so antwortet er doch, indem er die Rache zurückweist und seine Brüder seiner Liebe versichert – ein entscheidendes Element der Vergebung.

Sobald wir das 1. Buch Mose hinter uns lassen, finden wir häufiger Hinweise auf Vergebung. Mose bittet Gott um Vergebung für das Volk und erhält sie auch (2. Mose 32,32; 34,9; 4. Mose 14,19-20). Am offensichtlichsten ist, dass das gesamte System des Gottesdienstes im Zelt der Begegnung darauf ausgerichtet ist, Vergebung zu erlangen. Die Tieropfer dienen der Vergebung der Sünden (3. Mose 4,20.26.31.35; 5,10.13.16.18; 4. Mose 15,25-26.28). Als Salomo den Tempel baut, um das Begegnungszelt zu ersetzen, betet er, dass Gott sein Volk durch den Tempel erhört und ihm vergibt. Das Thema der Vergebung beherrscht Salomos Gebete und sein Verständnis des Tempels (1. Könige 8,30.34.36.39.50; 2. Chronik 6,21.25.27.30.39). Das Herzstück des alttestamentlichen Gottesdienstes ist also die Vergebung. Ohne sie kann es überhaupt keine Beziehung zu Gott geben.

Vergebung in den Psalmen

Die Psalmen sind der vielleicht wichtigste alttestamentliche Ausdruck des Wesens der Vergebung Gottes wie auch der Mittel, um sie zu empfangen. Die sogenannten Bußpsalmen (Psalm 6, 32, 38, 51, 102, 130 und 143) beschreiben, wie man sich Gott in der Bereitschaft zur Umkehr nähert, um seine Vergebung zu empfangen. Doch die Bitten um Vergebung sind nicht auf die Bußpsalmen beschränkt. Sie ziehen sich wie ein roter Faden durch das Gebetbuch der Bibel (Psalm 19,13; 25,11.18; 65,4; 78,38; 85,3; 99,8; 103,3).

Psalm 130, einer der Bußpsalmen, kann als Fallstudie dienen.

> *Aus den Tiefen rufe ich, Herr, zu dir: Mein Herr, höre doch meine Stimme! Lass deine Ohren achten auf mein Flehen um Gnade. Würdest du, Herr, die Sünden beachten, mein Herr, wer könnte bestehn? Doch bei dir ist Vergebung, damit man in Ehrfurcht dir dient. Ich hoffe auf den Herrn, es hofft meine Seele, ich warte auf sein Wort. Meine Seele wartet auf meinen Herrn mehr als Wächter auf den Morgen, ja, mehr als Wächter auf den Morgen. Israel, warte auf den Herrn, denn beim Herrn ist die Huld, bei ihm ist Erlösung in Fülle. Ja, er wird Israel erlösen aus all seinen Sünden. (Psalm 130,1-8; EIN)*

Die Metapher der „Tiefen“ stellt den Sprecher als Ertrinkenden dar, tief im Meer oder auch in einer tiefen Grube. Um was für eine Tiefe handelt es sich? Erst in Vers 3 erfahren wir es direkt, aber es gibt bereits einen Hinweis darauf, wenn der Psalmist sagt, dass sein Schrei ein „Flehen um Gnade“ ist. Ein normaler Mensch, der in einer tiefen Grube gefangen ist, würde nicht nach Gnade rufen, sondern einfach um Rettung bitten – es handelt sich hier also um Tiefen von Schuld und Scham. Der Psalmbeter bittet um „Vergebung“ (Vers 4). Das gesamte Gebet lässt uns einiges über die alttestamentliche Auffassung von Vergebung lernen: Der Psalm lehrt uns, dass das Bedürfnis nach Vergebung *universal* ist. Der Psalmist stellt eine rhetorische Frage: Würde der Herr „die Sünden beachten“, d. h. unsere Sünden und Verfehlungen aufzeichnen, „wer könnte bestehen?“ Die Antwort ist offensichtlich: Niemand. Vergleichen Sie diesen Vers mit Psalm 1,5 und 5,5. Geistlich „bestehen“ bedeutet, vor Gott grundsätzlich annehmbar zu sein oder „im Gericht“ zu bestehen. Hier wird also nicht einfach gesagt, dass jeder Mensch sündigt. Das wäre für niemanden eine Neuigkeit. Die Aussage ist vielmehr, dass daher alle Menschen geistlich von Gott entfremdet sind. Niemand ist gut genug, um in die heilige Gegenwart Gottes zu treten.

Wenn Paulus schreibt: „Keiner ist gerecht, auch nicht einer“ (Römer 3,10), zitiert er Psalm 14,2-3, in dem David sagt: „Der Herr schaut vom Himmel herab auf die Menschen. Er möchte sehen, ob es einen unter ihnen gibt, der verständig ist, einen, der nach Gott fragt. Doch alle sind vom richtigen Weg abgewichen, sie sind durch und durch verdorben. Keiner handelt so, wie es gut wäre, nicht ein Einziger.“ Diese Verse aus Psalm 14 wurden von Paulus in Römer 3,10-12 wirkungsvoll zitiert, um zu beweisen, dass die Welt nicht unterteilt ist in „gute“ Menschen, die in den Himmel kommen, und „schlechte“ Menschen, die nicht dorthin kommen. Alle sind verloren. Niemand wird am Tag des Jüngsten Gerichts den Test auf wesensmäßige Güte und Anstand bestehen. Wegen unserer Sünde gilt: Niemand kann „bestehen“.

„Keiner handelt so, wie es gut wäre, nicht ein Einziger“ (Psalm 14,3)

Der Psalm lehrt uns etwas über das *Problem* der Vergebung. Was die Vergebung schwierig macht, ist, dass Sünden eine „Bilanz“ schaffen – einen Bestand an Schuld und damit die Verpflichtung, sie zu begleichen. Wenn jemand zum Beispiel etwas von Ihnen stiehlt oder Ihnen in irgendeiner Weise Unrecht antut und dabei erwischt wird, könnte er sagen: „Nun, das ist letzte Woche passiert. Das ist alles Vergangenheit.“ Sie jedoch würden sehr stark spüren, dass das Unrecht Ihnen gegenüber eine fortdauernde Schuld, Verbindlichkeit oder Verpflichtung darstellt, die nicht mit der Zeit vergeht. Die Person, die Ihnen Unrecht angetan hat, ist Ihnen weiterhin *etwas schuldig*. Sünden hinterlassen Spuren; sie lösen sich nicht einfach in Luft auf und verschwinden. Der Psalmist sagt also, dass unsere Sünden eine offene Rechnung bei Gott hinterlassen, die am Jüngsten Tag „bezahlt“ werden muss. Wir werden alle verloren sein und verdammt werden. Wir werden alle an den „fälligen Zahlungen“ für die Bilanz unserer Sünden zugrunde gehen.

Der Psalm lehrt uns etwas über die *Tatsache* der Vergebung durch Gott. Der Psalmist sagt nicht: „Bei dir *könnte* es Vergebung geben“, sondern: „Bei dir *ist* Vergebung.“ Er sagt damit: „Auch wenn es eine Liste von Sünden gibt, die jeden verurteilen würde – du findest einen Weg, zu vergeben.“ Und doch ist er zugleich erstaunt über diese Tatsache! Er findet die Vergebung Gottes schockierend und unerklärlich. Wie Gott das Heil zuwege bringt, ist für den Schreiber ein absolutes Geheimnis. Für uns, die wir wissen, dass Christus für uns am Kreuz gestorben ist, ist es das nicht mehr (vgl. Römer 3,25-26). Ein Alttestamentler schreibt: „[Dies] zeigt, wie gering die Gewissheit der Versöhnung zu diesem Zeitpunkt [der Geschichte] insgesamt war. Ein Christ hätte auf das Genügen des Lösegelds hoffen können statt auf Milde bei der Ab-

Sünden hinterlassen eine offene Rechnung bei Gott

rechnung. Am Ende des Psalms tut der Beter genau dies […], aber die Grundlage für die Erlösung […] ist ihm noch nicht offenbart.“[7]

Psalm 130,4 lehrt uns auch etwas über die *Folge* von Gottes Vergebung *im Inneren*. In einer der markantesten Aussagen sagt der Psalmist, dass Vergebung, Verzeihung und Gnade zur „Ehrfurcht“ vor dem Herrn führen. Andere Übersetzungen sprechen hier von der „Furcht des Herrn“. Was ist damit gemeint? Die „Furcht des Herrn“ ist einer der grundlegendsten Begriffe, die das Alte Testament verwendet, um einen Menschen zu beschreiben, der Gottes Wohlgefallen erwirbt. Als Gott Hiob lobt, heißt es: „Und der HERR sprach zum Satan: Hast du achtgehabt auf meinen Knecht Hiob? Denn es gibt keinen wie ihn auf Erden – ein Mann, so rechtschaffen und redlich, der Gott fürchtet und das Böse meidet!“ (Hiob 1,8; ELB). Der Begriff wird in der Bibel wiederholt verwendet, und heutige Leser denken dabei fast immer an erzitternde Angst und Schrecken. „Furcht des Herrn“ wird überwiegend negativ verstanden. Aber dieser Vers wirft ein neues Licht darauf, was es bedeutet. Es gibt noch andere Stellen, die in die gleiche Richtung weisen, z. B. Sprüche 28,14 („Wohl dem, der die Furcht nicht verlernt! Wer aber sein Herz verhärtet, wird in Unglück fallen“, LUT) und Psalm 19,10 („Ehrfurcht vor dem Herrn ist rein, in Ewigkeit bleibt sie bestehen“). Aber Ps 130,4 gibt uns die klarste Vorstellung davon, was die Furcht des Herrn wirklich ist.

Der Begriff *Furcht* bezeichnet mindestens das Gefühl, von etwas überwältigt zu werden und sich davor klein und unbedeutend zu fühlen. Aber jetzt sehen wir, dass es bei der Furcht des Herrn nicht nur um Schrecken geht. „Unterwürfige Furcht würde durch Vergebung gemindert, nicht gesteigert […]. Der wahre Sinn der ‚Furcht des Herrn‘ im Alten Testament […]

impliziert Beziehung."[8] Dieser Begriff würde also am besten definiert als „freudige Ehrfurcht und Staunen vor der transzendenten Größe dessen, wer Gott ist". Die Furcht des Herrn bedeutet, tief betroffen davon zu sein, wer Gott ist und was er getan hat.

Gottesfurcht: freudige Ehrfurcht und Staunen

Es ist besonders interessant zu verstehen, dass diese „Furcht" paradox ist. Je mehr Gnade, Vergebung und Liebe wir erfahren, desto mehr lassen wir uns selbst zurück – und dann beugen wir uns vor Gott in staunender, bewundernder Unterordnung unter seine Größe. Wenn wir *wirklich* verstehen, dass uns vergeben ist, führt das nicht zu einem „lockeren Lebenswandel" oder zu Unabhängigkeit, sondern zu einer respektvollen Hingabe an seine Souveränität. Natürlich konnte die „Ehrfurcht" des Psalmbeters nicht so groß sein wie die unsere. John Newton schrieb darüber:

Lasst uns lieben, singen, staunen;
den Erlöser preisen laut.
Des Gesetzes Donner stillt er,
Sinais Flamme löscht er aus.
Sein Blut macht uns rein vor Gott,
bringt uns nah an seinen Thron.
Lasst uns staunen! Recht und Gnade
weisen zur Barmherzigkeit!
Wenn wir Christi Gnade trauen,
schweigt des Rechtes Forderung.
Er wusch uns in seinem Blut,
sichert uns den Weg zu Gott.[9]

Das Ergebnis der Vergebung Gottes ist eine paradoxe Zuversicht und Demut. Da es sich um unverdiente Liebe handelt, werden wir zugleich aufgerichtet und vor Ehrfurcht in den Staub gesenkt.

In Psalm 130 erfahren wir auch etwas über das *letzte Ziel* der göttlichen Vergebung.

Der Psalmist sagt, dass er sich *nach dem Herrn* sehnt. Letztendlich sucht er nicht nur nach einer Begnadigung oder einem Straferlass. Vielmehr ist sein Ziel Gott selbst. „Von ganzem Herzen" erwartet er, dass Gott sich wieder zeigt. Er sehnt sich nach Gemeinschaft und Verbindung. Vergebung im umfassenden biblischen Sinn ist nicht einfach die Bitte um Verzeihung oder Straferlass – es geht immer um die *Wiederherstellung der Beziehung*. Das Ziel ist niemals nur therapeutisch – eine Befreiung von innerem Leiden. Es geht erstens um eine Wiederherstellung unserer Beziehung zu Gott und zweitens um eine Vertiefung der Gemeinschaft mit ihm. In reumütiger Gesinnung „warten" heißt hier, umzukehren und auszuharren, bis die Seele Gott wieder „sieht".

Es gibt mindestens drei Möglichkeiten, wie wir auf Gottes Vergebung „warten" können:

1. Wir warten *sehnsuchtsvoll*. Das Bild der Wächter, die auf den Morgen warten (Vers 6), ist bedeutsam. Ganz gleich, wie lang die Nacht zu sein scheint, der Morgen kommt. Immer. Das bedeutet, dass Gott sich einer umkehrbereiten Seele zuwenden wird. Immer.

2. Wir warten *im Gehorsam*. Der Psalmist sagt, dass er seine Hoffnung „auf sein rettendes Wort" setzt (Vers 5). Das bedeutet, dass er die Verheißungen, Mahnungen und Gebote der Heiligen Schrift annimmt und sie umfassend befolgt.

Man „wartet“ auf Gott, indem man ihm einfach vorbehaltlos gehorcht, egal, wie man sich fühlt.

3. Wir warten *in Gemeinschaft.* In Vers 7-8 spricht der Beter das ganze Volk an. Er spricht von der „Erlösung in Fülle“ (Vers 7, EIN), die für „*alle* Sünden [des Volkes]“ (Vers 8) verfügbar ist. Was tut er? Er lobt Gott vor und mit der Gemeinde der Glaubenden. Er praktiziert eine gemeinsame und nicht nur eine individuelle Spiritualität. Er dient den anderen.

Auf die Grundlage oder den Grund für Gottes Vergebung erhalten wir hier nur einen Hinweis: Der Psalmist sagt: „Er allein wird Israel erlösen von allen seinen Sünden“ (Vers 8). Irgendwie wird Gott selbst kommen und für die Bezahlung der Sünde sorgen. Wir wissen, wie das geschehen ist! Zacharias, der Vater von Johannes dem Täufer, sang über den Christus: „Gepriesen sei der Herr, der Gott Israels. Er hat sich seines Volkes angenommen und hat ihm Erlösung gebracht“ (Lukas 1,68).

Das Neue Testament sagt uns deutlich mehr über die zwischenmenschliche Vergebung. Aber die Bußpsalmen sind in der Bibel unübertroffen, wenn es darum geht, wie man die göttliche Vergebung sucht und empfängt. Es wird berichtet, dass Augustinus, als er im Sterben lag, diese Psalmen an der Wand neben seinem Bett aufhängen ließ. Er lag im Bett und las sie, weinte und betete sie – vor allem Psalm 51 –, während er starb.[10]

Vergebung bei den Propheten

Der letzte Teil des Alten Testaments besteht aus den „großen" und „kleinen" Propheten, und auch hier steht die göttliche Vergebung im Vordergrund. Die wichtigste Aufgabe der Propheten war es, die „Bundesklage" Gottes gegen sein Volk vorzubringen.

Eine Möglichkeit, die vier Teile des Alten Testaments zu verstehen, sieht so aus: Der Pentateuch beschreibt den Bund, der zwischen Gott und seinem Volk geschlossen wurde, einschließlich der Vergebung, die darin vorgesehen ist. In der Weisheitsliteratur wird ausführlich erläutert, wie sich der Bund im Leben des Volkes auswirken sollte, sowohl in der täglichen Praxis (z. B. die Sprüche) als auch in den inneren Angelegenheiten des Herzens und in Anbetung und Gottesdienst (z. B. die Psalmen). Die Geschichtsbücher jedoch erzählen die traurige Geschichte des Niedergangs, des langfristigen Versagens des Volkes, Gottes Wort und sein Bundesgesetz zu halten. Die Propheten schließlich, die im Namen Gottes sprechen, treten wie Anwälte einer geschädigten Partei auf und erklären die Folgen, die sich aus der Untreue des Volkes gegenüber dem Bund ergeben, sprechen aber auch von einer zukünftigen Erlösung und einem neuen Bund, der großartiger sein und mehr Segen bringen wird.

Pentateuch	Der Bund wird geschlossen	Vergebung wird angeboten
Weisheit	Der Bund wird gelebt	Vergebung wird gewährt
Geschichtsbücher	Der Bund wird gebrochen	Vergebung wird abgelehnt
Propheten	Die Folgen und der erneuerte Bund	Vergebung wird erneut gewährt

Die größte Bürde lag für die Propheten darin, dass sie dem Volk bekanntgeben sollten, dass die Treulosigkeit Israels gegenüber dem Bund schwerwiegende Folgen haben würde. Es würde zum sozialen Niedergang und Verfall sowie zu militärischen Niederlagen, Kolonisierung durch fremde Mächte und schließlich zum Exil kommen. Und doch wird Gott ein verzeihender Gott bleiben, und die Strafe wird nur den Weg für ein umfassenderes Heil ebnen, denn er kann seine Liebe zu seinem Volk nicht vergessen (Hosea 11,8). Ein Rest seines Volkes wird umkehren (Jesaja 4,3; 6,13; 7,3ff.) und im Glauben leben (Habakuk 2,4; Jesaja 7,9; 28,16; 30,15). Und er wird einen neuen Bund mit ihnen schließen, ihnen alle ihre Sünden vergeben und ihnen ein neues Herz und einen neuen Geist geben, die sie schließlich so verändern werden, dass sie in Gehorsam und Liebe vor Gott leben können (Jeremia 24,7; 31,31ff.; 32,37ff.; Hesekiel 11,19ff.; 36,24ff.). Das Volk Gottes wird nicht nur heiliger sein und im Gehorsam gegen Gott leben („Ich schreibe mein Gesetz in ihr Herz, es soll ihr ganzes Denken und Handeln bestimmen", Jeremia 31,33; Hfa), sondern es wird auch umfassende Vergebung erfahren („Ich vergebe ihnen ihre Schuld und denke nicht mehr an ihre Sünden. Mein Wort gilt!" Jeremia 31,34; Hfa).

Wie wird das alles erreicht werden? Kein Prophet sagt uns mehr über diese Zukunft als Jesaja. Es wird durch den Messias geschehen, der sowohl ein König (Jesaja 11) als auch ein leidender Knecht ist (Jesaja 52,13–53,12). Dieser Knecht wird nicht nur Israel das Heil bringen, sondern auch den nicht jüdischen Völkern (Jesaja 42,1). Unserer Sünden wird nicht mehr gedacht werden (Jesaja 43,25). Er wird den neuen Himmel und die neue Erde errichten, das neue Jerusalem, in dem allen Völkern vergeben wird (Jesaja 33,24).

Es gibt nichts Erstaunlicheres als die Erkenntnis, dass selbst die Propheten, die von Gott dazu berufen wurden, Israel seine Sünde vorzuhalten und das kommende Gericht anzukündigen, nicht umhinkonnten, auf höchst bewegende Weise auch von Gottes Gnade und Barmherzigkeit zu sprechen. Die Botschaft der Propheten lautet also: Keine noch so große menschliche Bosheit und Widerspenstigkeit können verhindern, dass Gottes Vergebung ihren Weg zu uns findet.

Keine menschliche Bosheit kann Gottes Vergebung verhindern.

Vergebung in den Evangelien

Wenn wir zu den neutestamentlichen Evangelien kommen, entdecken wir eine noch stärkere Betonung der Vergebung und einen klareren Fokus darauf. Dieser Fokus liegt nicht nur, wie im Alten Testament fast ausschließlich, auf der göttlichen Vergebung (was wir als vertikale Vergebung bezeichnet haben). Wir erhalten auch Anweisungen über die menschliche Vergebung und darüber, wie sie Versöhnung und Heilung der Gemeinschaft bewirken kann. Und schließlich erhalten wir über die symbolischen Tieropfer hinaus eine Erklärung für die Grundlage der Vergebung – bekommen also die Frage beantwortet, wie Gott vergeben kann. Diese Grundlage vertieft unermesslich unser Verständnis dafür, wie teuer Gott seine Gnade und Barmherzigkeit zu stehen kommen.

Im neutestamentlichen Griechisch gibt es zwei zentrale Begriffe für die Vorstellung der Vergebung. *Charizomai* enthält das Wort *charis* oder „Gnade“ und bedeutet, mit jemandem auf eine schenkende, gütige Weise umzugehen und nicht mit strenger Berechnung. Vergebung ist also nicht etwas, was man sich verdient oder verdient hat. Sie wird, wie jedes andere Geschenk, aus Gnade und Liebe auf Kosten des Gebers gewährt. Paulus verwendet vorwiegend dieses Wort.

Das andere Wort ist *aphesis*, was „Erlass“ bedeutet, also eine Amnestie oder einen Steuererlass bezeichnen kann.[11] Dieses Wort wird im Neuen Testament am häufigsten verwendet (etwa vierzig Mal).[12] Es ist das gebräuchlichste Wort für Vergebung und findet sich in den Evangelien sowie im Jakobus- und in den Johannesbriefen. Das Konzept des Erlasses deutet darauf hin, dass Vergebung immer einen Preis hat. Wenn eine Schuld vom Gläubiger gestrichen wird, bedeutet dies, dass der Gläubiger und nicht der Schuldner die Schuld bezahlt bzw. selbst übernimmt. Vergebung hat also zur Folge, dass die Strafe oder Schuld des Täters von einem anderen getragen wird.

Bereits zu Beginn der neutestamentlichen Evangelien liegt der Schwerpunkt auf der Vergebung. Die Verheißung an Josef in Matthäus 1,21 lautet, dass der kommende Messias sein Volk von seinen Sünden erlösen werde; in der Verheißung an Zacharias in Lukas 1,77 heißt es, dass Christus Israel „zu der Erkenntnis führen [will], dass es durch die Vergebung seiner Sünden gerettet wird“. Der unmittelbare Vorläufer Jesu, Johannes der Täufer, predigt „eine Taufe der Umkehr zur Vergebung der Sünden“ (Markus 1,4; EIN).

Als Jesus selbst predigt und lehrt, erklärt er immer wieder, dass wir Gottes Vergebung erfahren können und dann wiederum den Menschen vergeben können, die uns Unrecht antun. Wie wir gesehen haben, ist dies der Kern des Vaterunsers. „Vergib uns unsere Schuld, wie auch wir denen vergeben, die an uns schuldig wurden“ (Matthäus 6,12).

Jesus fügt hinzu: „Wenn ihr den Menschen ihre Verfehlungen vergebt, wird euer Vater im Himmel euch auch vergeben. Wenn ihr aber den Menschen nicht vergebt, wird euer Vater im Himmel euch eure Verfehlungen auch nicht vergeben“

(Matthäus 6,14-15). Entgegen dem ersten Eindruck sagt Jesus nicht, dass Gottes Vergebung auf unserer Vergebung für andere beruht oder durch sie verdient wird. Nicht nur, dass die griechischen Worte für Vergebung dies nicht ausdrücken, sondern das wichtige Gleichnis vom unbarmherzigen Diener (Matthäus 18,23-35) macht deutlich, dass es Gottes Vergebung für uns ist, die die Grundlage – die Motivation und die Kraft – für unsere Vergebung für andere liefert. Wie wir in Kapitel 1 gesehen haben, gibt uns dieses Gleichnis einen umfassenden Bezugsrahmen, anhand dessen wir die beiden Dimensionen – die göttliche und die menschliche – aller christlichen Vergebung verstehen können.

Wenn Jesus Sünden vergibt, bezeugt er damit nicht nur seine Gottheit, sondern auch die lebensverändernde Kraft der Vergebung. Nachdem er einer Frau vergeben hat, erklärt er:

> *„Ihre vielen Sünden sind ihr vergeben; und darum hat sie mir so viel Liebe erwiesen. Wem aber wenig vergeben wird, der liebt auch wenig." (Lukas 7,47; Hfa)*

Der zweidimensionale Rahmen wird hier erneut bestätigt. Das Zeichen dafür, dass Ihnen vergeben wurde, ist eine gesteigerte Fähigkeit zur Liebe, zum Schenken und zum Verzeihen. Wenn die Erfahrung fehlt, dass einem vergeben wurde, führt das dazu, dass wir weniger oder gar nicht fähig sind, anderen gegenüber Großmut zu beweisen oder Vergebung zu gewähren.

Die Grundlage für Vergebung

So wie die Evangelien mit Ankündigungen der Vergebung der Sünden beginnen, so enden sie auch damit. Am Kreuz betet Jesus um Vergebung für seine Feinde (Lukas 23,34), und nach seiner Auferstehung beauftragt er seine Jünger, in die Welt zu gehen und den Menschen zu zeigen, wie sie die Vergebung ihrer Sünden erlangen können (Lukas 24,47; Johannes 20,23).[13]

Am bedeutendsten ist, dass Jesus am Ende seines Lebens der Kirche das Sakrament des Abendmahls gibt, wobei der Kelch „das Blut des Bundes" ist, „das für viele zur Vergebung der Sünden vergossen wird" (Matthäus 26,28). Hier findet sich endlich eine Antwort auf alle Fragen, die im Alten Testament aufgeworfen wurden, besonders seit Gott sich Mose als der Gott offenbarte, der „Schuld, Frevel und Sünde wegnimmt", aber auch „nicht einfach freispricht und Schuld [...] heimsucht" (2. Mose 34,7). Wie ist das möglich? Bedeutet Vergebung denn nicht, dass die Schuldigen ungestraft bleiben? Wie kann er jede Sünde bestrafen und uns dennoch vergeben? Die Tieropfer schienen auf eine Lösung hinzuweisen (3. Mose 17,11), aber es war nur eine teilweise Lösung. Solche Opfer waren teuer, aber sie mussten immer wieder dargebracht werden.

In der Nacht vor seinem Tod gibt uns Jesus die Antwort auf alle Rätsel. Die Grundlage – die objektive Ermöglichung der Vergebung – ist der Sühnetod Jesu Christi am Kreuz. Sein „vergossenes Blut", das seinen Tod bedeutet, ermöglicht es, dass uns vergeben wird. Paulus fasst es so zusammen: „Gott hat uns alle unsere Verfehlungen vergeben. Den Schuldschein, der auf unseren Namen ausgestellt war und dessen Inhalt uns anklagte, weil wir die Forderungen des Gesetzes nicht erfüllt hatten, hat er für nicht mehr gültig erklärt. Er hat ihn ans Kreuz genagelt und damit für immer beseitigt" (Kolosser 2,13-14). Der

Verfasser des Hebräerbriefs spricht vielleicht am deutlichsten: „Jeder andere Priester steht Tag für Tag am Altar, um seinen Dienst zu verrichten, und bringt unzählige Male die gleichen Opfer dar, die doch niemals imstande sind, Sünden wegzunehmen. Christus dagegen hat sich, nachdem er ein einziges Opfer für die Sünden dargebracht hat, für immer auf den Ehrenplatz an Gottes rechter Seite gesetzt" (Hebräer 10,11-12).

Kurz gesagt, am Kreuz hat Jesus sowohl der Gerechtigkeit als auch der Liebe Gottes auf die weiseste, wunderbarste und herrlichste Weise Genüge getan – und das ist der Schwerpunkt des nächsten Kapitels.[14]

C. S. Lewis' kurzer und oft übersehener Essay „On Forgiveness" (Über Vergebung) erzählt, wie er als junger Christ zu der Erkenntnis gelangte, dass er, wenn er Gott um Vergebung bat, in Wirklichkeit Gott bat, ihn zu entschuldigen:

> *Aber zwischen Vergeben und Entschuldigen besteht ein Riesenunterschied. Vergebung heißt: „Ja, du hast das getan, aber ich nehme deine Abbitte an; ich werde es dir nie vorhalten und alles zwischen uns beiden wird genauso sein wie vorher." Entschuldigen aber heißt: „Ich sehe, du konntest nicht anders handeln oder es war nicht beabsichtigt; du bist nicht eigentlich schuldig."*[15]

Er führt aus, dass viele von uns, die in der Kirche das Apostolische Glaubensbekenntnis mitsprechen und sagen: „Ich glaube […] an die Vergebung der Sünden", dies nicht wirklich tun. Wir denken stattdessen, „Gott nähme uns nicht bei sich auf", es sei denn, wir können beweisen, dass wir wirklich nicht so schuldig waren. Aber das ist keine Vergebung. „Echte Vergebung bedeutet, der Sünde unentwegt ins Antlitz zu schauen, der Sünde, die ohne jede Entschuldigung zurückbleibt […];

bedeutet, sie in ihrer Gemeinheit und Bosheit sehen und dennoch sich völlig mit dem Menschen versöhnen, der sie begangen hat."[16]

C. S. Lewis: „Christ sein heißt, das Unentschuldbare vergeben"

Dies ohne Hilfe zu tun, ist für Menschen äußerst schwierig, wenn nicht gar unmöglich. Aber im Evangelium haben wir diese Hilfe, und zwar in übernatürlichen Dimensionen. Lewis erklärt:

> *Aber die unablässigen Herausforderungen des täglichen Lebens zu vergeben […] – können wir das? Nur dann vermutlich, wenn wir daran denken, wo wir selbst stehen […].*[17]
> *Ein Christ sein heißt, das Unentschuldbare vergeben, weil Gott das Unentschuldbare in uns vergeben hat.*[18]

Vergebung verstehen

KAPITEL 5

Der Gott der Liebe und des Zorns

Denn Gott hat der Welt seine Liebe dadurch gezeigt, dass er seinen einzigen Sohn für sie hergab, damit jeder, der an ihn glaubt, das ewige Leben hat und nicht verloren geht. Gott hat seinen Sohn nicht in die Welt gesandt, um sie zu verurteilen, sondern um sie durch ihn zu retten. Wer an ihn glaubt, wird nicht verurteilt. Wer aber nicht glaubt, ist damit schon verurteilt; denn der, an dessen Namen er nicht geglaubt hat, ist Gottes eigener Sohn.

Johannes 3,16-18

Der Schlüssel zur christlichen Vergebung ist das Kreuz. Es ist die Grundlage der Vergebung, denn es ermöglicht nicht nur, dass Gott uns vergibt, ohne seine Gerechtigkeit zu gefährden, sondern es bietet auch sowohl Motivation wie Vorbild für unsere eigene Vergebung gegenüber Menschen, die uns Unrecht antun. Um zu verstehen, wie wir – als zornige, ungerecht behandelte Menschen – vergeben können, müssen wir sehen, wie Gott, der ungerecht behandelte Mensch schlechthin, vergeben kann. Der Weg, auf dem er dies tut, ist das Kreuz.

Der alttestamentliche Hintergrund

Die vielen alttestamentlichen Aufrufe zur Vergebung haben eine wichtige, ungelöste Frage offengelassen. Wie ist Vergebung bei dem, was wir über Gottes Heiligkeit und Gerechtigkeit wissen, überhaupt möglich?

Heinrich Heine soll im Sterben gesagt haben: „Gott wird mir vergeben, das ist sein Job.“ Aber die klare Botschaft des Alten Testaments ist, dass Gottes Vergebung nicht selbstverständlich ist. Der Gott des Universums wird sich als heilig und gerecht erweisen (Jesaja 5,16). Wenn Gott auf den Berg Sinai herabsteigt, wird der Berg heilig und darf nicht berührt werden; wenn Menschen ihm zu nahekommen, werden sie sterben (2. Mose 19,21-24). „Heiligkeit ist Vollkommenheit, nicht nur im moralischen, sondern im umfassenden Sinn […] religiös, ethisch […] innerlich, äußerlich.“[1] Es ist die Heiligkeit Gottes, die ihn veranlasst, die Sünde zu bestrafen (3. Mose 11,44-45; 19,2; 20,7; 2. Samuel 6,3-7). In direktem Zusammenhang mit der Heiligkeit steht Gottes Gerechtigkeit. Er ist immer gerecht (1. Mose 18,25; Psalm 119,137; 129,4) und er wird die Ungerechten und Übeltäter nicht ungestraft lassen (Nehemia 1,3ff; 2. Mose 20,7; Hesekiel 7,4.9; 8,18; 9,10). Gottes Zorn ist kein unberechenbarer Stimmungsausbruch; sondern er ist seine Heiligkeit, die gerichtlich gegen das Böse vorgeht (Psalm 6,2; 38,2; Jeremia 10,24).

Gottes Zorn ist seine Heiligkeit, die gerichtlich gegen das Böse vorgeht.

Nichts ist im Alten Testament deutlicher als die Tatsache, dass Gott Gerechtigkeit üben wird und dass er keine Sünde und kein Übel achselzuckend ignorieren kann. Herman Bavinck wendet sich gegen die „oberflächliche Vorstellung, dass Vergebung für Gott selbstverständlich ist“.[2] Während „das Alte Testament nichts von einer Vergebung weiß, die einem unwilligen Gott abgerungen oder durch Bestechung erkauft würde", ist gleichzeitig Gottes „Vergebung nichts, was in der Natur der Dinge einfach [vorausgesetzt wäre]. Überraschend viele Stellen sprechen davon, dass Gott Vergehen nicht verzeiht (5. Mose 29,19; 2. Könige 24,3-4; Jeremia 5,7; Klagelieder 3,42f.). Wo Vergebung erlangt wird, ist sie etwas, das man mit Ehrfurcht und Staunen [...] betrachten sollte."[3] Doch trotz der klaren und unnachgiebigen Gerechtigkeit Gottes ist das Alte Testament voll von Erklärungen und Verheißungen, dass Gott ein verzeihender Gott ist (4. Mose 14,18-20; 1. Samuel 25,28; 1. Könige 8,30-33; Psalm 25,10; 32,1-2.5; 51; 103,3; 130;4; 143,1-2). Als Jesaja dem dreifach heiligen Gott, dem erhabenen Gott, in der Höhe begegnet und qualvoll seine abgrundtiefe Sündhaftigkeit bekennt, bietet Gott ihm sofort Vergebung an (Jesaja 6,7). Das Alte Testament lehrt also, dass Gott vergibt und dass dies ein erstaunliches, unerklärliches Geschenk ist.

Im Mittelpunkt der alttestamentlichen Offenbarung steht also dieser scheinbare Widerspruch, der in 2. Mose 34,6-7 und 4. Mose 14,18-20 am deutlichsten zum Ausdruck kommt. In 4. Mose 14 lesen wir: „Ich bin geduldig und reich an Güte. Ich vergebe Schuld und Unrecht. Trotzdem lasse ich die Schuldigen nicht ungestraft davonkommen, und selbst ihre Nachkommen werden die Folgen noch bis in die dritte und vierte Generation spüren" (Vers 18). Und auf dem Sinai erklärt Gott Mose seinen Namen wie folgt:

> *[Der Herr] zog an Mose vorüber und rief: „Der Herr bin ich, der Herr, ein barmherziger und gnädiger Gott, geduldig und reich an Güte und Treue. Unerschütterlich erweise ich meine Güte über Tausende von Generationen und vergebe ihnen Schuld, Unrecht und Sünde. Trotzdem lasse ich*

die Schuldigen nicht ungestraft davonkommen, sondern ziehe sie zur Rechenschaft. Selbst ihre Nachkommen werden die Folgen noch bis in die dritte und vierte Generation spüren." (2. Mose 34,6-7)

Der hebräische Text ist sogar noch deutlicher. Wörtlich heißt es, dass er die Schuldigen auf keinen Fall so behandeln wird, als wären sie unschuldig.

Die Spannung ist groß. Was gilt denn nun? Ist er ein liebender Gott, der den Schuldigen vergibt, oder ist er ein gerechter Gott, der die Schuldigen bestraft? Er ist beides – aber wie ist das möglich? Die wahre Antwort wird erst im Neuen Testament offenbart. Gott ist *sowohl* ein Gott der Liebe *als auch* ein Gott des Zorns, und erst am Kreuz sehen wir, dass beides nicht im Widerspruch zueinander steht, sondern zusammenwirkt, um die Welt zu retten.

Unsere Vorstellung von Gott

Johannes 3,16 ist wohl der berühmteste Einzelvers in der Bibel. Es ist ein „Wohlfühl"-Vers – aber nur, wenn man ihn aus dem Zusammenhang reißt. Nur zwei Verse später spricht der Text von „Verurteilung", und etwas später, in Johannes 3,36, wird dieses Wort klar definiert: „Wer an den Sohn glaubt, hat das ewige Leben. Wer dem Sohn nicht gehorcht, wird das Leben nicht sehen; der Zorn Gottes bleibt auf ihm."

Moderne Menschen tun sich schwer mit der Vorstellung von einem zornigen Gott, der verurteilt. Doch die Bibel stellt die Verurteilung hier in die Nähe des berühmtesten Verses über die Liebe. Mit anderen Worten, die Bibel sieht Gottes Liebe und seinen Zorn nie als Gegensätze. Tatsächlich sagt sie uns, dass Liebe und Zorn in Gott nicht nur nicht in Spannung zueinander stehen, sondern dass sie ohne einander bedeutungslos sind und dass sie sich sogar gegenseitig bedingen.[4]

Er ist beides: Liebe und Zorn. Es ist nicht so, dass er eine gespaltene Persönlichkeit wäre – an bestimmten Tagen liebevoll und dazwischen zornig. Der Grund, warum sein Zorn und seine Liebe einander nicht entgegenstehen, ist, dass sie nicht wie bei uns Menschen Emotionen sind – sie sind vollkommen heilig und gut. Wenn wir zornig werden, dann meist, weil die Dinge, die wir am meisten lieben, bedroht sind. Aber wegen der Sünde gehören zu diesen meistgeliebten Dingen oft unser Ansehen in der Öffentlichkeit, unser Ego oder irgendein Lieblingsvorhaben, von dem wir glauben, dass es uns endlich Zufriedenheit im Leben bringt. Wenn diese Dinge bedroht sind, werden wir zornig und verletzen nicht selten Menschen und zerstören Dinge.

Wenn wir all die Hinweise auf Gottes Zorn in der Bibel sehen, stellen wir uns unwillkürlich vor, dass Gottes Zorn wie der unsere sein muss, und das schreckt uns ab. Doch sein Zorn ist *nicht* verletzter Stolz wie der unsere. Gott wird nur über das Böse zornig, das die Dinge zerstört, die er liebt – seine Schöpfung und die Menschen, die er zu seiner Ehre und zu unserem Glück geschaffen hat.

Gott ist nicht allein ein Gott der Liebe oder allein ein Gott des Zorns. Er ist beides, und wenn Ihre Vorstellung von Gott nicht beides umfassen kann, wird dies Ihre Sicht der Realität im Allgemeinen und der Vergebung im Besonderen verzerren.

Wenn Sie nur einen liebenden Gott sehen, der niemals Nein sagt, oder wenn Sie nur einen zornigen Gott sehen, der niemals Ja sagt, wird das Ihr Leben verzerren. Es wird sich darauf auswirken, wie Sie Ihr Leben im Allgemeinen sehen und leben. Es wird die Art und Weise prägen, wie Sie Ihre Entscheidungen treffen, wie Sie andere Menschen betrachten, wie Sie über sich selbst denken und wie Sie mit Ihrer Umwelt umgehen. Vielleicht könnte man etwas vereinfachend sagen, dass Sie leben werden wie ein verwöhntes Kind, wenn Sie nur an einen Gott der Liebe glauben, aber wie ein missbrauchtes Kind, wenn Sie nur an einen Gott des Zorns glauben.

Gottes Liebe und sein Zorn sind nirgendwo so vereint wie am Kreuz, wo beidem Genüge getan wird und sie sich treffen und übereinstimmen. Das Verständnis und die Freude über das, was Christus am Kreuz getan hat, bewahren uns davor, wie ein verwöhntes oder wie ein missbrauchtes Kind zu leben.

Gottes Zorn ist ein Ausdruck seiner Liebe

Die Vorstellung, dass es absolute moralische Standards gibt, die richtig sind, unabhängig davon, was Menschen glauben, und dass Gott alle bestrafen wird, die sie verletzen, ist unter den Eliten der westlichen Zivilisation in den Hintergrund getreten und wird von vielen abgelehnt. Doch aufgepasst! Das Gesetz Gottes, wie Jesus es zusammenfasst (Matthäus 22,36-40), ist das Gebot, richtig, im richtigen Maß und vollständig zu lieben. Wer das nicht tut, zerstört die Schöpfung, andere Menschen und das eigene Herz – alles Dinge, die Gott geschaffen hat und liebt. So ist Gottes Zorn über den Ungehorsam gegenüber seinem Gesetz sowohl ein Aufruf zur Liebe als auch ein Ausdruck seiner Liebe.

C. S. Lewis schrieb über die Unmöglichkeit, eine Ethik der Liebe ohne einen Gott des Zorns zu vermitteln, der sowohl liebevolles Verhalten vorlebt als auch liebloses Verhalten bestraft. Er beschreibt die Bemühungen der modernen Moralerziehung, in Schülern, denen moralischer Relativismus beigebracht wurde, Charakter zu entwickeln. „Mit entsetzlicher Naivität entfernen wir das Organ und verlangen seine Funktion. Wir schaffen Menschen ohne Brust und erwarten von ihnen Tugend und Einsatz. Wir verlachen die Ehre und sind entsetzt, Verräter unter uns zu finden. Wir kastrieren und fordern Fruchtbarkeit von den Verschnittenen.“[5] Wenn alle moralischen Werte relative und soziale Konstrukte sind, wie kann man dann den Standpunkt vertreten, dass wir alle anderen mit Liebe behandeln und sie nicht ausbeuten *sollten*? Wie will man die Menschen dazu bewegen, die für Gerechtigkeit notwendigen Opfer zu bringen, wenn man ihnen sagt, dass hinter dem Universum keine erlösende göttliche Liebe steht? Soll man an ihren Eigennutz appellieren und sagen: „Die Welt wird so besser funktionieren“ – was ist das anderes als ein Appell an den Egoismus? Wenn das die einzige Möglichkeit ist, einen moralischen Anspruch zu rechtfertigen, warum können Menschen sich dann nicht dafür entscheiden, auf eine Weise egoistisch zu sein, die für sie selbst von Nutzen ist?

Die Vorstellung von einem persönlichen und doch unendlichen Gott der Liebe ist einzigartig im Christentum. Woher kommt ursprünglich die Idee, dass Gott ein liebender Gott ist? Haben wir einfach die Zeitung gelesen und uns den Zustand der Welt angesehen und gesagt: „Oh, es ist so offensichtlich, dass Gott ein Gott der Liebe ist“? Nein, daher kommt die Idee sicher nicht. Haben wir die Geschichte der Menschheit untersucht und gesagt: „Wenn man die Geschichte betrachtet, ist es doch klar, dass Gott ein Gott der Liebe ist“?

Haben wir diese Vorstellung aus der Lektüre der Werke der anderen Religionen? Sehen Sie darin irgendwo die Vorstellung eines Gottes, der ein liebevoller, persönlicher Hirte und Helfer ist, ein vertrauter Vater, Bruder, Bräutigam? Nein, daher kommt diese Idee nicht.

Bavinck weist in seinem Werk *Reformed Dogmatics* darauf hin, dass viele östliche Religionen lehren, dass jede Ungleichheit, die wir in diesem Leben erfahren, auf „Gedanken, Worte und Taten zurückzuführen ist, die [wir] in einem früheren Leben unterhalten, geäußert und begangen haben", sodass „in der moralischen Welt das unumstößliche Gesetz des *Karmas* herrscht. Es gibt keine Vergebung, nur Vergeltung."[6] Nein, von diesen Religionen kommt diese Idee nicht.

Sind wir auf die Idee gekommen, dass Gott Liebe ist, indem wir die Natur und ihre Schönheit betrachten? Das scheint doch etwas vielversprechender zu sein – so lange, bis wir genauer hinschauen. Denken wir an die moderne Evolutionstheorie, die absolut brutal ist und bei der nur die „Stärksten" überleben. „Die Natur kennt keine Vergebung und nimmt nicht im Geringsten Rücksicht auf Selbstdemütigung und das Eingeständnis von Fehlverhalten."[7] Annie Dillard gewann mit ihrem Buch *Pilgrim at Tinker Creek* einen Pulitzer-Preis für ihre Darstellung der Gewalt der Natur, die man an dem kleinen Bach in der Nähe ihres Hauses in den Bergen beobachten konnte.[8] Nein, aus der Betrachtung der Natur kommt diese Idee nicht.

Die Vorstellung von einem liebenden Gott stammt aus der Bibel, und sie wurde als sehr merkwürdig und seltsam angesehen. Die menschliche Gesellschaft konnte einen Gott verstehen, der hauptsächlich ein Gott des Zorns war, der Ehrerbietung verlangte oder die Menschen einfach schlug, aber sie konnte nicht wirklich einen liebenden, barmherzigen Gott verstehen, der uns alle zu seinem Ebenbild macht und dann den Menschen, die Unrecht getan haben, vergibt. Sie mochte die Idee der Liebesethik nicht: *Halte die andere Wange hin. Behandle jeden Menschen (auch den schwächsten) als einen unendlich wertvollen Menschen.* Wie wir bereits gesehen haben, fanden die Heiden der Antike, als sie zum ersten Mal von dem christlichen Verständnis von Barmherzigkeit und Vergebung erfuhren, diese Idee anstößig und hielten sie für gefährlich unpraktikabel. Doch die christliche Sichtweise setzte sich vielerorts durch und veränderte die Welt.

Ein Freund von mir, der in Yale promoviert hat, sagte mir einmal, wenn moderne Menschen über die Sklaverei nachdenken, sagen sie: „Wie konnten die Menschen jemals eine solche Ungeheuerlichkeit akzeptieren?" Mein Freund sagte: „Das ist nicht die Denkweise von Historikern. Sie fragen: ‚Wenn man bedenkt, dass alle Gesellschaften davon ausgingen, dass wir das Recht haben, schwächere Menschen anzugreifen und zu versklaven, und da alle das schon immer getan haben, lautet die eigentliche historische Frage: Warum kam jemand auf die Idee, dass das falsch war? Wer hatte zuerst diese Idee?'" Dann beantwortete er seine eigene Frage mit dem Hinweis, dass die ersten Stimmen – im vierten, siebzehnten, achtzehnten und neunzehnten Jahrhundert –, die die Abschaffung der Sklaverei forderten, allesamt Christen waren. Und die Christen, die diese Gerechtigkeit forderten, glaubten an einen Gott der Liebe, der verlangte, dass wir unsere Nächsten – *alle* unsere Nächsten – lieben wie uns selbst.

Der Zorn Gottes ist Ausdruck eines liebenden Gottes, der von den Menschen zu Recht Liebe zueinander und zu ihm verlangt.

Gottes Liebe ist ein Ausdruck seines Zorns

Dem Zorn Gottes geht es letztlich um die Liebe, daher wird sich die Liebe Gottes oft im Zorn ausdrücken. In ihrem Buch *Hope Has Its Reasons* fragt Rebecca Manley Pippert: „Denken Sie daran, wie wir uns fühlen, wenn wir sehen, wie jemand, den wir lieben, durch unkluges Handeln oder durch ungute Beziehungen beschädigt wird […]. Reagieren wir mit wohlwollender Toleranz?“ Sie erzählt, dass sie zugesehen hat, wie zwei talentierte Freundinnen durch Drogenmissbrauch tief in eine Spirale der Selbstzerstörung abgeglitten sind. Sie sagt: „Ich fühle Wut, wenn ich bei ihnen bin. [Ich möchte] sagen: ‚Siehst du es denn nicht? Weißt du nicht, was du dir antust? Jedes Mal, wenn ich dich sehe, bist du weniger und weniger du selbst!‘“

„Wahre Liebe“, sagt sie, „steht auf gegen die Täuschung, die Lüge, die Sünde, die zerstört. Zorn und Liebe sind in der menschlichen Erfahrung untrennbar miteinander verbunden. Und wenn ich, eine fehlerhafte, [narzisstische] und sündige Frau, so viel Schmerz und Wut über den Zustand eines Menschen empfinden kann, wie viel mehr ein moralisch perfekter Gott, der diesen Menschen geschaffen hat? Zorn ist nicht das Gegenteil von Liebe. Hass ist es – und die letzte Form des Hasses ist Gleichgültigkeit.“[9] Selbst in uns fehlbaren Menschen sind also Liebe und Zorn keine Gegensätze, sondern können sich gegenseitig bedingen.

Wir sehen dies überall in der Bibel. Einerseits spricht die Bibel in den schärfsten Worten von Gottes Widerstand gegen die Sünde und das Böse. Andererseits aber weint Gott über die Sünde. Sein „Herz ist von Schmerz erfüllt“ (1. Mose 6,6).[10] Er weint über die Sünde Israels und spricht von seinem tiefen Mitleid (Hosea 11,8). Jesus weint über das sündige Jerusalem (Lukas 19,41-44). Das ist weder Härte noch ein Kompromiss mit der Sünde.

Hass, nicht Zorn, ist das Gegenteil von Liebe.

Die Bibel offenbart nicht einfach einen Gott des Zorns *oder* einen Gott der Liebe, sondern einen Gott der Liebe *und* des Zorns, denn er ist ein heiliger Gott. Heilige Liebe. Heiliger Zorn. Das bedeutet, dass sein entschiedener Widerstand gegen das Böse sich in unserem Leben auswirkt. Er hat das Universum so eingerichtet, dass man sich selbst schadet, wenn man gegen Gottes Gesetz verstößt. Und er hat es aus Liebe so eingerichtet.

Gottes ganze Herrlichkeit wird am Kreuz offenbart

Da jedoch in dieser Welt – und in unserem Herzen – Liebe und Zorn im Widerspruch zueinander stehen, brauchen wir mehr Hilfe, um Gott zu verstehen. Wir neigen dazu, in eine „konservative" Religion abzudriften, die streng ist und deren Gott streng ist, oder in eine „liberale" Religion, die relativistisch ist und meint, dass Gott einfach alles akzeptiert. Wie können wir die eine wie die andere dieser Verzerrungen vermeiden?

Wenn der wahre Gott sowohl ein Gott der Liebe als auch des Zorns ist, dann offenbart sich Gottes Wirklichkeit unübertroffen am Kreuz. Dorthin müssen wir gehen, um unser Verständnis von Gott zu heilen und ein ungeteiltes Herz zu bekommen.

Horatius Bonar (1808–1889) war Pfarrer der Free Church of Scotland. Er schrieb mehr als 140 geistliche Lieder zu vielen Themen. Er hatte, so wurde gesagt, „Poesie in seiner Seele", aber sein Herz war zuallererst damit beschäftigt, wie das Kreuz uns rettet.[11] In einem seiner Bücher schreibt er:

> *Gott ist ein Vater; aber er ist nicht weniger ein Richter. Soll der Richter dem Vater nachgeben oder der Vater dem Richter? […] Soll er seine Liebe zu dem Sünder in seinem Hass auf die Sünde oder seinen Hass auf die Sünde in seiner Liebe zu dem Sünder versenken? Gott hat geschworen, dass*

er am Tod des Sünders kein Gefallen hat (Hesekiel 33,11); aber er hat auch geschworen, dass die Seele, die sündigt, sterben wird (Hesekiel 18,4). Welcher der beiden Schwüre soll gehalten werden? Soll der eine dem anderen weichen?

Bonar stellt diese Paare von einander entgegenstehenden biblischen Wahrheiten und Versen zusammen, die allesamt nur Versionen und Widerhall jenes scheinbaren „Widerspruchs" sind, der in 2. Mose 34,7 aufgeworfen wird: „Ich vergebe Schuld, Unrecht und Sünde […]. Trotzdem lasse ich die Schuldigen nicht ungestraft davonkommen." Bonar schreibt zusammenfassend: „Gesetz und Liebe […]. Das eine kann nicht vor dem anderen weichen. Beide müssen bestehen, sonst werden die Säulen des Universums erschüttert."[12] In vielerlei Hinsicht ist es diese Spannung, die den Handlungsverlauf der ganzen Bibel bestimmt. Aber die Lösung ist nicht nur der Tod Jesu. Es ist sein freiwilliger Tod als zweite Person des trinitarischen Gottes, als Stellvertreter an unserer Stelle. Die klassische Zusammenfassung der Lehre, in unübertroffener Kürze und Klarheit, stammt von John Stott in *The Cross of Christ:*

„Gesetz und Liebe […]. Das eine kann nicht vor dem anderen weichen. Beide müssen bestehen, sonst werden die Säulen des Universums erschüttert" (Horatius Bonar)

Demnach lässt sich sagen, dass das Konzept der Stellvertretung sowohl im Kern der Sünde als auch im Kern des Heils zu finden ist. Denn das Wesen der Sünde besteht darin, dass der Mensch an die Stelle Gottes tritt, während das Wesen des Heils darin besteht, dass Gott an die Stelle des Menschen tritt. Der Mensch lehnt sich gegen Gott auf und stellt sich selbst dorthin, wo nur Gott zu sein verdient, Gott opfert sich für den Menschen und stellt sich selbst dorthin,

> *wo nur der Mensch zu sein verdient. Der Mensch beansprucht Vorrechte, die nur Gott zukommen; Gott nimmt Strafen auf sich, die nur dem Menschen zukommen.*[13]

Und Paulus sagt: „Durch sein Blut, das er vergossen hat, ist die Sühne geschehen" und „damit hat Gott unter Beweis gestellt, dass er gerecht gehandelt hatte, als er die bis dahin begangenen Verfehlungen der Menschen ungestraft ließ" (Römer 3,25). Gerecht und doch vergebend.

> *Sowohl die Liebe als auch das Gesetz haben gesiegt. Das eine hat dem anderen nicht nachgegeben. Jedes hat seinen Platz behauptet, ja, jedes wurde […] respektiert und verherrlicht. Nie hat es eine Liebe gegeben wie die Liebe Gottes – so groß, so erhaben, so intensiv, so aufopfernd. [Doch] noch nie hat man das Gesetz so rein, so weit, so herrlich, so unerbittlich gesehen.*
> *Es hat keine Kompromisse gegeben. Das Gesetz und die Liebe sind in ihrer Gänze zum Zuge gekommen. Nicht ein einziges Quäntchen wurde aufgegeben, das eine in seiner ganzen Strenge, das andere in seiner ganzen Milde. Nie war die Liebe wahrhaftiger Liebe, und nie war das Gesetz wahrhaftiger Gesetz als in dieser Verbindung von beiden.*[14]

Wenn Paulus über diesen Sachverhalt nachdenkt, bricht er oft in eine Doxologie, einen feierlichen Lobpreis Gottes, aus: „Wie unerschöpflich ist Gottes Reichtum! Wie tief ist seine Weisheit, wie unermesslich sein Wissen! Wie unergründlich sind seine Entscheidungen, wie unerforschlich seine Wege! […] Gott ist es, von dem alles kommt, durch den alles besteht und in dem alles sein Ziel hat. Ihm gebührt die Ehre für immer und ewig" (Römer 11,33.36).

Das Kreuz bietet nicht nur einen vorübergehenden Aufschub der Verurteilung. Es wird uns gesagt, dass Christus als unser gesetzlicher Vertreter, unser Anwalt, vor dem Vater steht (1. Johannes 2,2; Hebräer 7,25; Römer 8,33-34). Das bedeutet, dass das Gesetz, das früher unser Feind war und unsere Bestrafung forderte, jetzt unser Freund ist und unsere Annahme verlangt. Wie das? Das Gesetz ist durch unseren Stellvertreter vollkommen erfüllt worden, und deshalb wäre es *ungerecht*, wenn Gott sich jetzt gegen uns wenden würde! Wenn Gott uns für irgendeine Sünde bestrafen würde, hieße das, dass er zwei Zahlungen für dieselbe Schuld verlangen würde (denn Jesus hat sie bereits bezahlt). Jetzt steht Jesus gewissermaßen vor dem Vater und fordert nicht Barmherzigkeit, sondern Gerechtigkeit für uns. Sowohl sein Gesetz als auch seine Liebe sind *für* uns. Wir könnten nicht sicherer sein.

Johannes schreibt: „Wenn wir unsere Sünden bekennen, erweist Gott sich als treu und gerecht: Er vergibt uns unsere Sünden" (1. Johannes 1,9). Wohlgemerkt, Johannes sagt nicht nur, dass Gott vergibt, weil er *barmherzig* ist – obwohl das natürlich wahr ist. Aber dass Gott uns annimmt, ist jetzt auch eine Frage der *Gerechtigkeit*. Er hat meine Schulden bereits vollständig beglichen, und es wäre ungerecht, eine zweite Zahlung zu verlangen. Der Liederdichter Augustus Toplady hat es folgendermaßen ausgedrückt:

Für mich hast du Erlass erlangt,
an meiner statt freiwillig erduldet
die ganze Last von Gottes Zorn.
Wie könnte Gott zum zweiten Mal
jetzt fordern, was geschuldet:
Von dir, der durch sein Blut für mich
gebürgt, und noch einmal von mir.[15]

Bonar kommt zu dem Schluss:

> *[Am Kreuz] ist das Gesetz in dieser Verbindung von Gericht und Vaterschaft zur Quelle und zum Träger der Liebe geworden [...], sodass [...] die Liebe die Erfüllung des Gesetzes ist. Das Gesetz, das gegen den Sünder stand, ist auf die Seite des Sünders gekommen.*[16]

Ein Gott, dessen Zorn gegen uns ist?

Gottes Zorn ist für uns

Im Kreuz lodern nun Gottes Zorn und seine Liebe für Sie und nicht gegen Sie. Beide leuchten gleichermaßen, in Wechselwirkung, einvernehmlich für Sie. Wenn Sie das stellvertretende Sühnopfer Jesu Christi theologisch und existenziell nicht verstehen – es ist für Sie und an Ihrer Stelle geschehen –, werden Sie geistlich gesehen entweder wie ein verwöhntes oder wie ein vernachlässigtes Kind sein. Ob jemand diese Wahrheit verstanden und sich zu eigen gemacht hat, lässt sich anhand von zwei Fragen beurteilen.

Wenn etwas geschieht, was Ihre Sünden deutlicher offenbart, als Sie es je sehen oder zugeben wollten, entfernt Sie das dann von Gott oder bringt es Sie ihm näher? Wenn es Sie dazu bringt, sich von Gott, dem Gebet und der Kirche fernzuhalten – dann zeigt das, dass Sie nicht verstehen, was Jesus für Sie getan hat. Wenn Sie es begriffen hätten, würde Ihr innerer Dialog mit Gott eher so klingen: „Herr, ich wusste schon vorher, dass du für mich gestorben bist und mich angenommen hast, aber ich wusste nicht, dass ich so töricht und so sündig bin – deshalb erkenne ich jetzt, dass deine Liebe größer ist, als ich dachte. Deine Barmherzigkeit ist freier und unverdienter, als ich dachte!“

Wenn Sie das Kreuz verstehen, dann treibt die Entdeckung neuer Abgründe der Schwäche, der Schuld und des Bösen in Ihrem Leben Sie näher zu ihm und nicht von ihm weg.

Viele Menschen kämpfen mit Gefühlen der Unzulänglichkeit und Scham. Sie scheinen eine innere Stimme zu hören, die sie ständig als Idioten oder Versager beschimpft. Sie gehen vielleicht die Straße entlang und die Stimme sagt: „Du erwartest, dass dich jemand liebt? Du willst ein Christ sein? Sieh dir an, was du getan hast.“ Wie geht man damit um? Das vernachlässigte Kind in uns versucht es mit Ausreden. Wir antworten der inneren Stimme dann vielleicht: „Na ja, ich hatte einen schlechten Tag“ oder „Ja, das war nicht gut – aber wenn du meine Mutter hättest […]“? Oder wir lesen ein Buch, das uns versichert, dass niemand das Recht hat, uns ein schlechtes Gewissen einzureden. Das alles funktioniert nicht. Die Stimme redet weiter.

Aber wenn Sie wirklich verstehen und aus der Freude darüber leben, was Jesus am Kreuz für Sie getan hat, können Sie der Stimme – oder jedem anderen, der so zu Ihnen spricht – entgegenhalten: „Selbst wenn ich diese Sache, wegen der ich mich schuldig fühle, nicht getan hätte, würde mich das für Gott nicht akzeptabel machen. Ich kann das nicht bewirken – niemand kann es! Aber Jesus kann es, und er hat es getan. Er hat selbst dafür einen unendlich hohen Preis bezahlt. Jetzt lebe ich in ihm – Jesus *ist* meine Weisheit, Gerechtigkeit, Heiligung und Erlösung.“

Wenn Sie einen Gott haben, der nichts als Zorn ist, und wenn Sie wenig Verständnis für das haben, was am Kreuz geschah, werden Sie ein Getriebener sein. Sie werden sich bemühen, moralisch akzeptabel zu sein. Sie werden sich anstrengen, gut zu sein, aber Sie werden sich immer unwürdig fühlen. Es wird schwer sein, zu einem liebenden Menschen zu werden, denn Angst kann keine Liebe erwecken. Nur die Liebe kann mehr Liebe wecken und wachsen lassen.

Wenn die Stimme des Gewissens (oder vielleicht die des Satans) sich meldet und sagt: „Du Elender, verschwinde! Verkriech dich vor Scham!“, dann müssen Sie sich an das Kreuz erinnern und hören, wie Jesus sagt: „Geliebter, Geliebte, komm zu mir. Ich habe die Schuld auf mich genommen.“

Ein distanzierter und unbeteiligter Gott?

Hier ist eine andere Frage, und sie gilt Personen von einer anderen Art. Sie sind vielleicht mit einem, wie man heute sagt, aufgeklärten Gottesbild aufgewachsen. Das heißt, Sie glauben nicht an Gott, oder Sie haben einen Gott, der nicht Nein sagen kann oder Sie nie konfrontiert. Sie glauben nicht an die Teile der Bibel, die Sie für überholt halten. Der Gott, an den sie glauben, ist ein bestätigender Geist der Liebe und des Lebens, bestenfalls ein Helfer auf dem Weg zu den Zielen, die Sie gewählt haben. Sie leben so, wie Sie es für richtig halten.

Wir wissen, wie schädlich es ist, wenn Kinder distanzierte oder abwesende Eltern haben, die sich nicht einmischen, die ihren Kindern immer ihren Willen durchgehen lassen und sie nie in die Schranken weisen. Kurzfristig lieben die Kinder das. Sie können tun, was sie wollen! Aber irgendwann fühlen sie sich wie Waisen, und das sind sie im Grunde auch. Die Ironie ist, dass Eltern, die niemals Regeln aufstellen oder ihren Kindern Grenzen setzen – die die Kinder „verwöhnen“ –, ihre Kinder nicht lieben. Kinder, die mit solchen Eltern gestraft sind, erleben ihr ganzes Leben lang ein emotionales Schwindelgefühl. Sie wissen nicht, wo die Grenzen sind, bis wohin sie gehen können.

Vielen Menschen geht es so mit Gott. Sie sind „spirituell, aber nicht religiös“. Sie wollen einen Gott, der nichts verurteilt. Sie wollen einen Gott, der sie inspiriert, aber keine Regeln aufstellt, die sie befolgen müssen. Sie suchen im beruflichen Erfolg oder in Liebe und Sex nach der Bestätigung, dass sie in Ordnung sind, aber das scheint nie zu genügen. Sie sind moralische Relativisten, wenn ihnen jemand sagt, wie sie leben sollen, aber moralische Absolutisten, wenn sie anderen sagen, wie die sich verhalten sollen – und sie spüren die Unstimmigkeit, aber sie wissen nicht, was sie dagegen tun sollen.

Aber wenn Sie wirklich verstehen und die Freude darüber kennen, was Jesus am Kreuz für Sie getan hat, dann sind Sie frei von der Schuld und Scham, die moralistische Religionen mit sich bringen können. Und trotzdem fühlen Sie die Verpflichtung, so zu leben, dass es dem gefällt, der für Sie gestorben ist – und *dieser Gehorsam ist keine Last, sondern eine Freude.* Sie wollen dem Freude bereiten, der Ihnen so viel Freude bereitet hat. Wie Cowper es zusammenfasste: „Denn das Gesetz hat Er erfüllt […]. Und aus dem Sklaven wird ein Kind und Freude aus der Pflicht.“[17] Er bezog sich dabei auf den Abschnitt aus dem Römerbrief des Paulus:

> *Alle, die sich von Gottes Geist leiten lassen, sind seine Söhne und Töchter. Denn der Geist, den ihr empfangen habt, macht euch nicht zu Sklaven, sodass ihr von neuem in Angst und Furcht leben müsstet; er hat euch zu Söhnen und Töchtern gemacht, und durch ihn rufen wir, wenn wir beten: „Abba, Vater!“ Ja, der Geist selbst bezeugt es uns in unserem Innersten, dass wir Gottes Kinder sind. (Römer 8,14-16)*

Nur das Verständnis dessen, was Jesus am Kreuz getan hat – die Lehre von der stellvertretenden Sühne –, kann die geistlichen Verzerrungen verhindern, die wir oben beschrieben haben. Nur diese Lehre hält uns davon ab, zu meinen, Gott sei vor allem heilig mit ein wenig Liebe oder vor allem liebend mit ein bisschen Heiligkeit. Nein, er ist gleichermaßen heilig wie liebend, beides ist miteinander verflochten. Nur diese Sicht Gottes macht aus dem Verwöhnten oder Vernachlässigten den Heilgewordenen und Geliebten.

Nur diese Sichtweise von Gott und dem Kreuz ermöglicht es uns, menschliche Vergebung zu praktizieren und Gerechtigkeit *und* Barmherzigkeit gleich zu gewichten. Ohne diese Lehre verkümmert die vertikale, göttliche Dimension und die menschliche Vergebung wird zu einer bloßen Jagd, entweder nach emotionaler Entlastung oder nach einer Art von Rache.

Die Lehre vom Kreuz ist wunderbar, einzigartig, lebensverändernd und befreiend. Wie der Verfasser des Hebräerbriefs ausrief: „Wie sollen […] wir entrinnen, wenn wir uns um ein so erhabenes Heil nicht kümmern?" (Hebräer 2,3; EIN).

KAPITEL 6

Gerechtigkeit und Liebe, Ehre und Missbrauch

Suchst du um Recht schon an, erwäge dies:
Dass nach dem Lauf des Rechtes unser keiner
Zum Heile käm; wir beten all um Gnade,
Und dies Gebet muss uns der Gnade Taten
Auch üben lehren.

William Shakespeare[1]

Gott ist ein Gott des Zorns und der Liebe – und beides verwirklicht sich gleichzeitig am Kreuz. Wie wunderbar, dass Gerechtigkeit und Liebe im Wesen Gottes vollkommen integriert sind! Doch in unserer Gesellschaft und in unserem Herzen scheinen sich die beiden in einem tödlichen Konflikt zu befinden.

Gottes Gerechtigkeit und Liebe verändern eine Scham- und Ehrenkultur

Antike Gesellschaften waren Scham- und Ehrenkulturen, die nicht auf gleicher Menschenwürde, sondern auf einer Hierarchie der Ehre und des sozialen Status beruhten. In einer solchen Kultur war es absolut notwendig, Rache zu nehmen, um die eigene Ehre zu bewahren. Ein Mann, der sich nicht rächte, verdiente keinen Respekt. In einer solchen Kultur waren weder Gerechtigkeit noch Liebe wichtig. Sorgfältige Berechnungen von gerechten Strafen traten sozusagen hinter das Recht der Geschädigten auf „Genugtuung der Ehre“ und Rache zurück. Und es überrascht nicht, dass es in der vorchristlichen Antike keinen Aufruf dazu gibt, „diejenigen, die dir Unrecht antun, zu lieben“.

Es stimmt zwar, dass die Stoiker den Menschen im Allgemeinen von Racheaktionen abrieten, aber ein genauerer Blick auf ihre Argumentation ist aufschlussreich. Der Weg zur Überwindung der Bitterkeit und zur Vergeltung ohne die Hässlichkeit der Rache bestand darin, die Verursacher des Unrechts zu verachten („Lass dich doch von dem, was er sagt, nicht ärgern“). Diese Ablehnung war in der Tat eine Möglichkeit, den anderen zu strafen und sich gleichzeitig von übermäßigem Ärger zu befreien. „Resignation, nicht Vergebung, war das stoische Mittel, um mit unversöhnlichen Menschen oder schwierigen Umständen umzugehen.“[2] Zorn wurde nicht durch Gerechtigkeit oder Liebe besänftigt, sondern durch die innere Distanzierung des Herzens.

In der Bibel sind allerdings Prinzipien festgeschrieben, die die Ehrenkultur untergraben würden. Das Buch der Sprüche lehrt:

> *Es ehrt einen Mann, sich aus einem Streit herauszuhalten; nur ein Dummkopf stürzt sich hinein. (Sprüche 20,3; GNB)*
> *Hochmut bringt einen Menschen zu Fall, aber ein Bescheidener gewinnt Ansehen. (Sprüche 29,23)*

Hier wird uns ein revolutionäres, dem Ehrenkodex der heidnischen Gesellschaft völlig entgegengesetztes Prinzip vermittelt: Es ist höchst ehrenhaft, sich nicht immer um seine Ehre zu sorgen. In den meisten Kulturen galten die Menschen, die am schnellsten zurückschlugen, als die mit der höchsten Ehre. Aber das Buch der Sprüche sagt, wer sich in einen Streit hineinstürzt, ist der Dümmste von allen. In der biblischen Weisheitsliteratur wird viel über Torheit gelehrt, aber es genügt hier zu sagen, dass nach biblischer Sicht Toren aus einer inneren Leere und Unsicherheit heraus in zerstörerischer Weise selbstverliebt sind. Für die Bibel sind Menschen, die sich am schnellsten verteidigen, die Schwächsten, nicht die Stärksten.

> Es ist ehrenhaft, sich nicht immer um seine Ehre zu sorgen.

Besonders Sprüche 29,23 liegt quer zur allgemeinen Kultur. Hier wird erklärt, dass es der Stolz ist, der Menschen zu Fall bringt, und dass Ehre und Respekt letztlich durch Bescheidenheit und Selbstverleugnung erworben werden. Nichts hätte für die alten Kulturen des Ostens und des Westens weniger einleuchtend sein können. Die Stärksten, so heißt es, schlagen nicht im Zorn um sich, sondern üben Selbstbeherrschung, um Gerechtigkeit zu suchen und Liebe zu üben.

Allein die hebräischen Schriften vermittelten dem Altertum das Bild eines Gottes, der unendlich herrlich und größer ist als wir und vor dem nur äußerste Demut angebracht ist.

Gottes Gerechtigkeit und Liebe schaffen eine Gemeinschaft der Versöhnung

Revolutionäre Worte über die Nächstenliebe sind in einem berühmten Text tief im Zeremonialgesetz des 3. Buchs Mose verborgen. Jesus selbst zitiert und erläutert 3. Mose 19,17-18.

Ein Ausleger schreibt dazu: „Der diesem Aphorismus zugrunde liegende Gedanke war in der antiken Welt einzigartig und stellt einen der herausragendsten Moralgrundsätze des Alten Testaments dar."[3]

> *Trage keinen Groll gegen deinen Mitmenschen mit dir herum. Wenn du etwas gegen jemand hast, dann weise ihn offen zurecht, sonst machst du dich seinetwegen schuldig. Räche dich nicht und halte nicht fest an deinem Zorn. Liebe deinen Mitmenschen wie dich selbst. Ich bin der Herr. (3. Mose 19,17-18)*

Diese beiden Verse erklären, wie sich die Bundesgemeinschaft der Glaubenden nach Gottes Willen verhalten sollte, wenn jemand einem anderen ein Unrecht zufügt.[4]

Drei Dinge sind untersagt. Wir sollen uns nicht *rächen*, es dem anderen nicht mit gleicher Münze heimzahlen. Es reicht jedoch nicht aus, bestimmte Handlungen einfach zu unterlassen. Wir sollen auch nicht in unserem Herzen *Groll hegen*, eine Übersetzung eines hebräischen Wortes, das wörtlich „den Status herabsetzen" bedeutet, also jemanden, der uns Unrecht zugefügt hat, nicht mit Verachtung und Geringschätzung begegnen. Wir sollen auch nicht am *Zorn festhalten.* Selbst wenn negative Gefühle anfangs unvermeidlich sind, sollen wir sie nicht über längere Zeit in uns nähren.

zurechtweisen und gleichzeitig lieben

Umgekehrt gibt es zwei Dinge, die Glaubende in Konflikten tun *sollen* – wir sollen die Person, die uns Unrecht angetan hat, zurechtweisen *und* gleichzeitig lieben.

Die Zurechtweisung soll offen sein, ein Wort, das bedeutet, dem anderen seinen Fehler deutlich vor Augen zu führen. Der Text fügt interessanterweise hinzu: „Sonst machst du dich seinetwegen schuldig." Das bedeutet, dass wir an der Schuld des Täters teilhaben, *wenn wir ihn nicht zur Rede stellen und nicht versuchen, sein Verhalten zu beenden*. Mit anderen Worten: Gott macht uns verantwortlich, auch wenn wir das Opfer waren, wenn wir es versäumen, für Gerechtigkeit zu sorgen, wo sie nötig ist.

Das Gebot, keinen Groll zu hegen, ist eine klare Aufforderung, zu vergeben. Aber wir sehen einen bemerkenswert nuancierten Ansatz zur Vergebung. Wir sollen vergeben, und wir sollen die Verursacher des Übels auf ihre Sünde ansprechen. Gerechtigkeit und Barmherzigkeit sind nahtlos miteinander verbunden.[5]

Warum sollen wir das tun? Die Antwort ist im Text von 3. Mose 19,18 leicht zu übersehen. Nach der kurzen Ermahnung folgt die einfache Erklärung: „Ich bin der Herr." Das 3. Mosebuch ist bekannt dafür, dass es ethische Vorschriften aufstellt, die mit der Aussage „Ich bin der Herr" bekräftigt werden. Es ist wichtig, die Bedeutung dieser Aussage zu verstehen. Gerechtigkeit und Liebe *müssen* in uns Hand in Hand gehen, weil sie in Gott Hand in Hand gehen. Gerechtigkeit und Liebe *können* verbunden werden, weil sie in Gott verbunden sind und er uns helfen wird.

Ein anderer alttestamentlicher Text weist darauf hin, dass wir, wenn wir in unserem Umgang mit anderen nicht Liebe und Gerechtigkeit *miteinander verbinden*, letztlich weder das eine noch das andere umsetzen werden. Sprüche 24,29 ist ein Porträt der inneren psychologischen Struktur des Grolls.

Sag nicht: „Was mir jemand angetan hat, will ich ihm heimzahlen, so wie er gehandelt hat, werde ich es ihm vergelten!" (Sprüche 24,29)

Das Herz verkleidet die Rache, als wäre sie Gerechtigkeit: „Es wird vollkommen fair und gerecht sein – ich werde sie einfach so verletzen, wie sie mich verletzt haben." Aber das ist selten das, was dann geschieht. Kain ärgerte sich darüber, dass Abel bei Gott Gunst gefunden hatte, und weil er seinen Groll nicht beherrschen konnte, kam es zum Mord (vgl. 1. Mose 4,6-7). Ihr wütendes Herz mag zunächst sagen: „Ich tue ihnen nur so weh, wie sie mir wehgetan haben", aber schnell kann daraus werden: „Nun, da sie es zuerst getan haben, verdienen sie mehr als das, was sie mir angetan haben." Bald fällt die Maske der vermeintlichen Gerechtigkeit und das Gesicht der Rache kommt zum Vorschein.

Rache verkleidet als Gerechtigkeit

Die Konsequenzen sind bereits offensichtlich. Es reicht nicht aus, den Tätern zu vergeben – man muss auch auf das Unrecht hinweisen, das sie begangen haben. Auf der anderen Seite reicht es auch nicht aus, nur Gerechtigkeit zu suchen. Wenn man nicht vergibt, geht man über die Gerechtigkeit hinaus in die Rache und befreit sich so nicht von dem, was der andere getan hat. Der katholische Priester Henri Nouwen schrieb: „Wenn ich nicht vergebe, kette ich mich an das Verlangen, Gleiches mit Gleichem zu vergelten, und verliere so meine Freiheit. Wer Vergebung erlangt hat, der vergibt. Das verkünden wir auch, wenn wir beten: ‚Und vergib uns unsere Schuld, wie auch wir vergeben unseren Schuldigern.' Diese Auseinandersetzung dauert so lange wie das Christenleben und gehört zu seinem innersten Kern."[6]

Es gibt also zwei Möglichkeiten, Gerechtigkeit zu üben –

aus Rache oder aus Liebe. Sie können es tun, um Ihre Wut und Ihren Wunsch zu befriedigen, den Täter leiden zu sehen, aber das dient dazu, Ihr Herz zu verhärten und in Ihnen die Fähigkeit zu verstärken, in Zukunft selbst Menschen zu verletzen. Außerdem ermöglicht es dem Täter, weiterhin eine gewisse Kontrolle über Sie zu haben. Sie können aber auch – wie in den angeführten Versen aus 3. Mose angedeutet – aus Liebe Gerechtigkeit üben. Es ist unsere Aufgabe, den Tätern zu helfen, ihr Unrecht einzusehen, und zwar aus Liebe zu ihnen (Galater 6,1), aus Liebe zu den potenziellen Opfern von Gewalt, aus Liebe zur menschlichen Gemeinschaft und aus Liebe zu Gott. Das ist nur möglich, wenn wir vergeben, während wir uns gleichzeitig um Gerechtigkeit bemühen.

Das Neue Testament gibt uns weitere Einblicke in die Kombination von Gerechtigkeit und Liebe und die meisten davon werden wir uns für die nächsten Kapitel aufheben. Doch eines ist hier wichtig zu beachten: Christen, die Gerechtigkeit suchen, müssen sich vom Kreuz leiten lassen.

Wir wissen, dass Gott uns *nicht* gegeben hat, was wir verdient haben. Es ist Jesus, der die volle Strafe für unsere Sünden auf sich genommen hat. Die Strafe, die wir für unser sündiges Leben verdienen, fällt auf ihn, damit er den Lohn für sein vollkommenes und vorbildhaftes Leben uns zuschreiben kann. Dieses klassische Verständnis der Lehre von der Rechtfertigung aus Glauben und nicht aus Werken ist eine Art zweischneidiges Schwert. Auf der einen Seite sehen wir, wie sehr es Gott darum geht, Gerechtigkeit zum Zuge kommen zu lassen. Er hat die Menschheit nicht einfach durchgewunken und gesagt: „Oh, ich vergebe euch all das Böse, das ihr getan habt! Schauen wir nach vorn." Er nahm die Gerechtigkeit so ernst, dass die zweite Person der Dreifaltigkeit menschliche Gestalt annahm, das Leben eines Dieners führte und am Kreuz starb, um selbst die Schuld der Gerechtigkeit zu bezahlen. Deshalb müssen auch wir uns leidenschaftlich für die Gerechtigkeit einsetzen!

Auf der anderen Seite erinnert uns die Lehre von der Rechtfertigung aber auch daran, dass *wir* Unrecht getan haben, dass wir Verursacher von Unrecht sind, denen Gott vergeben hat. Obwohl wir uns also zutiefst der Gerechtigkeit verpflichtet fühlen, gehen wir nicht mit einer herablassenden Haltung gegenüber den Ungerechten durch die Welt. Wir verteufeln niemanden, der nach Gottes Ebenbild geschaffen wurde, und gehen auch nicht hart oder selbstherrlich mit ihm um. Wir setzen uns unermüdlich und doch mit Demut für Gerechtigkeit ein.

Gottes Gerechtigkeit und Liebe in Bezug auf Missbrauch

Rachael Denhollander ist eine ehemalige Turnerin, die mehrfach von dem US-amerikanischen Sportarzt Larry Nassar sexuell missbraucht wurde. Im Jahr 2018 durchbrach sie die Mauer des offiziellen Leugnens und war die erste Frau, die ihn öffentlich beschuldigte, was schließlich dazu führte, dass Hunderte von anderen Frauen, die von Nassar behandelt worden waren, mit ihren eigenen Geschichten von Missbrauch und Übergriffen an die Öffentlichkeit gingen.

Denhollander ist Christin, doch in ihrer Arbeit als Anwältin sah sie oft, wie Kirchen „Anschuldigungen wegen sexueller Übergriffe routinemäßig falsch behandelten – sie rieten den Opfern, zu vergeben und zu vergessen, hörten nicht zu, wenn die Alarmglocken wegen des Verhaltens einer Person läuteten, und mischten sich sogar, wie viele Opfer behaupteten, in strafrechtliche Ermittlungen ein oder verhielten sich negativ dazu".[7] Sie erfuhr von Frauen, denen gesagt wurde, sie sollten vergeben, und ihre Ehemänner, die ihre Töchter missbraucht hatten, nicht anzeigen. Hinter diesem verbreiteten Verhalten stand die „Lehre der Kirchen über Ideen wie Einheit, Vergebung und Gnade, die dazu führte, dass Missbrauch-Tätern ‚vergeben' wurde, während die Opfer zum Schweigen gebracht wurden, indem man sie als ‚unversöhnlich' bezeichnete".[8]

Dieses Verhalten hat viele Opfer und Anwälte dazu veranlasst, Vergebung abzulehnen, insbesondere in Fällen von Missbrauch, und so weit zu gehen, Missbrauch in der Kirche generell auf die christliche Lehre vom Sühnopfer zurückzuführen. Die Lehre, dass der Sohn Gottes am Kreuz gestorben ist, um den göttlichen Zorn über die Sünde zu stillen, wird als eine Form von „göttlichem Kindesmissbrauch" bezeichnet. Die Lehre vom stellvertretenden Sühneopfer wird Anselm von Canterburys berühmtem Werk *Cur deus homo?* zugeschrieben und als „Einstiegsdroge in den Rechtsextremismus" kritisiert, weil sie uns an einen gewalttätigen Gott gewöhne.[9] Einige argumentieren daher, dass die klassische Vorstellung von Gott, dem „Vater, der seinen Sohn für ein Vergehen bestraft, das er nicht einmal begangen hat [...] der Lehre Jesu, seine Feinde zu lieben, Hohn spricht"[10] und zwangsläufig zu einer Kultur des Missbrauchs führt.

Eine Podcast-Serie mit dem Titel *The Rise and Fall of Mars Hill (Aufstieg und Fall von Mars Hill)* löste Ende 2021 eine breite Diskussion aus.[11] Die Mars-Hill-Gemeinde in Seattle war eine große evangelikale Megachurch, die unter Pastor Mark Driscoll fast über Nacht auseinanderbrach und sich auflöste. Viele Kritiker von Mars Hill machten direkt die evangelikale Theologie als solche für das toxische autoritäre Ethos verantwortlich, das sich dort entwickelt hatte. Ein Autor erklärte, dass die „vergeltende strafende Stellvertretung

[…] missbräuchliche Theologie" sei, die in der Gemeinde eine „Ethik des Missbrauchs" fördere und dies heute im ganzen Land tue. Die Vorstellung, dass Gott die Menschen für ihre Sünden richtet, sei von Natur aus hierarchisch und fördere ein Gemeindeklima, das ebenfalls von Hierarchie und Macht besessen ist.[12]

Viele Missbrauchsopfer und deren Anwälte haben sich von der traditionellen Religion und insbesondere vom Christentum abgewandt, um gegen die Unterdrückung zu kämpfen. Aber Denhollander, eine ruhige, aber leidenschaftliche Verteidigerin von Missbrauchsopfern, hat das nicht getan.

In ihren Memoiren *What Is a Girl Worth? (Was ist ein Mädchen wert?)* erzählt sie von ihrem langen inneren Ringen, nachdem ihr bewusst geworden war, was Larry Nassar ihr angetan hatte. „Ich wollte Larry vergeben", schreibt sie, „aber ich wollte nicht, dass meine Vergebung als Ausrede benutzt würde, um so zu tun, als ob etwas Schreckliches nicht wirklich so schlimm gewesen wäre. Prominente [christliche] Lehrer hatten angedeutet: ‚Du hast nicht wirklich vergeben und vertraut, bis du für das Böse, das dir angetan wurde, dankbar sein kannst.' *Ist das wirklich das, was Vergebung bedeutet*? Es war *nicht* richtig, aber ich hatte es so oft von Autoritätspersonen gehört, dass ich mich in meinem Leid alleingelassen fühlte."[13]

Führt der Gedanke der stellvertretenden Sühne zu einer Kultur des Missbrauchs?

Denhollander gesteht ein, dass sie in Erwägung gezogen habe wie so viele andere, „Gott aus dem Bild zu entfernen". Was wäre denn mit dem säkularen Weg? Würde das nicht die Schuldgefühle beseitigen, die ihr Ringen, zu vergeben, mit sich brachte? Würde das nicht ihre Suche nach Gerechtigkeit von allen möglichen religiösen Hemmungen befreien? Wäre es nicht eine Art Befreiung, zu sich zu stehen und ihrem eigenen

Verständnis von Recht und Unrecht und Gerechtigkeit zu folgen, statt sich diese Dinge von religiösen Autoritätspersonen diktieren zu lassen?

Aber, so schreibt sie, „ich hatte diesen Weg in Gedanken schon oft beschritten, und er hat das Problem nicht gelöst. Wenn die Parameter der Wahrheit allein von Menschen festgelegt wurden, hatte ich keine Möglichkeit, das Böse zu definieren, oder auch die Gerechtigkeit […]. Gott aus dem Bild zu streichen, hat das Problem des Bösen nicht gelöst. Es hat es vielmehr verschärft.“ Sie „rang mit der Kritik am christlichen Glauben“, und ihre Lebensumstände schienen sie reif dafür zu machen, ihn hinter sich zu lassen. Aber „egal, wo ich hinsah, wurde ich mit Dingen konfrontiert, die ich ohne Gott nicht erklären konnte“. Und obwohl sie große unbeantwortete Fragen hatte, erkannte sie: „Durch meinen Glauben hatte ich mehr echte Antworten als ohne ihn.“[14]

Schließlich wurde Larry Nassar selbst für Rachael ein Grund, Christin zu bleiben.

> *Jede andere Religion […] außer dem Christentum stützte sich in irgendeiner Form darauf, genügend Gutes zu tun, um das Schlechte auszugleichen, als ob das Leben nur eine Waage wäre und der Schaden, den das Böse verursacht, verschwinden würde, wenn man nur genug Wohltätigkeitsarbeit leistet, die richtigen Gebete spricht oder genügend Pilgerfahrten unternimmt. Aber das ist keine Gerechtigkeit. Ich wusste, dass Larry geholfen hatte, eine Autismus-Stiftung zu gründen. Das war beeindruckend, aber diese gute Tat befreite mich nicht von meinen Albträumen. Das Böse, das er getan hatte, war da. Der Schaden war angerichtet. Nichts konnte dieses Unrecht aus der Welt schaffen.*[15]

Das Kreuz, die Gerechtigkeit und die Liebe

Im Jahr 2018 präsentierten Rachael und ihr Mann Jacob, damals Doktorand am Southern Baptist Theological Seminary, der Evangelical Theological Society ein Paper mit dem Titel „Justice: The Foundation of a Christian Approach to Abuse“ (Gerechtigkeit: Die Grundlage eines christlichen Umgangs mit Missbrauch).[16] Es beginnt damit, dass es die evangelikale Community direkt mit den häufigen Vorwürfen des sexuellen Missbrauchs in ihren Gemeinden konfrontiert, und damit, wie oft „diese Gemeinschaften sich auf die Seite der Missbrauchstäter stellten, sie schützten, sie schnell und leise in Führungspositionen oder ihre alte Rolle als Respektspersonen zurückbrachten, sie vor Konsequenzen abschirmten und ihre Opfer in diesem Prozess traumatisierten“. Rachael und Jacob stellen fest, dass diese Praxis zwar manchmal auf „offener Korruption“ beruht, dass das Fehlverhalten der Gemeinden im Umgang mit solchen Situationen aber häufiger „auf eine schlechte Theologie und Fehlinformationen über die Dynamik des Missbrauchs zurückzuführen ist“.

Um diese „schlechte Theologie“ zu korrigieren, verweisen Rachael und Jacob auf eine klassische Lehre – die Lehre von der stellvertretenden Sühne, nach der Jesus am Kreuz die Strafe für unsere Sünden auf sich nahm, damit uns vergeben werden kann. Sie glauben, ein richtiges Verständnis dieser Lehre könne „den Opfern sowohl Trost als auch Genugtuung“ bieten und auch „als übergreifendes Leitprinzip für christliche Gemeinden dienen, die sich bemühen, angesichts von Missbrauch gerecht zu […] handeln“. Sie leiten mehrere Grundsätze aus der Lehre von der stellvertretenden Sühne ab.

Erstens: „Das Gefühl des Opfers, ungerecht behandelt zu werden, und sein Wunsch nach Genugtuung werden am Kreuz bekräftigt – Unrecht und Ungerechtigkeit sind real und Gott hasst sie." Jesus trug den göttlichen Zorn über die Sünde am Kreuz. Die Denhollanders zitieren Fleming Rutledge:

> *Heutzutage reagieren viele Menschen empfindlich, wenn vom Zorn Gottes die Rede ist, aber man kann sich diesem wichtigen biblischen Thema nicht entziehen. Unterdrückte Völker auf der ganzen Welt hat das biblische Bild eines Gottes, der über Unrecht und Ungerechtigkeit erzürnt ist, Kraft gegeben.*[17]

Das Kreuz nimmt das Böse ernst.

Am Kreuz sehen wir, dass die Sünde und das Böse keine trivialen Dinge sind. Das Kreuz zeigt, dass es Gott wesentlich um Gerechtigkeit geht, und dies, so die Denhollanders, bedeute, dass wir hier auf der Erde nach Gerechtigkeit streben sollen. Allerdings wird das Bemühen um Gerechtigkeit in dieser Welt immer enttäuschend sein. „Unter den schlimmsten Umständen sind Gerichte ein Instrument zur Aufrechterhaltung von Ungerechtigkeit. Und selbst unter den besten Umständen gelingt es ihnen nicht, wiederherzustellen, was beschädigt oder zerbrochen wurde [..., aber unser] Vertrauen kann sich auf die vollkommene Gerechtigkeit Gottes gründen." Wir finden Trost darin, dass es auf Erden zwar keine vollkommene Gerechtigkeit gibt und eine vollständige Wiedergutmachung und Wiederherstellung hier unmöglich sind, dass wir aber wissen, dass letztlich Gott alles Unrecht wieder in Ordnung bringen wird.

Zweitens zeigt das Kreuz, dass Gott sowohl der Gerechtigkeit als auch der Vergebung verpflichtet ist; es wird nicht das eine gegen das andere ausgespielt. Als Jesus am Kreuz starb, bedeutete dies, dass mit einem Schlag Gerechtigkeit über die Sünde geübt *und* die Tür zur Vergebung geöffnet wurde. Gott

„verbindet seine Vergebung damit, dass der Gerechtigkeit Genüge getan wird".[18] Auch wir müssen beides zusammen anstreben. Dies führt zu der Frage, wie durch das Kreuz beide Ziele gleichermaßen erreicht werden.

Um die Antwort zu finden, müssen wir auf die Trinitätslehre zurückgreifen: Christen glauben nicht, dass es drei Götter gibt. Vielmehr gibt es einen Gott, der in drei Personen existiert – aber die ganze Fülle des göttlichen Wesens wohnt in jeder dieser Personen. Der Vater ist nicht der Sohn, aber der Vater und der Geist sind im Sohn (Johannes 14,11.20; Matthäus 11,27). Deshalb ist die Behauptung, dass der Vater den Sohn am Kreuz missbraucht hat, völlig unzutreffend. Miroslav Volf schreibt: „Der Vater würde in der Tat den Sohn [am Kreuz] missbrauchen [...], wenn Christus eine dritte Partei wäre gegenüber Gott, dem Unrecht geschehen ist, und den Menschen, die das Unrecht verübt haben. Aber das ist er nicht. [...] ‚Denn Gott war in Christus', schreibt Paulus, ‚und versöhnte die Welt mit sich selber [...]' (2. Korinther 5,19)."

Volf fügt hinzu: „Also nicht: Christus versöhnte einen zornigen Gott mit einer sündigen Welt. [Ein typisch konservativer christlicher Irrtum.] Auch nicht: Christus versöhnte eine sündige Welt mit einem liebenden Gott. [Ein typisch liberaler christlicher Irrtum.] Sondern: In Christus ‚versöhnte Gott die Welt mit sich selber'."[19] Die Lehre von der Dreifaltigkeit bedeutet, dass wir am Kreuz, wie John Stott es ausdrückt, die „Stellvertetung durch Gott selbst" sehen.[20] Gott selbst kommt und nimmt die Strafe auf sich und bezahlt die Schuld, die wir hätten bezahlen sollen.

Die Denhollanders schreiben: „Von einem Banker kann nicht gesagt werden, dass er einen Kredit erlässt, wenn ein Dritter den Kredit für einen anderen bezahlt; wenn jedoch der Banker selbst den Kredit für einen anderen bezahlt, wird damit *sowohl* [der Gerechtigkeit] Genüge getan *als auch* [im selben Akt] ein Schuldenerlass gewährt."[21] Am Kreuz werden „die Realität des Bösen und die Notwendigkeit der Gerechtigkeit bestätigt. Entweder wird die göttliche Strafe an demjenigen vollstreckt, der das Unrecht begangen hat, oder sie wird von Gott selbst auf sich genommen".[22]

Die göttliche Strafe: entweder an dem vollstreckt, der das Unrecht begangen hat, oder von Gott selbst auf sich genommen

Drittens: „Das Beispiel Gottes am Kreuz kehrt die Machtdynamik um, die bei Unterdrückung und Missbrauch im Spiel ist." Dieser Punkt ist so wichtig, dass ich hier ausführlich zitieren möchte:

> *Die verheerenden Auswirkungen des Missbrauchs sind zum großen Teil darauf zurückzuführen, dass der Missbrauch die Konzepte, die notwendig sind, um als Person Beziehungen eingehen zu können, auf den Kopf stellt. Missbrauchstäter wenden häufig Grooming-Techniken an, indem sie das Opfer durch Geschenke, unschuldige Berührungen oder freundliche Gesten konditionieren und auf den Missbrauch vorbereiten. In den meisten Fällen handelt es sich bei den Tätern um Personen, die als sicher und vertrauenswürdig wahrgenommen werden oder von denen man sogar glaubt, dass sie sich aufopferungsvoll um das Opfer kümmern. Begriffe wie Vertrauen, Sicherheit, Geborgenheit, Liebe, Mitgefühl und Fürsorge werden von einem Täter verdreht und als Waffen eingesetzt, um eine Verletzung auf tiefster Ebene zu ermöglichen. Jedes Konzept, auf das wir uns als Menschen verlassen, um gesunde Beziehungen zueinander zu haben, wird dadurch verzerrt und unzuverlässig – es wird neu definiert als Werkzeug, mit dem Schaden angerichtet werden kann. Tatsächlich geht es den meisten Tätern bei*

sexuellem Missbrauch nicht nur um sexuelle Befriedigung; sie genießen das Ungleichgewicht an Macht und Kontrolle, das sie demonstrieren können.
Es ist von entscheidender Bedeutung, dass Menschen, die so einen Missbrauch hinter sich haben, fähig werden, diese grundlegenden Konzepte [richtig] zu definieren, zu verstehen und neu zu lernen. Das Versäumnis, zerstörerischen Missbrauch und Machtmanipulation zu erkennen, kann dazu führen, dass Überlebende immer wieder missbräuchliche Beziehungen eingehen, manchmal selbst zu Missbrauchenden werden und fast immer unfähig sind, mit ihrer Umwelt in Beziehung zu treten.
Das Kreuz steht in absolutem Gegensatz zum Verhalten eines Missbrauchstäters und liefert das ultimative Beispiel für jedes der Konzepte, die durch Missbrauch zerstört werden. In der Inkarnation, am Kreuz, legt der Sohn seine göttlichen Vorrechte ab – der Starke wird schwach […]. Am Kreuz handelt Gott für andere – um das Böse zu überwinden, Gerechtigkeit zu wahren, die Versklavten zu befreien und die Schöpfung wiederherzustellen. Gott selbst identifiziert sich vollkommen mit dem Opfer, weil er sich selbst bereitwillig der Ungerechtigkeit ausgeliefert hat. Das Kreuz ist die ultimative Absage an die Vorstellung, dass Macht zum Nutzen und Vergnügen derer ausgeübt werden soll, die über sie verfügen. Das Kreuz bietet Opfern den Rahmen und die Grundlage, um Konzepte, die während des Missbrauchs in ihr Gegenteil verkehrt, untergraben und manipuliert wurden, richtig zu definieren und zu verstehen und damit zu beginnen, den angerichteten Schaden zu heilen.[23]

Schließlich besteht die einzige Möglichkeit zur Heilung von Beziehungen darin, dass Gerechtigkeit und Vergebung gleichzeitig angestrebt werden, und zwar nach dem Vorbild des Kreuzes. Das Kreuz zeigt dem Opfer, dass es selbst der Vergebung bedarf, und das macht es leichter, sie auch anderen zu gewähren. Das Kreuz hilft Christen dabei, „Verbrecher und Missbrauchstäter nicht als ‚anders' oder grundverschieden von uns selbst zu betrachten – denn das Böse liegt auch in unseren Herzen".[24] Dieses demütige Eingeständnis bewahrt uns davor, über den Wunsch nach Gerechtigkeit und nach einer Wiedergutmachung, die künftige Opfer schützt, hinauszugehen und der Rachsucht und dem Wunsch nach der dauerhaften Vernichtung des Täters zu verfallen.

Den Täter mit Konsequenzen konfrontieren

Andererseits hat der Täter die beste Chance, seine Sünde und seinen Selbstbetrug zu erkennen und sich zu ändern, wenn er oder sie mit Konsequenzen konfrontiert wird.

> *Die gegenwärtige Art der menschlichen Gerechtigkeit dient als Bild für die endgültige Gerechtigkeit Gottes. Sie bietet dem Täter Gelegenheit, sich der Realität und der Schwere seiner Sünde zu stellen. Es ist ein Aufruf an den Täter, umzukehren, sich auf die Seite Gottes und seines Opfers zu stellen und das Böse, das er begangen hat, zu verurteilen. Nur in diesem Szenario besteht die Möglichkeit, eine Beziehung wiederherzustellen […]. Täter, die ernsthaft bereuen und sich auf die Seite Gottes und ihrer Opfer gestellt haben, benutzen ihre Reue nicht als Vorwand, um sich der menschlichen Gerechtigkeit zu entziehen oder Forderungen an ihre Opfer zu stellen; wahrhaftige Reue beinhaltet die Anerkennung des von ihnen angerichteten Schadens und der Rechtmäßigkeit der Bestrafung.*[25]

Diese nuancierte Theologie hat Rachael Denhollander im Gerichtssaal selbst umgesetzt. Dort sah sie Larry Nassar ins Gesicht und sagte:

> *Ich bete darum, dass du die erdrückende Last der Schuld erfährst, damit du eines Tages wahre Reue und wahre Vergebung von Gott erfahren kannst, die du weit mehr brauchst als meine Vergebung, obwohl ich dir die auch gewähre.*[26]

Auch ein anderer Überlebender von Missbrauch gibt Zeugnis von der Macht des Kreuzes. Mez McConnell wurde jahrelang von seiner Stiefmutter körperlich und seelisch missbraucht.[27] In einem Artikel schreibt er:

> *Als Überlebender von Missbrauch in der Kindheit muss ich darauf achten, wie sich dieser Missbrauch auf mein gesamtes Leben, insbesondere auf mein Gedankenleben, ausgewirkt hat. Ich betrachte neue Menschen mit Misstrauen. Ich betrachte Machtspiele mit Misstrauen. Ich verabscheue Mobbing. Ich habe Angst vor Menschen, die manipulieren. Mir fehlt ein Grundvertrauen. Ich betrachte Menschen als schuldig, bis sie das Gegenteil beweisen. Ich betrachte jeden Fremden als potenziellen Missbrauchstäter. Und das ist nicht gut […].*
>
> *Darum erdet mich das Kreuz. Darum erfüllt [das Dogma der stellvertretenden Sühne] meinen Schmerz mit Freude, Hoffnung und einer Art von Sinn […]. Am Kreuz handelt Gott für die Schwachen, die Unterdrückten und die Misshandelten. Um das Böse zu überwinden. Um der Gerechtigkeit Genüge zu tun. Um die Versklavten zu befreien. Gott selbst identifiziert sich vollkommen mit all den Opfern hin-*

terhältiger Manipulationen und Machtspiele. Das Kreuz ist der größte Erweis dafür, den wir je gesehen haben oder jemals sehen werden.[28]

Das Lamm Gottes

Gottes Gerechtigkeit und Gottes Liebe zeigen sich in einer der berühmtesten Geschichten der Bibel – der Exoduserzählung.

Gott fordert die Ägypter auf, die Israeliten aus der Sklaverei zu entlassen, aber sie weigern sich. Nach zahlreichen Warnungen beschließt Gott, Ägypten für seine Unterdrückung und Versklavung von Menschen, ein großes Übel, zu bestrafen. Er sendet den Engel der Zerstörung. Die Strafe der Gerechtigkeit besteht darin, dass in jedem Haushalt der erstgeborene Sohn – die Hoffnung und Stärke der antiken Familie, die ihren Besitz an den ältesten Jungen weitergab – sterben wird. Gott ordnet für die Israeliten aber an, das Passahfest zu feiern. Sie sollen ein Lamm schlachten und essen, sein Blut an die Türpfosten ihrer Häuser streichen und keinesfalls ihr Haus verlassen. Dies enthüllt uns zwei bemerkenswerte Wahrheiten.

Es bedeutet erstens, dass der „Todesengel" (2. Mose 12,23), der Vollstrecker des Zorns Gottes über das Böse und die Sünde, nicht nur in die Häuser der Ägypter ging. Der göttliche Zorn über die Sünde nimmt keine Rücksicht auf Personen. Er kam in *jedes* Haus in Ägypten, denn jedes Haus hatte das verdient. Hier gibt es keine Hierarchie zwischen den „guten" Israeliten und den „schlechten" Ägyptern. Es ist, als ob Gott zu Israel sagen würde: „Ihr seid die Unterdrückten, sie sind die Unterdrücker. Ihr betet den wahren Gott an, sie beten falsche Götter an. Doch wenn ich heute Abend nach meinen gerechten Maßstäben urteilen würde, würdet ihr den Test auch nicht bestehen. Alle werden der Herrlichkeit Gottes nicht gerecht. Alle sind Sünder. Ihr seid genauso verloren und braucht die Rettung aus Gnade ebenso wie die Ägypter." Es ist die radikale Wahrheit, auf die Paulus das Evangelium der reinen Gnade gründet: „Keiner ist gerecht, auch nicht einer" (Römer 3,10).

Es bedeutet zweitens, dass *Stellvertretung* der Weg ist, um der Gerechtigkeit ebenso Genüge zu tun wie der Liebe. Jeder erstgeborene Sohn in jedem hebräischen Haus hätte auf den Tisch schauen und das Lamm auf dem Teller sehen und sagen sollen: „Der einzige Grund, dass ich nicht tot bin, ist der, dass dieses Lamm tot ist." Wie wir gesehen haben, ist jede Sünde mit einer Schuld verbunden, und diese Schuld verschwindet nie – sie wird auf die eine oder andere Weise beglichen. Irgendjemand zahlt immer dafür – entweder jemand, der für Sie einspringt, damit Ihnen vergeben werden kann, oder Sie bezahlen Ihre Strafe selbst. Die Schuld verschwindet nie von selbst.

Wenn man diese beiden Wahrheiten zusammennimmt – die Sündhaftigkeit aller Menschen und daher unser genereller Bedarf eines Stellvertreters –, wird deutlich, dass das Passahfest über sich selbst hinauswies. Das Neue Testament spricht aus, was jeder aufmerksame Beobachter empfunden haben muss: dass das Blut von Tieren niemals Sünden beseitigen kann (Hebräer 10,4). Das Lamm kann unmöglich der Ersatz sein, den wir brauchen. Wo sollen wir also hinschauen?

Jesus Christus feierte in der Nacht, in der er verraten wurde, mit seinen Jüngern das Passahmahl. Sie erwarteten, dass er die Worte sprechen würde, die der Vorbeter beim Passahfest zu sagen pflegte: „Dies ist das Brot unseres Leidens. Unsere Vorfahren haben in der Wüste gelitten, damit wir frei sein können." Stattdessen stand er auf und sagte: „Das ist mein gebrochener Leib." Mit anderen Worten: „Dies ist das Brot *meines* Leidens. Es ist *mein* Leiden, das für euch letztlich die Befreiung sein wird." Es mag ein gebratenes Lamm auf dem Tisch gestanden haben, aber das wahre Lamm Gottes saß am Tisch.

Das ist der Grund, warum Johannes der Täufer, als er Jesus kommen sah, ausrief: „Seht, hier ist das Opferlamm Gottes, das die Sünde der ganzen Welt wegnimmt" (Johannes 1,29). Er sagte: „Ich sehe es endlich! Unsere erstgeborenen Söhne wurden nicht aufgrund des Todes von ein paar kleinen Tieren gerettet. Unsere Erstgeborenen wurden gerettet, weil Gott bereit war, *seinen* Erstgeborenen zu opfern." Johannes 19,33 weist darauf hin, dass Jesus nicht die Beine gebrochen wurden. Warum? Weil das Passahlamm keine gebrochenen Knochen haben durfte. Es musste ohne Flecken und Makel sein.

Jesus schrie am Kreuz hinaus, Gott habe ihn verlassen (Matthäus 27,46). Da er in jeder Hinsicht der beste Mensch war, der je gelebt hat, warum sollte er verlassen worden sein? Er wurde an *unserer Stelle* verlassen. Er war unser Stellvertreter.

Hätte man einen Israeliten in der Wüste Sinai angehalten und gefragt: „Was tust du und wohin gehst du?", so hätte er geantwortet: „Ich war ein Fremder in einem fremden Land unter Todesstrafe, aber ich fand Schutz unter dem Blut des Lammes und wurde gerettet. Jetzt bin ich aus der Sklaverei befreit worden, und obwohl ich in einer Wüste bin, ist Gott bei mir und führt mich ins Land der Verheißung."

Ist Ihnen klar, dass das genau das ist, was ein Christ sagt? Alle Absichten Gottes, uns zu erlösen, erfüllten sich an dem Tag, an dem Jesus Christus das Lamm Gottes wurde, das die Sünden der Welt wegnimmt.

KAPITEL 7

Die Grundlagen der Vergebung

Angesichts der Sündhaftigkeit der Menschen […] entscheide dich stets für die demütige Liebe! Wenn du das ein für allemal tust, wirst du dir die ganze Welt unterwerfen können. Die demütige Liebe ist eine gewaltige Kraft, die stärkste, die es gibt, eine Kraft, der nichts gleichkommt.

Fjodor Dostojewski[1]

Das christliche Verständnis von Vergebung ist reichhaltig und vielschichtig, und es hat buchstäblich die Welt verändert. Um Vergebung zu üben, müssen wir uns jedoch zunächst mit ihren grundlegenden Komponenten befassen. Hierfür gibt es keinen besseren Ausgangspunkt als die beiden Anweisungen Jesu an seine Jünger, wie sie auf Unrecht reagieren sollen.

Zwei Anweisungen Jesu zur Vergebung

Jesus gibt zwei Richtlinien im Blick auf die Vergebung, die auf den ersten Blick widersprüchlich erscheinen. Zusammengenommen sind sie entscheidend, um zu verstehen, wie Vergebung sich tatsächlich vollzieht. In Markus 11,25 lesen wir: „Wenn ihr beten wollt und etwas gegen jemand habt, dann vergebt ihm, damit euer Vater im Himmel euch eure Verfehlungen auch vergibt."

Es war üblich, im Stehen zu beten (1. Könige 8,22; Nehemia 9,4; Psalm 134,1; Lukas 18,11.13). Wenn du betest und dir bewusst wird oder du dich daran erinnerst, dass du jemandem etwas übel nimmst, musst du ihm auf der Stelle verzeihen. Exegeten weisen darauf hin, dass „vergebt ihm" (*aphiete*) in der Gegenwartsform des Imperativs steht, um die größtmögliche Betonung zu erzielen.[2]

Jesus fügt hinzu: „Damit euer Vater im Himmel euch eure Verfehlungen auch vergibt" (Markus 11,25). Auch hier sollten wir uns daran erinnern, dass dies nicht bedeuten kann, dass Gottes Vergebung durch uns verdient wird. Es bedeutet vielmehr, dass es ein Zeichen dafür ist, dass ich selbst Gottes unverdiente Gnade nicht verstanden und angenommen habe, wenn ich unversöhnlich bin. Vielleicht dachte ich, dass ich durch meine Reue und Wiedergutmachungsleistungen vor Gott seine Gunst verdient hätte. Vielleicht habe ich aus meiner Reue und Scham eine Art „gutes Werk" gemacht, das (so dachte ich) Gott in meine Schuld stellt. Die Unfähigkeit, anderen zu vergeben, ist das verräterische Zeichen dafür, dass tatsächlich etwas in der Art in mir vorgegangen ist, anstatt dass ich tatsächlich Gottes unverdiente Vergebung und Barmherzigkeit angenommen hätte. Die Demut, die sich aus dem Eingeständnis meiner Verlorenheit ergibt, *und* die Freude, die sich aus dem Wissen ergibt, dass ich in Christus angenommen bin, sind einfach nicht vorhanden.

Unfähigkeit, anderen zu vergeben: ein verräterisches Zeichen

Ohne die Demut der Erkenntnis, selbst ebenfalls Gottes Verurteilung zu verdienen, und ohne die Freude, zu wissen, dass man in der Liebe Christi steht, wird es unmöglich sein, den Wunsch nach Rache aufzugeben. „Vergebung erfahren zu haben und selbst nicht zu vergeben, Barmherzigkeit erfahren zu haben und nicht barmherzig zu sein, bedeutet daher in Wirklichkeit, Gottes gnädige Annahme nicht erfahren zu haben, und macht das Gebet, wie es in Markus 11,22-24 verstanden wird, zu einem Hohn."[3] Jesus sagt damit: Wenn du merkst, dass du jemandem nicht vergeben hast, dann tu es sofort.

Dieser Text für sich genommen würde das unterstützen, was wir das Modell der „billigen Gnade" der Vergebung genannt haben, das den Schwerpunkt darauf legt, dass die geschädigte Person ihren Zorn loswird, ohne dass dafür gesorgt wird, dass der Täter sich verändert.

Aber diese Aufforderung, auf der Stelle zu vergeben – während Sie beten –, scheint im Widerspruch zu einer anderen Aussage Jesu bei Lukas zu stehen:

> *„Wenn dein Bruder sündigt, weise ihn zurecht, und wenn er sein Unrecht einsieht, vergib ihm. Selbst wenn er siebenmal am Tag gegen dich sündigt und siebenmal wieder zu dir kommt und sagt: ‚Ich will es nicht mehr tun', sollst du ihm vergeben." (Lukas 17,3b-4)*

Hier werden zwei Verantwortlichkeiten benannt. Erstens: Wenn jemand gegen dich sündigt – weise ihn zurecht. Das bedeutet nicht, dass wir jede Sünde korrigieren müssen, die wir bei jemandem sehen. Galater 6,1 und 1. Thessalonicher 5,14 geben hier einige Hinweise (mehr dazu später), aber dieser Vers spricht nicht von Sünde im Allgemeinen. Jesus sagt, wenn jemand gegen dich sündigt, sollst du ihn „zurechtweisen", ein Wort, das Konfrontation bedeutet. Aber wenn derjenige sein Tun bereut, ist es unsere zweite Aufgabe, zu vergeben.

Aus diesem Text lernen wir erstens, dass wir gleichermaßen in der Verantwortung stehen, zu konfrontieren und zu vergeben. Die Realität des menschlichen Temperaments ist die, dass nur wenige ein solches Gleichgewicht ohne die Hilfe des Heiligen Geistes durchhalten können. Menschen neigen dazu, entweder eher zu konfrontieren und herauszufordern als zu vergeben oder eher zu vergeben und zu vergessen als zu konfrontieren. Wir lernen hier auch, dass die Umkehr, von der Jesus spricht, „sieben Mal an einem Tag" geschehen kann. Wir sollten nicht denken, dass Jesus dies für ein wahrscheinliches Szenario hält. Was er aber sagt, ist, dass wir nicht verlangen sollten, dass die Reue des Täters eine lange, sich hinziehende selbstzerfleischende Angelegenheit ist. Wir sollten nicht langsam oder zähneknirschend verzeihen.

Schließlich lernen wir, dass das Ziel der Vergebung in erster Linie weder die innere Heilung noch die Vergeltung am Täter ist. Sicherlich *kann* Vergebung innere Heilung bringen und Teil des Bemühens um Gerechtigkeit sein. Aber das eigentliche Ziel der Vergebung ist die Wiederherstellung der Gemeinschaft. „Der Zweck [der Vergebung] besteht nicht darin, Sünder zu demütigen, zu besiegen oder zu vertreiben, sondern sie zu korrigieren und zu erneuern. Es ist oft einfacher, in der Gemeinschaft die Augen vor der Sünde zu verschließen. Mitchristen zu ermahnen, setzt voraus, dass die Kirche als ein Leib in dem teuren Werk der Versöhnung wirkt."[4]

Wenn man Lukas 17 losgelöst von Markus 11,25 liest, glauben viele, dass Vergebung nicht erforderlich ist, solange der Täter nicht vollständig bereut und seine Schuld wiedergutgemacht hat. Markus 11,25 betont jedoch nachdrücklich: „Wenn ihr etwas gegen jemand habt, dann vergebt ihm." Es heißt nicht: „Es sei denn, er bereut nicht." Andererseits kann Markus 11,25 den Eindruck erwecken, dass Vergebung etwas ist, das ausschließlich im Herzen geschieht und in einem Augenblick abgeschlossen werden kann.

Setzt Vergebung Reue voraus?

In den anglikanischen Religionsartikeln heißt es in Artikel XX: „Es ist der Kirche nicht erlaubt [...] eine Stelle der Schrift so auszulegen, dass sie einer anderen widerspricht.“[5] Wie können wir auf der Grundlage dieses altehrwürdigen Grundsatzes der Bibelauslegung diese beiden Texte so lesen, dass nicht einer davon zum absoluten Maßstab wird und die Kraft des anderen relativiert und minimiert?

Die Antwort ist: Vergebung kann zwei Bedeutungen haben, die sich überschneiden. „Manchmal setzt die Vergebung, von der das Neue Testament spricht, die Reue des Täters voraus, manchmal aber auch nicht.“[6] Lukas 17,3-4 ist ein Beispiel für die erste Bedeutung, Markus 11,25 ein Beispiel für die zweite. Als Stephanus starb und betete: „Herr, rechne ihnen diese Sünde nicht an“ (Apostelgeschichte 7,60), war es klar, dass die Täter keine Reue zeigten, denn sie steinigten und töteten ihn, während er sprach. Dennoch vergab Stephanus ihnen.

Inneres und äußeres Verzeihen

Wie können diese beiden Anweisungen zugleich wahr sein? Die Antwort liegt darin, dass das Wort Vergebung auf zwei etwas unterschiedliche Arten verwendet wird. In Markus 11 bedeutet „ihnen verzeihen“, innerlich bereit zu sein, sich nicht zu rächen. In Lukas 17 bedeutet „vergib ihm“: „Versöhne dich mit ihm.“ Es gibt also eine Art des Vergebens, die letztlich nur innerlich ist, und eine andere, die nach außen hin auf eine mögliche Wiederherstellung der Beziehung abzielt (vgl. Matthäus 5,24 – „Versöhne dich zuerst mit deinem Bruder“, Matthäus

18,15 – „Wenn dein Bruder gegen dich sündigt, dann geh zu ihm und stell ihn unter vier Augen zur Rede. Hört er auf dich, so hast du deinen Bruder zurückgewonnen“). Das Opfer des Unrechts muss in beiden Fällen innerlich vergeben, während die Versöhnung davon abhängt, ob der Täter sein Fehlverhalten anerkennt und bereut oder nicht. Einige haben das eine als „auf der inneren Einstellung beruhende Vergebung“ und das andere als „versöhnende Vergebung“ bezeichnet.[7]

Vergebung als innere Einstellung – Vergebung als Versöhnung

Es handelt sich nicht um zwei Arten der Vergebung, sondern um zwei Aspekte oder Stufen der Vergebung. Man könnte sagen: Die erste muss immer geschehen, die zweite kann geschehen, ist aber nicht immer möglich. Die Vergebung als innere Einstellung kann ohne Versöhnung geschehen, aber Versöhnung kann nicht geschehen, wenn die innerliche Vergebung nicht schon geschehen ist. Wenn das Opfer in Lukas 17 nicht persönlich vergeben hat, warum sollte es dann für eine Versöhnung offen sein? Damit ein Opfer zur Versöhnung bereit ist, muss es in seinem Herzen bereits eine Art von Vergebung geleistet haben. Eine fehlende Bereitschaft zur Reue seitens des Täters ist keine Entschuldigung für anhaltende Bitterkeit, etwas, was, wie die Bibel sagt, die Seele unweigerlich vergiften wird (Hebräer 12,15).

Aus diesen beiden Richtlinien können wir zwei wichtige Lehren ziehen.

Erstens ist die christliche Vergebung niemals einfach nur individualistisch – als ginge es nur um die innere Heilung des Herzens. Darum geht es bei Vergebung immer auch, aber Vergebung ist noch viel mehr. Gott liegt auch die äußere und soziale Heilung der Gemeinschaft am Herzen. Vergebung als innere Einstellung will und sucht Versöhnung, auch wenn der

Täter dies nicht tut. Bei der Vergebung geht es also nie nur um den inneren Frieden des Opfers, so wichtig das auch ist. Viele säkulare therapeutische Modelle der Vergebung lassen dieses Anliegen unberücksichtigt.

Zweitens untergräbt die christliche Vergebung niemals das Bemühen um Gerechtigkeit, sondern fördert es. Warum? Innere Vergebung verändert die Haltung des Herzens von dem Wunsch, den Täter Schmerz fühlen zu lassen, zu dem Wunsch nach seinem Wohl. Das ist das Wesen der inneren Vergebung, und es bedeutet, von Antipathie zu Liebe überzugehen. Liebe bedeutet, das Wohl des anderen wirklich zu wollen, sein eigenes Glück „in" das Glück des anderen zu legen, sodass es uns Freude macht, wenn es dem anderen wohlergeht. Die Liebe ist also die Essenz der Vergebung. Das säkulare Modell der zu verdienenden Vergebung lässt die Liebe unberücksichtigt.

Aber das ist auch das Wesen der Gerechtigkeit! *Warum* sollte ein Christ sich um Gerechtigkeit bemühen? Weil Ungerechtigkeit den Gott, den wir lieben, betrübt; die Schöpfung, die wir lieben, entstellt; den Menschen, die wir lieben, schadet und auch dem Täter, den wir lieben und nicht hassen sollten, schadet. *Was* bedeutet es, Gerechtigkeit zu suchen? Es bedeutet, die Wahrheit in Liebe auszusprechen und Menschen nicht von den Konsequenzen ihres Handelns abzuschirmen.

> *Dies legt nahe […], dass moralische Empörung, ja sogar moralische Wut, gelegentlich ein Beweis für Liebe sein kann – Liebe zum Opfer, Liebe zur Kirche Gottes, Liebe zur Wahrheit, Liebe zu Gott und seiner Herrlichkeit. Nicht empört zu sein [und nicht nach Gerechtigkeit zu suchen], mag in manchen Fällen nicht von Sanftmut und Liebe zeugen, sondern von einem Versagen der Liebe.*[8]

Dieser Sachverhalt erfordert Unterscheidungsvermögen und Herzensbildung. Leidenschaft für Gerechtigkeit und moralische Empörung können leicht Funktionen unseres Egos sein – ein Wunsch, im Recht zu sein und der moralische Sieger zu sein und sich tugendhaft zu fühlen, oder ein Wunsch nach Rache an Menschen, die wir nicht mögen. Moralische Empörung aus Liebe zu Gott, seiner Schöpfung, den Menschen und sogar dem Täter ist selten – aber notwendig.

Und da Gerechtigkeit zu üben im Wesentlichen bedeutet, den Nächsten so zu lieben, dass man wünscht, er möge von dem Bösen in seinem Herzen befreit werden, ist es möglich, sowohl Gerechtigkeit als auch Vergebung anzustreben, auf Rache zu verzichten und dennoch Gerechtigkeit zum Wohle aller zu üben und nicht zur eigenen emotionalen Befriedigung.

Die Unterscheidung dieser beiden Aspekte der Vergebung ist daher für die Seelsorge von entscheidender Bedeutung und versetzt uns in die Lage, viele häufige Situationen zu meistern, die ein Bemühen um Vergebung durchkreuzen.

Was ist, wenn der Täter das Gesetz gebrochen hat, wie es bei Missbrauch und Übergriffen am Arbeitsplatz, in Beziehungen oder gegenüber Kindern der Fall ist? Wir können einer Person in unserem Herzen vergeben und dennoch darauf bestehen, dass sie die Strafe für ihre kriminellen Handlungen trägt.

Was ist, wenn die Täter sich weigern, sich mit Ihnen zu treffen oder Ihnen zuzuhören, oder wenn sie Sie weiterhin angreifen? Sie sind nicht durch das Handeln des Täters gefesselt. Sie können immer noch vergeben und verhindern, dass das Böse der anderen Ihr Leben, Ihre Erinnerung und Ihr Verhalten bestimmt.

Was ist, wenn die Person, die Ihnen Unrecht angetan hat, tot ist, wie es oft der Fall ist, wenn es um den Missbrauch durch ein Elternteil oder ein Familienmitglied geht? Auch hier sind Sie nicht hilflos. Versöhnung ist zwar das wünschenswerteste und heilsamste Ergebnis, aber wenn es nicht möglich ist, sich zu versöhnen, gibt es einen Weg, Ihr Herz vor Verletzungen zu bewahren, die verhindern würden, dass Sie wachsen oder das Leben genießen können.

Steven McDonald war ein New Yorker Polizist. 1986 wurde er während seines Dienstes im Central Park von einem fünfzehnjährigen Jungen aus nächster Nähe dreimal angeschossen. Erstaunlicherweise überlebte er, aber er war vom Hals abwärts gelähmt. „Etwa sechs Monate nachdem ich angeschossen wurde", schrieb er später, brachte seine Frau „einen kleinen Jungen zur Welt. Wir nannten ihn Conor. Für mich war die Geburt von Conor wie eine Botschaft Gottes, dass ich leben und anders leben sollte […]. Ich betete darum, verändert zu werden, darum, dass die Person, die ich war, durch etwas Neues ersetzt werden würde."[9]

Die erste Antwort auf sein Gebet war der Wunsch, dem jungen Mann, Shavod, der ihn angeschossen hatte und nun im Gefängnis saß, zu vergeben. Steven begann, ihm zu schreiben. „Zuerst antwortete er nicht auf meine Briefe", aber dann schrieb Shavod zu Stevens Überraschung zurück und rief sogar aus dem Gefängnis an, um sich für den Vorfall zu entschuldigen. Steven dachte, er hätte sich mit ihm versöhnt, aber „schließlich verlief der Austausch im Sande". Shavod meldete sich nicht mehr. Nachdem er 1995 aus dem Gefängnis entlassen wurde, starb er drei Tage später bei einem Motorradunfall. Viele waren der Meinung, dass Stevens Bemühungen, sich mit seinem Angreifer zu versöhnen, umsonst gewesen waren. Doch obwohl Steven keine wirkliche Veränderung oder eine neue Beziehung herbeiführen konnte, hatten seine Bemühungen ihm geholfen, sich noch mehr von der Bitterkeit zu befreien. Er begann, ein größeres Bild zu sehen, das ihm half, Shavod zu verstehen:

> *Ich war das System, das es Vermietern erlaubte, Miete für verwahrloste Wohnungen in heruntergekommenen Mietshäusern zu verlangen; ich war die städtische Behörde, die marode Wohnviertel sanierte und mittels Gentrifizierung die bisherigen Bewohner auf die Straße setzte, egal, ob es sich um ordentliche unbescholtene Bürger oder um Drogenhändler und Kriminelle handelte. Ich war der irische Polizist, der bei häuslichen Streitigkeiten auftauchte und wieder ging, ohne etwas zu unternehmen, weil kein Gesetz gebrochen worden war. Für Shavod Jones war ich der Feind […]. Und ich konnte es ihm nicht verübeln. Die Gesellschaft – seine Familie, die für ihn zuständigen Sozialbehörden, die Leute, die es seinen Eltern unmöglich gemacht hatten, zusammen zu sein – hatte ihn im Stich gelassen, lange bevor er mich im Central Park getroffen hatte.*[10]

Steven McDonald hatte innerlich vergeben, auch wenn es ihm nicht gelang, den Mann, der ihm Unrecht zugefügt hatte, zur Umkehr zu bewegen. Doch selbst sein weitgehend gescheiterter Versuch der Versöhnung trug zur Erneuerung seines Herzens bei und war ein Zeugnis für die Welt. Hier können wir also die Macht der Halbwahrheiten der populären säkularen Vergebungsmodelle sehen. Sowohl das therapeutische als auch das auf Verdienst basierende Modell sind teilweise richtig, aber insgesamt falsch. Das erste legt die ganze Betonung auf die innere Haltung, das zweite auf die Reue des Täters. Aber die Lehre Jesu verlangt nicht nur, dass man beides anstrebt. Vielmehr ist beides wechselseitig voneinander abhängig, wie die Fallstudie von Steven McDonald zeigt. Diese Modelle, die säkularen Ursprungs sind, sind in der Kirche weit verbreitet, auch im evangelikalen Spektrum. David Powlison schrieb:

Zu erkennen, dass unsere Vergebung anderen gegenüber zwei miteinander verbundene Teile umfasst, hilft uns, die gegensätzlichen Botschaften, die man in christlichen Kreisen oft hört, zu verstehen. Einige in der Kirche lehren: „Wenn du von Herzen vergibst, dann brauchst du dich nicht mit dem Täter auseinanderzusetzen." Andere lehren: „Wenn der Schuldige nicht um Vergebung bittet, brauchst du nicht zu vergeben." Beide konzentrieren sich auf eine Halbwahrheit – und ziehen einen falschen Schluss. Wenn man beide Hälften dessen, was Jesus tat und über Vergebung lehrte, zusammenfügt, erhält man eine kohärente Wahrheit.[11]

Zwei Anweisungen Jesu zur Feindesliebe

Das Ende des 5. Kapitels im Matthäusevangelium wird oft als der „Höhepunkt" der Bergpredigt bezeichnet. Sicherlich ist es der radikalste Teil. In Vers 20 spricht Jesus von einer „Gerechtigkeit" – einer Lebensweise, die die der Schriftgelehrten und Pharisäer weit übertrifft. Auf den ersten Blick ist die Aussage rätselhaft. Die Pharisäer waren nicht nur anspruchsvoll in ihrer detaillierten Befolgung des Gesetzes – sie fügten sogar dem mosaischen Gesetz, das von Gott offenbart worden war, noch viele Vorschriften und Regeln hinzu. An anderer Stelle kritisiert Jesus ihren Legalismus. Wie kann er dann davon sprechen, dass es darum gehe, ihre Gerechtigkeit zu übertreffen? Am Ende von Kapitel 5 wird erklärt, wie diese neue Lebensweise aussieht. Sie geht in der Tat über alles hinaus, was im Alten Testament steht, ganz zu schweigen von den Philosophien und der Ethik des heidnischen Altertums. Jesus skizziert ein Leben aus einer

Liebe, die Feinde und „böse Menschen" einschließt, nicht nur Freunde und „gute Menschen".

> *„Ihr wisst, dass es heißt: ‚Auge um Auge, Zahn um Zahn.' Ich aber sage euch: Setzt euch nicht zur Wehr gegen den, der euch etwas Böses antut. Im Gegenteil: Wenn dich jemand auf die rechte Backe schlägt, dann halt ihm auch die linke hin. Wenn einer mit dir vor Gericht gehen will, um zu erreichen, dass er dein Hemd bekommt, dann lass ihm auch den Mantel. Und wenn jemand von dir verlangt, eine Meile mit ihm zu gehen, dann geh zwei mit ihm. Gib dem, der dich bittet, und weise den nicht ab, der etwas von dir ausleihen möchte." (Matthäus 5,38-42)*

Fast alle Exegeten und Kommentatoren weisen darauf hin, dass Jesus die lex talionis („Auge um Auge"), wie sie ursprünglich in 2. Mose 21,24; 3. Mose 24,19-20 und 5. Mose 19,21 gegeben war, nicht umkehrt. „Wie der alttestamentliche Kontext zeigt, wurde [die Regel] gegeben, um dem Rechtssystem der Nation eine handhabbare Formel für die Bestrafung an die Hand zu geben, nicht zuletzt, um die Blutrache endgültig zu beenden."[12] Mit anderen Worten, die lex talionis war eine Faustregel für Richter, um über Rechtsfälle und die Grenzen der Wiedergutmachung zu entscheiden; sie wurde nicht als Rechtfertigung für Rache in persönlichen Beziehungen gegeben; dies wird in 3. Mose 19,17-18 ausdrücklich verboten. Offensichtlich war diese Faustregel zur Zeit Jesu jedoch genau das geworden – die Weise, wie Menschen auf verletzendes Verhalten jeder Art reagierten.

Jesus präsentiert jedoch einen Grundsatz, der aufrüttelt: „Setzt euch nicht zur Wehr gegen den, der euch etwas Böses antut" (Matthäus 5,39). Will Jesus damit sagen, dass wir jeden, der Böses gegen uns im Schilde führt, einfach tun lassen sollen, was er uns antun will? Noch bevor wir uns seine Beispiele in den folgenden Versen ansehen, wissen wir, dass wir diesen Satz nicht so lesen können. Jesus sagt nicht, dass wir dem Bösen nicht entgegentreten sollen – und das gilt auch für den Rest des Neuen Testaments. Gott wendet sich gegen den Menschen, der Böses tut (1. Petrus 3,12). Wir sollen dem Teufel widerstehen (Jakobus 4,7; 1. Johannes 2,13-14). Wir sollen einen bösen Menschen aus unserer Mitte ausschließen, statt ihn zu tolerieren (1. Korinther 5,13; Offenbarung 2,2). Wir sollen mit dem Bösen ringen (Epheser 6,12). All das bedeutet, dass Jesus nicht sagt, dass wir dem Bösen einfach seinen Lauf lassen sollen.

Dem Bösen nicht einfach seinen Lauf lassen

Aber *was* sagt Jesus dann? John Stott erläutert:

> *Der erste Verstehensschlüssel findet sich in der Erkenntnis, dass die Worte „tō ponērō" („dem Bösen") hier im Maskulin stehen, nicht im Neutrum. Nicht dem Bösen an sich – sei es abstrakt oder in der Person des Teufels – sollten wir nicht widerstehen, sondern einer üblen Person […]. Jesus leugnet [nicht] ihre Bosheit […]. Aber er erlaubt uns nicht, zu vergelten.*[13]

Jesus sagt nicht, dass wir das Böse einfach gewähren lassen sollen. Aber wir sollen das Böse mit Gutem überwinden (Römer 12,18ff.), ohne den Täter einfach zu vernichten. Die vier Beispiele, die Jesus gibt, stützen diese Ansicht.

Das erste ist ein Schlag auf die rechte Wange. Da die meisten Menschen Rechtshänder sind, handelt es sich dabei um einen Schlag mit dem Handrücken, die alte nahöstliche Art, eine Beleidigung auszudrücken. Wir sprechen hier von etwas, was nicht darauf abzielt, jemanden körperlich zu verletzen, sondern ihn zu demütigen. Christen sollen nicht auf dieselbe Weise reagieren.

Das zweite Beispiel: Wenn jemand ein Darlehen aufnimmt, könnte ein Kleidungsstück („dein Hemd") als Pfand hinterlegt werden. Jesus sagt hier: Wenn ihr [auf Rückzahlung] verklagt werdet, solltet ihr nicht verbittert reagieren und alles tun, um den Anspruch des Gläubigers abzuweisen; vielmehr solltet ihr alles tun, um mit ihm ins Reine zu kommen, sogar freiwillig ein weiteres Kleidungsstück anbieten.[14] Der dritte und vierte Fall sind noch deutlicher. „Und wenn jemand von dir verlangt, eine Meile mit ihm zu gehen, dann geh zwei mit ihm. Gib dem, der dich bittet, und weise den nicht ab, der etwas von dir ausleihen möchte" (Matthäus 5,41-42). Das Wort *„verlangen"* ist besser mit „zwangsverpflichten" (griechisch *angareuo*) zu übersetzen. Laut Gesetz konnten römische Legionäre Zivilisten ohne deren Zustimmung zwangsverpflichten, militärische Ausrüstung über eine Entfernung von bis zu einer römischen Meile zu tragen. Auch wenn dies ärgerlich ist, so war es doch völlig legal, und Jesus rät seinen Jüngern, keine widerwillige oder gehässige Haltung gegenüber den Soldaten an den Tag zu legen, die das verlangen. Das letzte Beispiel redet davon, dass jemand ein Darlehen benötigt, und schon das mosaische Gesetz gebot den Israeliten, den Bedürftigen großzügig zu leihen und zu geben (2. Mose 22,25; 3. Mose 25,37; 5. Mose 15,7-11; 23,19; Psalm 37,26; 112,5).

Jesus lehrt also nicht, dass wir das Böse einfach ungestört gewähren lassen sollen. In Matthäus 18,15-18 weist Jesus uns an, diejenigen zu konfrontieren, die uns Unrecht angetan haben. Paulus stellt sich öffentlich gegen Petrus und widersteht ihm deshalb, als dieser sich in einem schweren Irrtum befindet (Galater 2,11ff.). Die Bibel ist voll von Ermahnungen zur Korrektur und Zurechtweisung (z. B. Galater 6,1). Das Neue

Testament erklärt, dass Regierungen von Gott eingesetzt wurden, um das Böse zu bestrafen (Römer 13,1-8; 1. Petrus 2,14).

Christen sollen also zwar das Böse bekämpfen, aber sie sollen nicht die Täter ins Visier nehmen, um sie oder ihren Ruf zu verletzen, nur um es ihnen heimzuzahlen. In jedem der Fallbeispiele, die Jesus schildert, fordert er dazu auf, auf Unrecht nicht mit Wut, verletztem Stolz und Rachsucht zu reagieren.[15]

Ein christlicher Schriftsteller schreibt zu diesen Versen: „Es handelt sich um eine tiefe, geistliche Lehre […]. Ich muss die richtige Einstellung mir selbst und meinem Hang zur Selbstverteidigung gegenüber haben, der sich sofort regt, wenn mir Unrecht zugefügt wird. Ich muss mich mit meinem Wunsch nach Rache und Vergeltung auseinandersetzen, der doch so charakteristisch ist für den natürlichen Menschen."[16]

Das Böse vernichten, nicht die Täter

Die Revolution

Der letzte Absatz von Jesus ist sogar noch revolutionärer:

> *„Ihr wisst, dass es heißt: ‚Du sollst deine Mitmenschen lieben, und du sollst deine Feinde hassen.' Ich aber sage euch: Liebt eure Feinde, und betet für die, die euch verfolgen. Damit erweist ihr euch als Söhne eures Vaters im Himmel. Denn er lässt seine Sonne über Bösen und Guten aufgehen und lässt es regnen für Gerechte und Ungerechte. Wenn ihr nur die liebt, die euch Liebe erweisen, was für einen Lohn habt ihr dafür zu erwarten? Tun das nicht sogar Leute wie die Zolleinnehmer? Und wenn ihr nur zu euren Brüdern freundlich seid, was tut ihr damit Besonderes? Tun das nicht sogar die Heiden, die Gott nicht kennen? Ihr aber*

sollt vollkommen sein, wie euer Vater im Himmel vollkommen ist." (Matthäus 5,43-48)

Wie bereits erwähnt, war 3. Mose 19,17-18 in der antiken Welt einzigartig. Und doch blieb dieser Grundsatz in mehrfacher Hinsicht hinter dem Gebot zurück, seine Feinde zu lieben. Erstens wurde der Begriff „Feind" nicht ausdrücklich verwendet. Außerdem macht 3. Mose 19,17 deutlich, dass sich die Anweisung, keine Rache zu üben, auf „einen israelitischen Mitbürger" bezog, was so verstanden wurde, dass das Verbot der Rache nur innerhalb der Bundesgemeinschaft Israels galt.

Jesus beginnt, indem er zeigt, dass 3. Mose 19,17-18 so ausgelegt wurde. „Ihr wisst, dass es heißt: ‚Du sollst deine Mitmenschen lieben, und du sollst deine Feinde hassen'" (ein Zitat aus 3. Mose 19,18). Das Wort *Mitmensch* oder *Nächster* wurde natürlich so verstanden, dass damit nur das eigene Volk gemeint war – die eigene Nation und Religion. Fremde waren nicht eingeschlossen – sie wurden nicht als Nächste betrachtet. Die Anweisung, seinen Nächsten zu lieben, galt in diesem Denkrahmen nur in Bezug auf Menschen derselben ethnischen Zugehörigkeit und Religion.

Aber jetzt sagt Jesus, das Gebot, „den Nächsten zu lieben", sei so *nicht* zu verstehen. An anderer Stelle, im Gleichnis vom barmherzigen Samariter (Lukas 10,25-37), lehrt er, dass jeder der Nächste ist. Der „gute Nächste" im Gleichnis leistet einem Mann aus einer anderen Region und einer anderen Nationalität kostspielige und riskante Hilfe. Hier, in der Bergpredigt, hebt Jesus diesen Punkt ausdrücklich hervor.

Er macht deutlich, dass Christen allen Menschen, auch denen, die einer anderen Religion oder Ethnie angehören, mit Liebe und nicht mit Hass begegnen sollen. Er sagt seinen Jüngern ausdrücklich, dass sie nicht nur die „Brüder", also ihre eigenen Leute, grüßen sollen. Da die traditionelle Begrüßung oft eine Umarmung und das Wort *Shalom* war, ein Wort, das Wohlstand und Frieden bedeutet, sagt Jesus, dass wir unser Engagement für das Wohl der anderen nicht auf unsere eigene Familie und unser eigenes Volk beschränken dürfen, auch nicht auf die Gemeinschaft der Christen. Wir sollen unsere Arme und Herzen für die „anderen“ öffnen – für diejenigen, die religiös, ethnisch, moralisch und politisch anders sind als wir. Und wir sollen den *Shalom* für sie wünschen. Jesus „führt also ein Konzept der unterschiedslosen Liebe ein“.[17]

Ein Konzept der unterschiedslosen Liebe

„Die Menschen zu lieben, die dich nicht lieben, wird nicht als ein Stück pragmatischer Weisheit angeboten, sondern als ein Spiegelbild des Wesens Gottes selbst (V. 45), der durch Regen und Sonne allen Menschen eine fruchtbare Erde schenkt, ungeachtet ihrer Motive oder ihres Charakters.“[18] In den letzten Versen sagt Jesus, dass dieses Prinzip seine Jünger von allen anderen unterscheiden wird. Das normale menschliche Leben ist eigennützig, und gute Taten sind auf Gegenseitigkeit ausgelegt; man „liebt die, die einen lieben“. Anerkennung geben wir den Menschen, die wir bewundern und deren Bestätigung wir uns wünschen. Unsere Liebesbeziehungen sind oft den wirtschaftlichen Beziehungen nachempfunden. Wir investieren dort, wo wir wissen, dass wir einen Gewinn erzielen werden. Wir geben Liebe, wenn wir wissen, dass wir dafür Liebe bekommen, die uns aufbaut. Wir werden andere nicht lieben, die uns nicht auch lieben oder uns nicht die Bestätigung geben, die wir uns wünschen.

Hinter den rhetorischen Fragen von Vers 45-47 stehen zwei Annahmen. Zum einen die, dass Christen ein Leben der Liebe führen *sollten*, das sichtbar „anders, besonders, außergewöhnlich“ ist und sich vom Rest der Gesellschaft unterscheidet.[19] Zum anderen die, dass sie dies tun *können:* „Wir lieben, weil er uns zuerst geliebt hat" (1. Johannes 4,19). Dies ist das „Besondere", von dem Jesus in Vers 47 spricht. Es ist eine ganz neue Art und Weise zu leben, die nicht auf Ehre, Stolz und Stärke gründet, sondern auf Respekt, Gnade, Demut und Vergebung.

Der einfache Satz „Liebe deine Feinde" löste eine Revolution aus und veränderte den Lauf des menschlichen Lebens. Er wurde auf unzählige Arten heftig debattiert. Bedeutet das, dass wir keine Polizeikräfte haben dürfen? Nein. Bedeutet es Pazifismus? Sicherlich bedeutet es, dass Kriege nur in ganz bestimmten Situationen geführt werden dürfen. Aber die Hauptfrage ist, wie sich dies in den persönlichen Beziehungen auswirken soll.

Tom Skinner war ein afroamerikanischer Evangelist, der auf den Straßen von New York geboren und aufgewachsen war.[20] Er bekehrte sich und schrieb in seinen Memoiren *Black and Free*: „Zweiter Korintherbrief 5,17 ist wahr. Wenn ein Mensch ‚in Christus' ist, ist er eine neue Kreatur. Wenn ich nicht von Jesus Christus erreicht worden wäre, wäre ich jetzt entweder tot, im Gefängnis oder irgendwo in den höheren Rängen der Mafia […]. Jesus Christus ist in mir lebendig. Durch ihn hat mein Leben einen neuen Sinn und Zweck. Es wurde mir bald klar, was für ein gewaltiges Werk der Geist Gottes in meinem Leben getan hatte, in dem er mich veränderte. Er nahm die Bigotterie, den Hass und die Gewalt aus meinem Leben."[21] Er berichtet von einem Vorfall, der sich einige Wochen nach seiner Bekehrung ereignete:

> *Einige Wochen später wurde meine neu entdeckte christliche Liebe erneut auf die Probe gestellt – bei einem Footballspiel. Ich spielte als linker Guard in der Mannschaft. Es*

war meine Aufgabe, bei Endruns oder Off-tackle-runs zu stören, wenn der Halfback den Ball nahm. Als der Quarterback einen Endrun anzeigte, blockte ich den Defensive End der gegnerischen Mannschaft und kickte ihn damit aus dem Spiel. Der Halfback lief durch und punktete.
Wir standen vom Boden auf, um zum Huddle zurückzukehren […]. Der Junge, den ich gerade geblockt hatte, stand auf und war wütend. Er sprang mir in den Weg und schlug mir in den Magen. Als ich mich durch den Schlag krümmte, schlug er mir auf den Rücken. Ich ging zu Boden, und er trat auf mich ein und schrie: „Du dreckiger Schwarzer! Dir werde ich eine Lektion erteilen!"*
Unter normalen Umständen wäre der alte Tom Skinner aufgesprungen und hätte diesen weißen Jungen fertiggemacht. Aber stattdessen erhob ich mich vom Boden und sagte zu ihm: „Weißt du, wegen Jesus Christus liebe ich dich trotzdem."
Der Junge warf seinen Helm zu Boden, rannte vom Spielfeld und konnte für den Rest des Spiels nicht mehr spielen. Als das Spiel vorbei war, kam er zu mir in die Kabine und sagte: „Tom, du hast es besser hinbekommen, meine Vorurteile zu zerstören, indem du mir gesagt hast, dass du mich liebst, als du es getan hättest, wenn du mir die Zähne eingeschlagen hättest."[22]

Skinner hatte das Gebot Jesu, die Feinde zu lieben, zutiefst verinnerlicht. Aber es ist wichtig festzuhalten, dass er ein Sozialkritiker und ein entschiedener Verfechter der ethnischen Gerechtigkeit innerhalb und außerhalb der Kirche wurde. In seinen Augen gab es keinen Konflikt zwischen liebevoller Vergebung und dem Bemühen um Gerechtigkeit. Er hatte recht.

Vergebung praktizieren

KAPITEL 8

Die Notwendigkeit der Vergebung für uns

Ich bin so schuldig
Ich bin so weit abgedriftet, und du bist der Einzige, der mich retten kann

Adele, „My Little Love" (Lied an ihren Sohn über die Scheidung seiner Eltern) aus dem Album 30

Die erste unersetzliche Dimension der christlichen Vergebung ist das, was wir die „Vertikale" genannt haben – die Erkenntnis, dass wir Vergebung von Gott brauchen und sie empfangen. Christen glauben, dass die Erfahrung der Vergebung Gottes eine einmalig starke Motivation ist, auch anderen zu vergeben – und zugleich ein aufschlussreiches Beispiel. Da diese Dimension grundlegend ist, um dann auch anderen Vergebung gewähren zu können, werden wir ihr zwei ganze Kapitel widmen.

Der Glaube an Jesus Christus und an sein Evangelium gibt uns die Möglichkeit, unser tiefes, unauslöschliches Bedürfnis nach der Befreiung von Schuld und Scham durch Gott zu verstehen. Er gibt uns auch die Mittel an die Hand, die nur den Glaubenden zur Verfügung stehen, Mittel, die wir brauchen, um Vergebung von Gott zu empfangen und sie anderen zu gewähren.

Schuld und Scham verstehen

Wilfred McClay hat einen Aufsatz über „The Strange Persistence of Guilt“[1] („Das seltsame Fortbestehen der Schuld“) geschrieben. Wenn Christen anfangen, über die Bedeutung von Gottes Vergebung zu sprechen, werden manche sagen, das Thema gehöre doch der Vergangenheit an. Ja, sagen sie, im späten neunzehnten und frühen zwanzigsten Jahrhundert trauerten die Menschen noch über den Niedergang des Glaubens und kämpften mit Schuld, aber das war nur ein Überbleibsel. Friedrich Nietzsche vertrat in seiner Schrift *Zur Genealogie der Moral* (1887) die Ansicht, dass sich mit der Ablehnung von Religion und Gott durch immer mehr Menschen auch die älteren moralischen Reflexe, die diese Überzeugungen hervorgebracht hatten – insbesondere die Erfahrung von Schuld und Scham –, nach und nach auflösen würden.

Und dann ist da noch die Arbeit von Sigmund Freud. Auch wenn ein Großteil seines psychoanalytischen Konzepts heute als nicht ausreichend wissenschaftlich fundiert abgelehnt wird, ist seine Grundidee der Therapie zum kulturellen Allgemeingut geworden und heute wirksamer denn je. Freud und seine Schüler sind davon überzeugt, dass der Mensch von Schuld und Scham erdrückt wird, die durch „Verbote“ auferlegt werden – vernichtende Urteile, die den Menschen durch ihre Familie, ihre Sippe, ihre Religion und andere repressive, das Leben einengende kulturelle Institutionen auferlegt werden. Freud versuchte, Schuld zu „entmoralisieren“, indem er sie als rein subjektiv betrachtete, als nicht auf objektiven moralischen Realitäten beruhend. Freiheit entsteht, indem wir „analytisch“ vorgehen – indem wir die Macht dieser sozialen Verbote entschärfen und dekonstruieren und dadurch schwächen. Wir müssen erkennen, dass unsere inneren Schuldgefühle uns in

Wirklichkeit nur von Menschen übergestülpt worden sind, die Macht über und Einfluss auf uns behalten wollen.

Ein dritter Denker, dessen Werk die Vorstellung von innerer Schuld und Scham untergrub, war Karl Marx. Obwohl sich Marx' Werk nicht wie das von Nietzsche und Freud direkt oder weitgehend mit Schuld befasste, gab er den beiden anderen Denkern das Rüstzeug an die Hand, um alle moralischen Ansprüche zu entkräften, indem er sie als „eigentlich nur" Mittel zur Schaffung des eigenen sozialen Standorts verstand. Moralische Ansprüche sind nach Marx' Ansicht allesamt Wege dazu, dass die Machthaber ihre Macht behalten und das Klassensystem, von dem sie profitieren, aufrechterhalten wird.

Da diese prominenten Philosophen und Denker so dominant geworden waren und die Säkularisierung der westlichen Gesellschaft immer schneller voranschritt, sollte, so Nietzsches Voraussage, die Erfahrung von Schuld und Scham in der gesamten Gesellschaft abnehmen und, wenn überhaupt, nur noch in Splittergrüppchen von sehr religiösen Menschen Bestand haben.

Scham und Schuld: trotz allem Relativismus noch nicht ausgestorben

Es ist offensichtlich, dass dies nicht geschehen ist. In den letzten zwei Jahrzehnten haben Millionen von Menschen Bücher über die Heilung von Scham und Schuld gelesen, Bücher von Autoren wie John Bradshaw, Brené Brown und anderen. Und andere Begriffe – geringes Selbstwertgefühl, Gefühle der Unzulänglichkeit, schlechtes Körperbild, Selbstverachtung, Selbstverletzung – entsprechen direkt dem, was traditionell als Schuld und Scham bezeichnet wird.[2] Warum ist es nicht zu Nietzsches schuldfreier Gesellschaft gekommen?

McClay zeigt, dass es der säkularen Gesellschaft nicht gelungen ist, Schuld und Scham abzulegen, obwohl sie den Begriff der moralischen Wahrheit relativiert hat. Säkulare Menschen befinden sich in der seltsamen Lage, sich als Sünder zu fühlen, ohne einen Namen dafür zu haben. Es besteht ein „verbreitetes Bedürfnis, durch moralische Absolution Unschuld zu finden und sich irgendwie von seiner moralischen Last zu befreien, [doch] Tatsache [ist], dass die konventionellen Mittel, um diese Absolution zu finden – oder auch nur, um die Reichweite der eigenen Verantwortung für die eigenen Sünden in irgendwie vertretbaren Grenzen zu halten –, nicht mehr allgemein verfügbar sind."[3]

McClay legt überzeugend dar, dass unsere neue auf den Kopf gestellte Scham- und Ehrenkultur, in der die Opfer und Ausgegrenzten die größere Ehre genießen, eine Reaktion auf das Bedürfnis der Sünder ist, ihre Schuld abzutragen, ohne sich einzugestehen, dass sie Sünder sind. „Den Status eines beglaubigten Opfers in Anspruch zu nehmen oder die Identifikation mit Opfern [...] bietet sich als Ersatzmittel an, mit dem die moralische Last der Sünde abgewälzt und die eigene Unschuld bekräftigt werden kann."[4] McClay hat Verständnis für diese Situation und das sollten wir auch. Diese neue Lösung für das Problem der Schuld abseits von Gott und der Beichte nennt er die neue „moralische Ökonomie" – und „was wir hier sehen, ist nicht einfach Heuchelei. Es ist vielmehr eine Geschichte von Menschen, die mit Furcht und Zittern an ihrer eigenen Erlösung arbeiten."[5]

Schuld, die sich nicht lokalisieren lässt

Franz Kafka hat all das schon vor langer Zeit kommen sehen. Die Hauptfigur seines Romans „Der Prozess", Josef K., führt ein normales Leben, bis er an seinem dreißigsten Geburtstag verhaftet wird. Er wird angeklagt, unter Hausarrest gestellt und verhört, aber er erfährt nie, was ihm vorgeworfen wird. Zunächst glaubt er, dass es sich um einen Irrtum handelt und er die Sache leicht aufklären kann. Doch mit der Zeit beginnt er, sein Leben zu betrachten, und ihm wird klar, dass es schlimme Dinge gab, die er getan hat, die vielleicht der Grund für all das sind, was ihm geschieht. Er beginnt, an sich selbst zu zweifeln. Aber er kann letztlich den Grund der Sache nicht erfassen. Hat er es verdient, verhaftet zu werden, oder nicht? Ist er schuldig oder nicht?

Am Ende findet er es nie heraus. Sein Gefängniswärter bringt ihn nach draußen und ersticht ihn. Und damit endet die Geschichte. Viele Schüler, die *Der Prozess* lesen müssen, empfinden das Buch als äußerst frustrierend. Es scheint eine dunkle, schwer nachvollziehbare Geschichte zu sein, die am Ende keine Auflösung hat. Man weiß nicht, worauf alles hinauslaufen soll. Aber wie John Updike schrieb, „verkörpert Kafka […] das moderne Lebensgefühl: ein Empfinden von Angst und Scham, dessen Zentrum nicht lokalisiert und daher nicht beschwichtigt werden kann“.[6]

Die moderne Kultur hat alles getan, um zu sagen: „Wir glauben nicht an Gott. Wir glauben nicht an den Himmel. Wir glauben nicht an die Hölle. Wir glauben nicht an moralische Kategorien.“ Kafka sagt, das habe nicht geholfen. Wenn überhaupt, hat es die Situation verschlimmert – weil unsere Schuld jetzt nicht mehr getilgt werden kann. Wir können sagen: „Ich glaube nicht an Sünde, ich glaube nicht an Schuld“, und doch gibt es eine Stimme in uns, die uns Feiglinge und Idioten nennt, die uns beschämt, die uns sagt, dass wir dem, was verlangt wird, nicht gerecht werden. Irgendetwas ist da los. Was ist es? Die säkulare Kultur hat darauf keine eindeutige Antwort.

Der Zustand der Nacktheit

Die Bibel bietet eine viel bessere Erklärung dafür, warum wir so empfinden, wie wir es tun:

> *Da wurden den beiden die Augen geöffnet, und sie erkannten, dass sie nackt waren. Deshalb flochten sie Feigenblätter zusammen und machten sich Lendenschurze daraus. Am Abend, als es kühler wurde, hörten sie, wie Gott, der HERR, durch den Garten ging. Da versteckten sich die beiden vor ihm zwischen den Bäumen im Garten. Gott, der HERR, rief nach dem Menschen: „Adam, wo bist du?" „Ich habe dich im Garten gehört", antwortete Adam. „Aber weil ich nackt bin, habe ich Angst bekommen und mich versteckt." (1. Mose 3,7-10)*

Es ist die berühmte Erzählung davon, dass Adam und Eva sündigen. Und sofort empfinden sie Scham und Schuld, anschaulich dargestellt als ein Gefühl der Nacktheit. Sie fühlen sich entblößt und verletzlich und müssen sofort die Wahrheit dessen, was sie geworden sind, vor Gott und vor den anderen verbergen und verstecken. Sie spüren in der Tiefe ihres Wesens, dass etwas mit ihnen nicht stimmt, etwas, was sie nicht zurechtbiegen können. Jetzt versuchen sie verzweifelt zu vertuschen, zu kontrollieren, was andere von ihnen sehen, und die Wahrheit darüber, wer sie sind, sogar vor sich selbst zu verbergen.

In Jean-Paul Sartres Buch *Das Sein und das Nichts* findet sich ein Kapitel mit dem Titel „Der Blick", in dem er – bewusst oder unbewusst – die biblische Metapher der Nacktheit und Entblößung aufgreift, um das unauslöschliche Gefühl von Scham und Schuld zu vermitteln, mit dem wir leben. Er stellt sich eine Situation vor, in der er sich in einem Raum befindet und durch ein Schlüsselloch auf andere blickt. Er sieht sie und alles, was sie tun, aber sie wissen nicht einmal, dass er sie sieht. Das gefällt ihm! Es gibt ihm ein Gefühl der Macht – sie können nichts verbergen und nicht kontrollieren, was er von ihnen sieht, aber er ist verdeckt und sicher.

Dann hört er plötzlich ein Geräusch im Flur durch eine andere Tür, und plötzlich bemerkt er, dass jemand *ihn* durch das Schlüsselloch beobachtet. Er ist schockiert und empört, und er kann es nicht ertragen. Und warum? Weil sein unentdecktes Beobachten ebenfalls von einem ungesehenen Betrachter beobachtet wird. Es hatte ihm gefallen, der ungesehene Beobachter zu *sein*, aber er kann es nicht ertragen, das *Objekt* eines ungesehenen Beobachters zu sein. Es ist, als wäre man splitternackt in einem Raum voller bekleideter Menschen.

Wir können uns im „Rohzustand" nicht ertragen.

Sartre will damit sagen, dass der Mensch eine geistige Hülle braucht. Wir können es nicht ertragen, dass die Menschen einen ungefilterten, unkontrollierten Blick darauf werfen, was wir wirklich sind. Wir sind nicht stolz auf uns, so wie wir „im Rohzustand" sind, und so suchen wir verzweifelt nach Möglichkeiten, uns zu verhüllen und ein makelloses Image zu pflegen. Aber Instagram reicht dafür nicht!

Die Unzulänglichkeit von Feigenblättern

Wir können es nicht ertragen, die Kontrolle über das zu verlieren, was die Leute über uns wissen. Wir müssen es filtern, drehen, erklären. Es ist unerträglich, wenn die Menschen das ungeschminkte, unbearbeitete Selbst sehen, das Selbst ohne Make-up. Sartre entwickelt in diesem Kapitel und später im Buch ein geniales Argument gegen den Glauben an Gott. Es gibt nichts, was mehr entmenschlicht, als das Objekt eines ungesehenen Beobachters zu sein, und wenn es einen Gott gäbe, wäre er genau das. Selbst wenn es ihn gäbe, müsste ich mich also Gott widersetzen und ihm trotzen, um ein vollwertiges menschliches Wesen zu sein.

Aber Sartre fragt nicht, *warum* der Mensch es nicht ertragen kann, von einem ungesehenen Beobachter gesehen zu werden. Wenn wir nichts zu verbergen hätten, gäbe es keine Angst – aber wir haben *viel* zu verbergen. Nacktheit ist ein tiefes Gefühl, dass mit mir etwas nicht stimmt, dass etwas *an* mir unvollkommen ist. Es gibt etwas Mangelhaftes an mir – ich bin nicht so, wie ich sein sollte. Das ist der Grund, warum wir es nicht ertragen können, dass jemand anders uns so sieht, wie wir wirklich sind. Stellen Sie sich vor, jeder Gedanke, den Sie in den letzten achtundvierzig Stunden gedacht haben, könnte aufgezeichnet und im Internet veröffentlicht werden. Was wäre, wenn die Leute sehen würden, wie albern so viele Ihrer Gedanken waren, wie belanglos, wie ängstlich, wie besessen? Sie könnten es nicht ertragen. Wir verbringen unser ganzes Leben damit, Wege zu finden, dieses tiefe, radikale Gefühl der Unzulänglichkeit zu verbergen.

Warum arbeiten so viele Menschen bis zum Umfallen, um erfolgreich zu sein? Warum gibt es Menschen, die keine Grenzen kennen – die nicht in der Lage sind, zu irgendjemandem Nein zu sagen? Warum bleiben andere distanziert und lassen nicht zu, dass sich echte Freundschaften oder feste romantische Beziehungen entwickeln? Warum sind manche Menschen *Retter*, die ständig versuchen, Menschen in Krisen zu retten?

Warum leben manche in einem ständigen Opfermodus und verbringen ihre ganze Zeit damit, anderen die Schuld dafür zu geben, dass sie verletzt wurden? Warum verhalten sich andere missbräuchlich und leben nach dem Prinzip: „Tu anderen etwas an, bevor sie die Chance haben, dir etwas anzutun"?

Warum vertreten manche so energisch einen moralischen Relativismus? Sie sagen: „Niemand kann mir ein schlechtes Gewissen machen – ich definiere meine moralischen Werte selbst!“ Warum werden andere extrem religiös und moralisch, um dann jeden zu verurteilen, der die falschen Überzeugungen hat?

Warum suchen so viele Menschen unverbindliche sexuelle Begegnungen auf Tinder oder Grindr, obwohl eine innere Stimme ihnen sagt, dass das nicht klug oder richtig ist?

Warum haben so viele Freude daran, Verleumdungen und Klatsch über andere zu verbreiten? Warum wollen wir glauben, dass alle Menschen in Führungspositionen in Wirklichkeit bestechlich sind, dass alle Institutionen korrupt sind?

Feigenblätter funktionieren nicht.

Warum all diese Dinge? Es sind Feigenblätter. Ihr Perfektionismus ist ein Feigenblatt. Ihre Arbeit ist ein Feigenblatt. Ihr Festhalten an Ihrer Jugend ist ein Feigenblatt. Ihr verzweifeltes Bedürfnis nach Anerkennung ist ein Feigenblatt. Wir sind wie Lady Macbeth, die herumläuft und sagt: „Fort, verdammter Fleck! Alle Wohlgerüche Arabiens würden diese kleine Hand nicht wohlriechend machen.“ Wir wissen, dass etwas faul ist, und wir suchen nach Parfüm. Dies sind verzweifelte Versuche, mit dem Gefühl der Unannehmbarkeit – dem Gefühl, keiner Liebe wert zu sein – fertigzuwerden, das wir alle haben.

Aber Feigenblätter funktionieren nicht. Stellen Sie sich einen Moment lang vor, Sie würden versuchen, etwas aus Feigenblättern Gefertigtes als Kleidung zu verwenden. Ein solches Kleidungsstück würde ständig auseinanderfallen. Und das tut es auch.

Ich war in meinem Berufsleben Pastor in zwei verschiedenen Gemeinden – neun Jahre in einer kleinen Arbeitergemeinde im Süden und achtundzwanzig Jahre im Zentrum von Manhattan. Und in beiden Gemeinden gab es einige parallele Fälle in der Seelsorge, die mir halfen, dieses grundlegende psychologisch-spirituelle Problem der Feigenblätter zu verstehen.

In der ersten Gemeinde betraf es zwei Frauen in nahezu identischen Situationen. Beide hatten einen Sohn – ein Einzelkind – im Teenageralter, der sich in der Schule schwertat und mit dem Gesetz in Konflikt geriet. Beide warfen ihren Männern – nicht zu Unrecht – vor, sich zu wenig um die Erziehung ihrer Söhne zu kümmern. Ich gab beiden Frauen den gleichen Rat, nämlich, ihren Männern zu verzeihen. Eine der Frauen war in der Lage, ihrem Mann zu vergeben und mit ihm auf eine gewinnende Weise zu reden, sodass sich sein Leben und das ihres Sohnes veränderten. Die andere Frau konnte nicht vergeben, sie konnte nur auf harte, entfremdende Weise kommunizieren, und ihre Familie zerbrach. Der Unterschied? Die zweite Frau hatte ihr Muttersein zu ihrer wichtigsten geistigen Hülle gemacht. Wenn ihr Sohn auf die schiefe Bahn geriet, galten ihr Kummer und ihre Sorgen nicht nur ihm. Es ging um sie selbst. Es bedeutete, dass ihre geistliche Strategie gescheitert war, ihr Gefühl der Unzulänglichkeit und Unannehmbarkeit mit dem Image der erfolgreichen Mutter zu überdecken. Sie bekannte sich zwar zum christlichen Glauben, aber sie hatte nicht gelernt, sich auf Jesus und sein Werk zu verlassen, um dieses tiefe Gefühl der Scham und Sündhaftigkeit zu überwinden.

In meiner zweiten Gemeinde hatte ich zwei junge Männer, die nach New York City gezogen waren, um eine Schauspielkarriere anzustreben. Beiden gelang es nicht, in diesem Bereich Fuß zu fassen und gute Rollen zu bekommen. Der eine nahm die Enttäuschung unter Tränen einfach hin, fand aber einen anderen Weg für sich. Der zweite konnte sein Scheitern nicht akzeptieren. Eine erfolgreiche Schauspielkarriere war seine Strategie für eine geistige Hülle gewesen, und nun fiel sein Feigenblattkleid auseinander. Trotz guter Ratschläge von vielen Seiten verfiel er in Depressionen und Süchte.

Wenn wir nicht bereit sind, auf die biblische Lehre darüber zu hören, woher dieses Gefühl der „Nacktheit“ kommt – und wenn wir die Feigenblätter in unserem eigenen Leben nicht erkennen –, geraten wir in eine Falle.[7] Vielleicht verbringen wir unsere ganze Zeit im Internet mit dem Versuch, die Sünden anderer zu verbreiten, was uns ein wenig die Illusion von Macht und Kontrolle sowie eine biologische Dopaminreaktion beschert, die uns vorübergehend ein gutes Gefühl gibt. Oder wir versuchen auf andere Weise mit verzweifelter Anstrengung, uns zu verbergen oder, wie manche sagen, uns „eine Gerechtigkeit zusammenzuflicken“ (vgl. 1. Mose 3,7 und Philipper 3,9-10), Wege zu finden, um niemanden wissen zu lassen, wie schwach wir wirklich sind, uns selbst eingeschlossen.

Drei Ressourcen

Der christliche Glaube gibt uns drei geistliche Ressourcen an die Hand, die sowohl für den Empfang von Gottes Vergebung als auch für die Weitergabe der Vergebung an andere von entscheidender Bedeutung sind. Die ersten beiden finden sich im berühmten Epilog der Geschichte von Josef und seinem bunten Mantel:

> *Nach dem Tod ihres Vaters bekamen es Josefs Brüder mit der Angst zu tun. Sie sagten zueinander: „Was machen wir, wenn Josef immer noch einen Groll auf uns hegt und uns alles heimzahlen will, was wir ihm angetan haben?“ Sie ließen Josef ausrichten: „Dein Vater hat uns vor seinem Tod*

aufgetragen: ‚Bittet Josef, dass er euch das große Unrecht vergibt, das ihr ihm zugefügt habt!' Darum bitten wir dich nun: Vergib uns, was wir dir angetan haben. Wir dienen doch demselben Gott wie du und unser Vater!" Als Josef das hörte, musste er weinen. Später kamen seine Brüder selbst zu ihm, fielen vor ihm nieder und berührten mit ihrer Stirn den Boden. „Wir sind deine Diener", sagten sie, „du kannst mit uns machen, was du willst." Doch er beruhigte sie: „Habt keine Angst! Ich maße mir nicht an, Gottes Stelle einzunehmen. Ihr hattet Böses mit mir vor, aber Gott hat alles zum Guten gewendet. Er hat auf diese Weise vielen Menschen das Leben erhalten. Das kann man bis heute sehen. Ihr braucht also nichts zu befürchten. Ich werde für euch und eure Familien sorgen." Mit diesen Worten tröstete und ermutigte Josef seine Brüder. (1. Mose 50,15-21)

Josefs Worte und sein Verhalten bilden hier den Höhepunkt einer langen und wichtigen Geschichte. Sie beginnt mit Jakob, der das Leben seiner Familie durch dieselbe Bevorzugung vergiftete, die er von seinem Vater Isaak so schmerzlich erfahren hatte. Jakob zog die Kinder seiner Frau Rahel – Josef und Benjamin – offensichtlich seinen anderen zehn Söhnen vor. Das machte nicht nur aus Josef einen verwöhnten, selbstverliebten jungen Mann, sondern erbitterte auch die anderen Söhne bis dahin, dass es sie dazu trieb, grausam zu handeln. Sie verkauften Josef in die Sklaverei und belogen ihren Vater, indem sie es so aussehen ließen, als sei er von einem wilden Tier getötet worden.

In Ägypten wurde Josef gedemütigt und verändert und begann, auf Gott als seine Stärke zu vertrauen. Er stieg zum Verwalter eines reichen Mannes auf, aber durch die Machenschaften der Frau seines Herrn geriet er ins Gefängnis. Auch dort hoffte er auf Gott, anstatt zu verzweifeln, und schließlich wurde er wieder freigelassen und enthüllte dem Pharao seine göttlich gewährte Einsicht in die Zukunft. Er wurde neben dem König zur führenden Regierungsautorität in Ägypten.

Nach all diesen Ereignissen kommen Josefs Brüder nach Ägypten und stehen vor ihm. Sie wollen Lebensmittel kaufen, um eine schwere Hungersnot zu überstehen. Sie erkennen Josef nicht, weil es zwanzig Jahre her ist, aber er erkennt sie sehr wohl. Er gibt sich ihnen zunächst nicht zu erkennen. Stattdessen beschuldigt er sie, Spione zu sein, um sie zu testen. In einem langen Prozess zeigen die Brüder echte Reue, und Juda bietet sogar an, sich versklaven zu lassen, um seine Familie zu retten. An diesem Punkt schaut Josef alle anderen Anwesenden an und ruft aus: „Lasst uns allein." Alle gehen, außer den Brüdern, und unter Tränen sagt er: „Ich bin Josef!"

Und als die Wahrheit ans Licht kommt, dass dieser mächtige Mann der Junge ist, den sie vor Jahrzehnten verraten haben, sind seine Brüder „entsetzt" und sprachlos (1. Mose 45,3). Im Laufe der Monate und Jahre hatten sie begonnen zu glauben, dass Gott sie für ihre Taten strafen würde, und nun schien es tatsächlich so, als wenn sie endlich ihr gerechtes Urteil empfangen würden. Sie fielen in die Grube, die sie für Josef gegraben hatten. Sie warteten auf das Wort der Verdammung.

Aber es kam nie.

Stattdessen begegneten ihnen überwältigende Milde, Freundlichkeit und Zuneigung. Josef küsst seine Brüder und weint über sie (1. Mose 45,15). In seinem Bibelkommentar kommt Derek Kidner zu dem Schluss: „Wie wohlüberlegt [Josefs] Politik war, zeigt sich daran, dass sich bei seinen Brüdern eine ganz neue Haltung herausbildete, indem der Wechsel von Sonne und Frost sie für Gott öffnete."[8]

Demut und Freude

Der faszinierende Epilog der Josefsgeschichte folgt nach Jakobs Tod. Die Brüder bezweifeln, dass Josef ihnen wirklich vergeben hat – sie glauben, er habe nur um seines Vaters willen auf Rache verzichtet. Als Josef diese Zweifel sieht, weint er. Er weint, weil sie immer noch nicht glauben, wie sehr er sie liebt.

Wenn wir Christen werden, gehen wir oft den gleichen Weg. Am Anfang der Beziehung nehmen wir Gottes Vergebung in Christus an. Aber es dauert nicht lange, bis wir auf eine Weise leben, die zeigt, dass unser Herz immer noch an seiner Liebe zweifelt. Das zeigt sich auf unzählige Arten – z. B. die Art, wie wir versuchen, unseren Selbstwert durch Überarbeitung zu verdienen, wie wir uns ständig innerlich über unsere Misserfolge aufregen, wie wir nicht vergeben, weil uns die Realität der Vergebung Gottes fremd ist.

Es ist, glaube ich, nicht zu weit hergeholt, zu sagen, dass es Jesus betrübt, wenn wir uns so verhalten, so wie Josef betrübt war, als er die Nachricht von seinen Brüdern erhielt. Die klassische Antwort Josefs ist so etwas wie eine Zusammenfassung all dessen, was wir in diesem Kapitel gelernt haben (1. Mose 50,19-21). Josef bekräftigt seine Vergebung, aber er tut dies auf bemerkenswerte Weise, die Gott in den Mittelpunkt stellt. Er gründet seine „horizontale" Vergebung gegenüber seinen Brüdern fest auf die vertikale Vergebung Gottes. Wenn Sie Schwierigkeiten mit der Vergebung haben, dann erfahren Sie hier, wie es geht.

Zuerst sagt Josef: „Ich maße mir doch nicht an, an Gottes Stelle zu richten." *Josef hatte genug Demut, um zu vergeben.* Wenn Sie Schwierigkeiten haben zu vergeben, dann vergessen Sie, dass Sie ein Sünder sind und nicht Gott. Josef sagt: „Ich könnte nur dann zornig auf euch sein, wenn ich mich für würdig hielte, euer Richter zu sein. Aber das bin ich nicht."

Wir müssen hier sorgfältig vorgehen, denn die Bibel zeigt, dass Gott will, dass wir zu ihm rufen, wenn wir verletzt sind. Die Psalmen sind voll von solcher emotionaler Realität und von Schreien nach Gerechtigkeit. Doch wer verbittert bleibt, bringt damit zum Ausdruck: „Ich bin an der Stelle Gottes. Ich habe das Recht zu urteilen."

Zweitens sagt Josef: „Ihr hattet Böses mit mir vor, aber Gott hat alles zum Guten gewendet." *Josef hatte genug Freude, um zu vergeben.* Im Hebräischen heißt es wörtlich: „Ihr hattet Böses im Sinn." Josef vergibt nicht, indem er die Dinge beschönigt und sagt: „Na ja, was ihr getan habt, war nicht so schlimm." Nein, er sagt: „Was ihr getan habt, war böse." Er sagt die Wahrheit: „Ich erkenne, dass ich trotz eurer bösen Tat einen Gott habe, der mich liebt, der mich aufgerichtet hat und der alles zu meinem Besten geführt hat."

Wer urteilt, will die Stelle Gottes einnehmen

Böse Menschen können sehr böse Dinge tun, und auch hier müssen wir darauf achten, dass wir nichts tun, was die berechtigten Klagen und Schmerzbekundungen, die nach den Gebeten der Bibel gesund und angebracht sind, aushebelt. Aber auch hier dürfen wir nicht stecken bleiben. Wenn Sie wie Josef wissen, dass Gott in allen Dingen seinen Plan zum Guten ausführt (Römer 8,28), dann können Sie den Täter ansehen und sagen: „Du kannst mir letztlich nichts anhaben. Du kannst mich nicht aus Gottes Fürsorge und Liebe herausreißen."

Schließlich sagt Josef: „‚Ihr braucht also nichts zu befürchten. Ich werde für euch und eure Familien sorgen.' Mit diesen Worten tröstete und ermutigte Josef seine Brüder." Dies ist der Schritt ins konkrete Tun. *Josef vergilt Böses mit Gutem.* Vergebung wird oft (vielleicht sogar meistens) gewährt, bevor man sie innerlich empfindet. Wenn man jemandem vergibt, sagt man nicht: „Mein ganzer Zorn ist verflogen." Was Sie sagen, wenn Sie vergeben, ist: „Ich werde dich jetzt so behandeln, wie Gott mich behandelt hat. Ich erinnere mich nicht mehr an deine Sünden. Das heißt nicht, dass ich mich nicht mehr an sie erinnern *kann*. Es bedeutet, dass ich nicht mehr auf der Grundlage dieser Sünden handeln werde. Sie sind nicht die bestimmende Realität in meinem Leben." Was ist die bestimmende Realität? Die Gnade Gottes und die Art und Weise, in der er die Geschichte steuert – in Liebe.

Vergebung ist oft nicht das innere Empfinden, sondern bewusste Tat.

Josef war ein bemerkenswerter Mann. Und vielleicht sagen Sie: „Ach ja! Damals gab es noch Heilige. Aber für mich liegt diese Latte zu hoch. Ich kann das nicht." Das Problem bei dieser Argumentation ist: Sie vergessen, dass Sie etwas haben, was Josef nicht hatte. Josef wusste nichts von Jesus.

Das Kreuz, das ultimative Beispiel dafür, dass Gott aus dem Bösen Gutes hervorbringt, kann uns viel demütiger machen, als Josef es war, weil wir noch deutlicher als Josef sehen können, wie schlecht wir selbst sind. Josef hat nicht erkannt, dass Gott tatsächlich sterben musste, um ihn zu retten. Andererseits wird es uns zuversichtlicher machen, als Josef es war. Wenn wir sehen, was Jesus Christus für uns zu tun bereit war, was wollen wir dann noch mehr an Vergewisserung haben, dass Gott alles zu unserem Besten fügen will? Wenn wir Zugang zu Ressourcen haben, die uns zu größerer Demut und zu noch größerer Zuversicht verhelfen, als Josef sie hatte, weil wir Christus kennen und in ihm leben, dann sollten wir doch eher noch besser darin sein, unseren Mitmenschen zu vergeben und uns mit ihnen zu versöhnen.

Die kostspielige Liebe Christi

Christen haben also Zugang zu einer Demut und einer Freude, die Vergebung möglich machen. Es gibt noch eine weitere Sache, die uns das Christentum als Ressource gibt. Ich spreche von einem Verständnis für die Kostspieligkeit der rettenden Liebe Jesu.

> *Er sagte zu ihnen: „Meine Seele ist zu Tode betrübt. Bleibt hier und wacht mit mir!" Er selbst ging noch ein paar Schritte weiter, warf sich zu Boden, mit dem Gesicht zur Erde, und betete: „Mein Vater, wenn es möglich ist, lass diesen bitteren Kelch an mir vorübergehen! Aber nicht wie ich will, sondern wie du willst." (Matthäus 26,38-39)*
> *Gegen drei Uhr schrie Jesus laut: „Eli, Eli, lema sabachtani?" (Das bedeutet: „Mein Gott, mein Gott, warum hast du mich verlassen?") (Matthäus 27,46)*

Viele Menschen schrecken verständlicherweise vor dem Gedanken an die Hölle und das ewige Gericht zurück. Aber eine solche Ablehnung hat auch Konsequenzen. Eine haben wir bereits oben erwähnt. Wie soll es angesichts all des Bösen, der Korruption und der Gewalt, die in der Welt geschehen sind und geschehen, jemals Gerechtigkeit geben? Es wird niemals Gerechtigkeit geben, wenn es keinen Tag des göttlichen Gerichts gibt. Wenn es keinen Tag des Gerichts gibt, welche Hoffnung gibt es dann für die Welt?

Aber die Ablehnung eines Gottes des Zorns hat noch eine weitere schwerwiegende Auswirkung. Sie bagatellisiert, was Jesus für uns getan hat. Vor etlichen Jahren kam nach dem Gottesdienst einmal eine Frau zu mir und sagte mir, wie engstirnig sie meine ganze Predigt fand. Ich fragte: „Warum?" Sie sagte:

„Nun, wegen dieser ganzen Idee, dass man glauben muss, dass Jesus gestorben ist. Ich glaube an einen Gott der reinen Liebe, der jeden liebt, egal, was passiert. Jesus brauchte nicht zu sterben. Er liebt einfach jeden."

So sanft wie möglich fragte ich: „Was hat es Ihren Gott gekostet, Sie zu lieben?" Sie sagte: „Ich glaube, nichts." Ich antwortete, dass man, wenn man nicht an einen gerechten Gott glaubt, der die Sünde bestrafen muss, keine Ahnung hat, was es Jesus *gekostet hat*, uns zu lieben. Er musste irgendwie diese unendliche, ewige Strafe in seiner eigenen Person auf sich nehmen, an unserer Stelle.

Deshalb konnte der göttliche Gottessohn im Garten Gethsemane sagen, dass er zu Tode betrübt war, dass er schon spürte, dass er zermalmt wurde. Deshalb hat Jesus am Kreuz nicht geschrien: „Meine Hände, meine Hände!" oder „Meine Füße, meine Füße!" oder „Mein Kopf, mein Kopf!". Das hätte er ja auch tun können. Sein Körper war von Nägeln und Dornen durchbohrt. Er war dabei, langsam und qualvoll an Blutverlust und Atemnot zu sterben. Doch stattdessen schrie er: „Mein Gott, mein Gott, warum hast du mich verlassen?" Es war die geistige Trennung von Gott, die die größte Qual darstellte.

Wenn jemand sagt: „Gott liebt einfach jeden", dann liebt ein solcher Gott nicht so sehr wie der Gott der Bibel, der uns Gnade schenkt, weil er heilig *und* liebevoll ist. Weil er voller Liebe ist, gibt es Gnade für uns, und zwar umsonst, umsonst, umsonst. Aber weil er heilig ist, ist es eine *teure* Gnade, eine *unendlich* teure Gnade. Wenn ich weiß, dass ich der Empfänger dieser Art von teurer Gnade bin – wenn ich weiß, dass Jesus Christus für mich in die Hölle gegangen ist und für mich liebevoll und gehorsam war … Das ändert alles. *Das ist es*, was mich verändert. *Das* bringt mich zu Tränen. *Das* ist Erstaunen. *Das* ist überfließende Freude. *Das* ist elektrisierend. Es verändert mich, weil es einerseits meinen Stolz und meine Selbstbezogenheit vertreibt und mich demütig macht, mich andererseits aber aus Minderwertigkeitsgefühlen und Selbstmitleid herausholt, indem es mich bejaht. Es bringt mich dazu, meine Sünden zu hassen, weil sie zu Jesu Tod führten. Aber es verbietet mir, mich selbst zu hassen, weil er für mich gestorben ist, um mich frei zu machen.

Ein Gott, der einfach alle liebt, liebt nicht so sehr wie der Gott der Bibel.

Es gibt nichts, was so sehr verändert. Es gibt keine Minderwertigkeitskomplexe mehr – weil ich so geliebt werde. Es gibt keine Überlegenheitskomplexe mehr – denn ich bin ein Sünder, der nur aus Gnade gerettet wurde. Den Schrei Jesu am Kreuz zu verstehen, ist der Schlüssel zur persönlichen Verwandlung – und es ist der große Schlüssel zum Werk der menschlichen Vergebung und Versöhnung.

KAPITEL 9

Gottes Vergebung annehmen

Mein Geist so lang gefangen lag,
Gebunden hart in meines Wesens Sünd und Nacht,
Da traf mich deines Blicks belebend Strahl.
Ich wachte auf. Im Licht erstrahlte das Verließ;
Die Ketten fielen ab, mein Herz war frei,
Und ich erhob mich, ging hinaus und folgte dir.

Charles Wesley[1]

Shakespeares Macbeth wusste, dass seine Frau, die bekanntermaßen von einem schlechten Gewissen geplagt wurde, nur durch ein „süßes Gegengift", das ihre „Brust entled'gen würde jener giftgen Last, die schwer das Herz bedrückt", erlöst werden würde.[2] Dieses Gegengift ist die Vergebung Gottes. Sie werden nie in der Lage sein, anderen ihre Sünden gegen Sie vollständig zu vergeben, wenn Sie nicht zuerst Gottes Vergebung für Ihre Sünden gegen ihn erfahren haben. Wir haben es nötig, dass sich jemand mit unserer Schuld befasst, bevor wir mit der Schuld anderer richtig umgehen können.

Das Problem damit, sich selbst zu vergeben

Seelsorger hören häufig, dass Menschen sagen: „Ja, ich habe Gott um Vergebung gebeten. Aber das Problem ist ... ich kann mir selbst nicht vergeben."

Es gibt einen florierenden Markt an Selbsthilfebüchern und viele Arten von Therapien, die versuchen, Menschen zu helfen, sich selbst zu vergeben. Die vertikale Dimension – die Beziehung zu Gott – wird dabei völlig außer Acht gelassen, und Schuld wird als etwas angesehen, mit dem man sich ausschließlich auf der inneren und horizontalen Ebene befassen muss.

Zu den wichtigsten Ideen der Selbstvergebungstherapie gehören: (a) die Bitte um Vergebung bei jedem, dem man Unrecht angetan hat, (b) die Übernahme der Verantwortung für das, was man falsch gemacht hat, aber dann (c) Lehren aus dem Vorfall zu ziehen, (d) sich selbst gegenüber so mitfühlend zu sein, wie man es auch anderen gegenüber sein würde, und schließlich (e) dann nach vorn zu schauen, sich dem Leben zuzuwenden und sich selbst zu akzeptieren.

Die genannten Einzelschritte können zwar hilfreich sein, aber der Gesamtansatz greift zu kurz. Wir haben Mühe zu wissen, ob das, was wir getan haben, wirklich falsch *war*, und die sekundären Ansätze können niemandem helfen, zwischen echten und falschen Schuldgefühlen zu unterscheiden. Außerdem haben viele Menschen andere Menschen um Vergebung gebeten – sie haben alles getan, was von ihnen verlangt wurde –, können sich aber trotzdem nicht von Schuld und Scham befreien.[3]

Wie reagieren wir auf jemanden, der sagt: „Ich kann mir selbst nicht verzeihen"? Die Moderne hat erklärt, dass wir auch im Blick auf uns selbst die höchste Autorität sind. In Gail Sheehys Bestseller *Passages* wird dies als Grundregel des Lebens dargelegt. Man „findet sich selbst“ nur, wenn man sich von allen anderen institutionellen Ansprüchen und von den Plänen und der Zustimmung anderer Menschen befreit. Beziehungen sollten nur vorsichtig und nur so lange eingegangen werden, wie sie die jeweils gewählte eigene Identität und die eigenen Interessen unterstützen. Nur wir selbst können uns selbst bestätigen oder beurteilen, ob etwas gut oder schlecht ist. Niemand sonst hat das Recht, uns zu sagen, wer wir sind, oder uns nach seinen Maßstäben zu beurteilen.[4]

Doch was geschieht, wenn das Selbst dennoch mit Schuld belastet ist? Kein Außenstehender hat die Macht, die Sanktionen aufzuheben, die das Selbst sich selbst auferlegt. Wer hat das Recht, dem modernen Ich zu sagen: „Du schätzt dich selbst völlig falsch ein“? Die Bibel offenbart den Kern dieses Problems: „Wann immer unser Gewissen uns anklagt, dürfen wir wissen: Gott in seiner Größe ist barmherziger als unser eigenes Herz“ (1. Johannes 3,20).

Kein Außenstehender hat die Macht, die Sanktionen aufzuheben, die das Selbst sich selbst auferlegt.

Das ist die Essenz dessen, was der christliche Glaube uns gibt. Gott allein ist der letzte Richter darüber, wer wir sind und was wir getan haben. Wenn – und nur wenn er es ist, kann Gott die Schuld und Selbstverurteilung unseres Herzens außer Kraft setzen. Wenn er sagt, dass uns vergeben ist, dann ist dies so, und wir können unserem Herzen sagen, dass es ruhig sein kann. Der säkulare Rahmen hat dem verwundeten Herzen jedoch nichts zu bieten, das es heilen könnte. Er hat dem Selbst, das sich der Liebe und Vergebung unwürdig fühlt, nichts zu sagen. Jeder, der das Ausmaß seiner Sünde erkannt hat und weiß, wozu er fähig ist, wird sich niemals mit dem Spruch beruhigen lassen: „Sei nett zu dir selbst – du verdienst es.“

Colin Tipping sieht in seinem Buch *Radikale Selbstvergebung* die Grenzen eines rein säkularen Ansatzes und bezieht daher die östliche Mystik mit ein. Tipping rät uns, unser Leben unter den Kategorien von Reinkarnation und Karma zu betrachten. Wir sind Seelen, die im gegenwärtigen Leben existieren, um viele Dinge zu erfahren, die uns zu einer besseren Praxis in zukünftigen Leben erziehen. In dieser Weltanschauung sind alle Dinge, die uns widerfahren, und alles, was wir anderen antun, sogar das Unrecht, Lektionen, die wir lernen, um durch viele Leben hindurch zu Vollkommenheit und Glückseligkeit zu gelangen. Um Selbstvergebung zu erlangen, sagen wir uns: „Auch wenn ich für das, was ich in der menschlichen Welt tue, verantwortlich bin – in rein spiritueller Hinsicht geschieht niemals etwas Falsches."[5]

Tipping löst das Problem der Sünde nicht dadurch, dass sie vergeben wird, sondern indem er sie verharmlost. Das ist zutiefst unbefriedigend, weil wir intuitiv wissen, dass die hier begangenen Übel tatsächlich *Übel* sind. Das Christentum verharmlost das Unrecht der Sünde nicht und bietet dennoch ein starkes Gegenmittel für Schuld.

Das „süße Gegengift", nach dem Macbeth verlangt, gibt es tatsächlich. Es ist die göttliche Vergebung. Aber um göttliche Vergebung zu erfahren, muss man eine wesentliche Unterscheidung treffen – die Unterscheidung zwischen tatsächlicher und falscher Schuld. Hat man das getan, ist es notwendig, sich an Gott zu wenden.

Echte und falsche Schuld(-gefühle)

Es gibt zwei Arten von schuldigen Menschen. Manche Menschen sollten sich für ihre Taten schuldig fühlen, weil ihre Taten objektiv böse sind und sie als Täter schuldig sind – unabhängig von ihren Überzeugungen und Gefühlen bezüglich der Tat. Wir kennen jedoch eine andere Gruppe von Menschen, die übermäßige Schuldgefühle haben, die im Verhältnis zur Tat zu groß erscheinen.

Es gibt echte Schuldgefühle und falsche Schuldgefühle, und jemand, der oder die „sich selbst nicht vergeben kann", muss zunächst feststellen, ob eine Schuld tatsächlich vorliegt oder nicht.

An diesem Punkt ist der christliche Glaube eine enorme Hilfe. Man kann echte von falscher Schuld nur unterscheiden, wenn man einen Maßstab hat, an dem man sich orientieren kann. In einer seiner vielen kritischen Aussagen über die religiösen Führungsfiguren seiner Zeit sagt Jesus: „Wehe auch euch Gesetzeslehrern! Ihr bürdet den Menschen Lasten auf, die man kaum tragen kann, aber ihr selbst rührt diese Lasten mit keinem Finger an" (Lukas 11,46; vgl. Markus 7,11-13). Jesus bezieht sich auf „die schwere Last der religiösen Pflichten, die dem Gesetz hinzugefügt wurden, die die Menschen belasten [...] und zur Verzweiflung bringen, weil sie fortwährend daran scheitern, es Gott recht zu machen".[6] Jesus zeigt hier, dass die Menschen sich zwar schuldig fühlen sollten, wenn sie gegen das Gesetz Gottes verstoßen – morden, stehlen, die Ehe brechen –, dass sie sich aber nicht schuldig fühlen sollten, wenn sie all die zahlreichen legalistischen, von Menschen gemachten religiösen Regeln nicht einhalten können, die dem Gesetz hinzugefügt wurden.

Es braucht einen Maßstab, um echte von falscher Schuld zu unterscheiden.

Diese Unterscheidung und Warnung Jesu kann auch für Menschen wichtig sein, die zu eher gesetzlichen religiösen Gruppierungen gehören. Auch sie können von falschen Schuldgefühlen geplagt sein, weil ihre Kultur, ihre Gemeinschaft, ihre Familie oder sie selbst ihnen unrealistische Lasten auferlegt haben. Der erste Schritt, um jemandem mit Schuldgefühlen zu helfen, besteht also darin, zu fragen, ob hier wirklich ein Verstoß gegen den Willen und das Wort Gottes vorliegt.[7]

Diese Unterscheidung ist jedoch nicht immer einfach. Es gibt Situationen, in denen echte und falsche Schuld auf komplexe Weise miteinander verwoben sind.

Viele von uns werden von Schuldgefühlen geplagt, weil wir zu vielen Menschen etwas zugesagt haben und dann feststellen, dass wir am Tag oder in der Woche keine Zeit haben, das alles zu erledigen. Einerseits sollte man seine Versprechen halten und zu seinem Wort stehen (Matthäus 5,37; Sprüche 11,3; 20,25). Aber es ist nicht Gott, der mehr von uns verlangt, als wir tun können, sondern wir selbst. Wir müssen uns nicht schuldig fühlen, weil wir nicht alles tun können, was andere von uns möchten. Wir sind nur dazu verpflichtet, das zu tun, was Gott uns in seinem Wort aufträgt.

Was ist mit dem Autofahrer, der über einen Witz im Radio lacht und dadurch unaufmerksam ist und einen Unfall verursacht, bei dem Menschen schwer verletzt werden? Die Schuld des Fahrers wird erdrückend sein. Dennoch liegt kein großer moralischer Fehltritt oder ein Verstoß gegen ein Gesetz oder eine Regel vor. „Das hätte jedem passieren können", sagen die Freunde des Fahrers zu Recht, aber das hilft ihm nicht weiter. Sicherlich gibt es einen Grund zum Bedauern, dass er nicht vorsichtiger und langsamer gefahren ist, aber seine Schuld ist unverhältnismäßig, wenn man Gottes Wort als Maßstab nimmt. Ein Seelsorger wird ihm helfen müssen, zu erkennen, dass er die Tragödie nur noch verschlimmert, wenn er dadurch jahrelang seelisch geschwächt wird. Stattdessen sollte er Gott um Vergebung für seinen Mangel an Umsicht bitten und sich dann auf die liebevolle Unterstützung anderer verlassen, die ihm bestätigen, dass Gott ihn annimmt.

Ein weiteres Beispiel aus diesem Bereich ist die „Schuld der Überlebenden". Viele Soldaten haben Kameraden im Krieg verloren, selbst überlebt und kamen dann nach Hause. Doch statt Erleichterung und Frieden zu empfinden, werden sie von Schuldgefühlen geplagt. Warum wurden sie verschont? Ich glaube, diese Schuldgefühle rühren daher, dass sie wissen, dass sie nicht tapferer, fähiger oder tugendhafter waren als ihre verstorbenen Freunde, und doch haben sie das Gefühl, dass sie es hätten sein sollen. Auch hier ist der einzige Weg, mit diesen verständlichen, aber hartnäckigen Schuldgefühlen umzugehen, der Blick auf das Wort Gottes. Gott ist es, der bestimmt, warum in seinem Plan einige Menschen krank werden und jung oder im Kampf sterben, während andere weiterleben. Darin sollte keine Schuld liegen.

Die Unterscheidung zwischen echten und falschen Schuldgefühlen ist von entscheidender Bedeutung. Warum? Weil die *Zeit echte Schuld nicht heilen kann.* Es gibt absolute moralische Normen, die im Universum grundgelegt sind, und unsere Seele, die nach dem Ebenbild Gottes geschaffen wurde, spürt sie (Römer 1,18-20; 2,14-16). Die einzige Möglichkeit, mit echter Schuld umzugehen, ist, sie der Gnade und Barmherzigkeit Gottes anzuvertrauen. Im Gegensatz dazu können *falsche Schuldgefühle durch moralische Anstrengungen und Gebete nicht geheilt werden.* Der einzige Weg, mit falscher Schuld umzugehen, ist, sie dem Willen Gottes zu überlassen und sie im Licht seines Wortes zu verstehen.

Die Schuld zu Gott bringen

Wie geht man dann mit echter Schuld um? Es gibt keinen besseren Ort dafür, eine Antwort zu finden, als Psalm 51, das vielleicht berühmteste Schuldbekenntnis der ganzen Bibel.

> *Sei mir gnädig, o Gott – du bist doch reich an Gnade! In deiner großen Barmherzigkeit lösche meine Vergehen aus! Wasche meine Schuld ganz von mir ab, und reinige mich von meiner Sünde! (Psalm 51,3-4)*

Der Anlass für dieses Gebet Davids ist in der Überschrift zu diesem Psalm beschrieben (V. 2). Er hatte eine außereheliche Affäre mit Batseba, ließ ihren Mann töten und nahm sie dann zur Frau. Gott deckte Davids Sünde durch den Propheten Nathan auf. Hier beginnt Davids Gebet.

Was wäre, wenn ich Ihnen sagen würde, dass es, egal, wie sehr Sie Ihr Leben verpfuscht haben, einen Weg gibt, da wieder rauszukommen? Dieser Weg wird in der Bibel als Umkehr bezeichnet, und Umkehr ist ein Prozess. Was lernen wir im Psalm 51 darüber?

Wir lernen: Wir müssen mit drei Dingen aufhören, mit zwei Dingen anfangen und schließlich eine Sache empfangen.

Scheinformen der Reue – Schuldverschiebung

> *Denn ich erkenne meine Vergehen, und meine Sünde ist mir ständig vor Augen. Gegen dich allein habe ich gesündigt, ja, ich habe getan, was in deinen Augen böse ist. Das bekenne ich, damit umso deutlicher wird: Du bist im Recht mit deinem Urteil, dein Richterspruch ist wahr und*

angemessen. Du weißt es: Von Geburt an lastet Schuld auf mir; auch meine Mutter war nicht frei von Sünde, als sie mit mir schwanger war. (Psalm 51,5-7)

Es gibt eine echte Reue, die „den Weg zum Leben eröffnet“ (Apostelgeschichte 11,18), die Kraft, Freiheit und Frieden bringt. Aber der Bibel zufolge gibt es auch eine falsche Reue, ein Bedauern oder eine Reue, die sich als Reue ausgeben kann, aber „den Tod bewirkt“ (2. Korinther 7,10) – sie bringt Frustration, anhaltende Schuld und Verzweiflung. Es gibt Dinge, die wie Leben spendende, schuldbefreiende Reue aussehen, es aber nicht sind.

Eine solche Scheinreue ist die *Schuldverschiebung* auf andere. „Es tut mir leid, aber weißt du, es war wirklich nicht meine Schuld.“ Aber echte Reue bedeutet, dass man die volle Verantwortung für seine Sünde übernimmt.

Eine Möglichkeit, die Schuld abzuschieben, besteht darin, unsere Sünde schönzureden. Der Schriftsteller Thomas Brooks aus dem siebzehnten Jahrhundert nannte das „die Sünde in den Farben der Tugend malen“.[8] Wir sehen uns an und sagen: „Ich bin nicht geldgierig, ich bin nur sparsam“; „Ich bin nicht stolz, ich bin nur durchsetzungsfähig“; „Ich trinke nicht zu viel, ich bin nur immer der Star der Party“; „Ich bin nicht aggressiv, ich sage einfach, wie es ist.“

Eine andere Möglichkeit ist, die Verantwortung abzuschieben. „Ich hätte keine Affäre gehabt, wenn du ein besserer Ehepartner gewesen wärst.“ „Das hätte ich nicht sagen sollen, aber sie hat mich provoziert. Jeder hätte das Gleiche getan.“ „Ich habe viel gelitten; ich denke, ich habe das verdient.“

Eine dritte Form der Schuldverschiebung ist die Behauptung, dass der Ankläger übertreibt. „Okay, das war falsch, aber du bist auch viel zu sensibel.“ – „Sicher, das hätte ich wahrscheinlich nicht tun sollen – aber weißt du noch, als du das und das getan hast? Das war schrecklich. Und jetzt hör auf, mir Vorwürfe zu machen."

Die ersten Kapitel der Bibel zeigen, wie tödlich die Schuldverschiebung ist: Eva gibt der Schlange die Schuld, Adam macht Eva und sogar Gott („die Frau, die *du* mir gegeben hast") für die Tat verantwortlich. Wir können erst dann beginnen, uns mit unserer Schuld auseinanderzusetzen, wenn die Schuldzuweisungen aufhören. David betet: „Du bist im Recht mit deinem Urteil, dein Richterspruch ist wahr und angemessen" (Psalm 51,6). Es gibt nicht das geringste Bemühen, die Verantwortung abzuschwächen. Es gibt keine Ausreden. Wahre Reue sieht ihrer eigenen Verantwortung ins Gesicht und sagt zu Gott: „Du hast uns zu Recht bestraft. Du bist uns immer treu geblieben, selbst dann, wenn wir uns von dir lossagten" (Nehemia 9,33; Hfa). Es gibt keinen Hinweis auf einen Vorwurf an Gott, er wäre zu hart. Es gibt keinen Hinweis darauf, dass die Umstände oder irgendjemand sonst für die Sünde verantwortlich ist. Erst wenn es keine Ausflüchte und Vorwände mehr gibt, kann das Gewissen gereinigt werden.

Angesichts dessen, was er getan hat, äußert David eine bemerkenswerte Erkenntnis über sein eigenes Herz: „Von Geburt an lastet Schuld auf mir; auch meine Mutter war nicht frei von Sünde, als sie mit mir schwanger war" (Psalm 51,7). Spricht David hier lediglich über die klassische Lehre von der „Erbsünde", d. h., dass alle Menschen von Natur aus sündig sind? Wahrscheinlich, aber es geht David hier nicht darum, Theologie zu lehren. Es geht ihm um etwas viel Persönlicheres.

> Erst wenn es keine Ausflüchte mehr gibt, kann das Gewissen gereinigt werden.

David sieht eine Familienähnlichkeit zwischen seinen (normalen) Jugendsünden und dem Mord. Er sieht, dass es sich nicht um zwei radikal verschiedene Dinge handelt. Unter den richtigen Umständen kann die Fähigkeit zur Grausamkeit, die aus Selbstbehauptung und Egozentrik im Herzen jedes Menschen entsteht, wenn sie richtig genährt wird, zu Mord werden. Sie erwächst aus demselben Samen.

In der beliebten BBC-Serie *Broadchurch* geht es um die Frage, wer in diesem hübschen kleinen Küstenort einen Jungen ermordet haben könnte. Die örtliche Ermittlerin Ellie Miller bezweifelt, dass jemand aus dem Ort es getan haben könnte. Es handelt sich um eine eng verbundene Gemeinschaft von guten Menschen: „Bei uns gibt es solche Probleme nicht", sagt sie. Inspektor Alec Hardy widerspricht ihr.

> *Hardy: „Jeder ist zu einem Mord fähig, wenn die Umstände stimmen."*
> *Miller: „Die meisten Menschen haben einen moralischen Kompass."*
> *Hardy: „Kompasse versagen."*[9]

Der fiktive Kriminalkommissar sagt uns genau das, was die Bibel an dieser Stelle sagt. Wir dürfen unsere Fähigkeit zum Bösen nicht verleugnen. Wir werden in unserem Leben einige wirklich schlimme Dinge tun, die uns völlig schockieren werden, wenn wir diese ausdrückliche biblische Wahrheit nicht verinnerlichen. Schuldzuweisungen an andere sind daher etwas vom Gefährlichsten, das wir tun können.

Ein wirklich umkehrbereites Herz hingegen spricht: „Ja, Herr, ich bin schlecht behandelt worden und hatte meine Probleme, und ich habe nicht so reagiert, wie ich es hätte tun sollen. Meine eigene Sünde ist der Grund dafür, dass ich heute unglücklich bin. Ich übernehme die volle Verantwortung!" Umkehr beginnt dort, wo die Schuldzuweisungen aufhören.

Scheinformen der Reue – Selbstmitleid

Eine weitere Fehlform der Reue ist das Selbstmitleid: „Ich habe mein Leben wirklich in den Sand gesetzt!" Echte Reue beinhaltet Trauer über die Sünde an sich, aber auch darüber, dass sie Gott beleidigt und ihm Kummer macht. Falsche Reue ist Traurigkeit über die Folgen der Sünde und den Ärger, den sie uns selbst verursacht hat. David hat gerade Batseba Unrecht angetan, indem er seine königliche Macht ausnutzte, um eine Affäre mit ihr, einer verheirateten Frau, zu haben, und er hat Urija, ihrem Mann, Unrecht zugefügt, indem er ihn töten ließ. Er hat auch das Vertrauen seines Volkes in ihn als König missbraucht, indem er seine Macht missbrauchte. Dennoch sagt David zu Gott: „Gegen dich allein habe ich gesündigt, ja, ich habe getan, was in deinen Augen böse ist" (Psalm 51,6). Wie kann er das sagen?

Davids Worte hier sind kein theologisches Statement – sie sind buchstäblich ein Schrei des Herzens. Im Hebräischen zeigt die Wiederholung eines Wortes die Intensität der Gefühle an – Leidenschaft, Sehnsucht und Liebe. Es bricht ihm das Herz, als er erkennt, was er dem Gott angetan hat, der ihn zum König gesalbt, ihn immer wieder aus den Händen des um seinen Thron fürchtenden Königs Saul gerettet und ihn zum König Israels eingesetzt hat.

David will damit nicht sagen, dass er *nicht* gegen Urija und Batseba gesündigt hat, sondern vielmehr, dass seine Sünde gegen Gott – gegen den Gott, dem er buchstäblich alles verdankte – allem anderen zugrunde lag. David erkannte, dass seine Sünde gegen Gott die Ursache für alle seine anderen Sünden war. Martin Luther sagt in seinem *Großen Katechismus*, dass man niemals anderen Schaden zufügen kann (fünftes bis zehntes Gebot), ohne gegen das erste Gebot verstoßen zu haben –

„Du sollst keine anderen Götter haben außer mir." Wenn man also lügt, um Geld zu verdienen, dann war in diesem Moment der Mammon wichtiger als Gott, dem Geld galt die größere Liebe. Wenn man lügt, um den eigenen Ruf zu schützen, gilt das Gleiche.

David hat das begriffen. Diese Akzeptanz unserer Sünde gegen Gott ist das Gegenteil von Selbstmitleid. Sich in Selbstmitleid zu suhlen, mag wie Reue aussehen, ist es aber nicht. Wenn unser Fehlverhalten uns Probleme in der realen Welt beschert, rufen wir: „Ich wünschte, ich hätte das nicht getan!" Aber wir trauern nicht darüber, inwiefern wir Gott oder anderen Menschen Unrecht zugefügt haben, sondern darüber, dass wir jetzt die unangenehmen Konsequenzen tragen müssen. Die Sünde an sich betrifft uns nicht wirklich, und wenn die Folgen verschwinden, rutschen wir zurück in das falsche Verhalten von vorher. Das beweist, dass das, was wie Reue aussah, nur Selbstmitleid war.

Vor einigen Jahren begleitete ich ein Ehepaar in der Seelsorge. Der Mann verfiel immer wieder in eine grobe, wütende, beleidigende Sprache gegenüber seiner Frau, die sie zutiefst betrübte und verletzte. Über einen Zeitraum von drei Jahren erklärte er sich immer wieder bereit, zu mir in die Beratung zu kommen, aber es wurde deutlich, dass dies nur geschah, wenn sie drohte, ihn zu verlassen. Dann kam er zu mir und war bereit, sein Verhalten zu ändern. Aber diese Veränderungen wurden nicht durchgehalten, sobald die Drohung mit Trennung und Scheidung nicht mehr akut war. Mit anderen Worten: Es tat ihm nicht in erster Linie leid, dass er seiner Frau Unrecht zufügte, dass er seinen Gott entehrte. Nicht die *Sünde* tat ihm leid, sondern *er selbst* tat sich leid. Und Selbstmitleid führt nie zu einer Veränderung. Um die Sünde selbst zu bereuen, braucht es Liebe. Hätte er seine Frau – und seinen Gott –

wirklich geliebt, hätte er die Sünde an sich gehasst, und sie hätte dann ihre Anziehungskraft auf ihn verloren. Selbstmitleid führte zu oberflächlichen Veränderungen, die sein Herz nie wirklich berührten und daher keine dauerhafte Veränderung seines Verhaltens bewirkten.

Selbstmitleid sieht aus wie Reue, aber es ist Selbstverliebtheit, und das ist das Wesen der Sünde. Nur wenn wir erkennen, dass wir nicht nur Gottes Gesetz verletzt haben, sondern dass unser Tun ihm das Herz bricht, dass wir ihn entehrt und gekränkt haben, fangen wir an, uns zu ändern.

Selbstmitleid sieht aus wie Reue, ist aber Selbstverliebtheit.

Echte Reue beginnt dort, wo die Schuldverschiebung an andere aufhört. Und ebenso beginnt sie auch dort, wo das Selbstmitleid aufhört. Der britische Pastor Richard Sibbes schrieb in seinem Klassiker *The Bruised Reed (Das geknickte Rohr,* 1630), dass Selbstmitleid erst dann aufhört, wenn man aufhört, über die Konsequenzen nachzudenken. Reue ist „nicht ein kleines Neigen des Kopfes [...], sondern ein Arbeiten des Herzens [... bis] die Sünde uns abscheulicher ist als die Strafe“.[10]

Ein Zeitgenosse von Sibbes, Stephen Charnock, unterscheidet in seinem *Discourse of Conviction of Sin (Abhandlung über die Überführung von Sünde)* anschaulich zwischen dem, was er gesetzliche Reue nennt – zu erkennen am Selbstmitleid –, und wahrhaft „evangelischer“, auf dem Evangelium basierender Reue. Gesetzliche Reue entspringt vor allem der Furcht vor Strafe, während echte Reue aus der Betrachtung der Güte Gottes und damit aus dem Gefühl der eigenen Undankbarkeit und Lieblosigkeit erwächst. Falsche Reue „schreit also: ‚Ich habe eine Macht erzürnt, die wie ein brüllender Löwe ist, ich habe den souveränen Herrn des Himmels und der Erde gereizt, dessen Wort die Grundfesten der Welt erschüttern kann.‘“ Aber ein Mensch, der vom Evangelium seiner Sünde überführt wurde, ruft: „Ich habe eine Güte erzürnt, die wie Tautropfen ist; ich habe einen Gott beleidigt, der mir wie ein Freund begegnet ist [...]. Oh, wie hart ist mein Herz [...], dass es von einer so süßen Quelle flieht, um in Pfützen zu stochern!“[11]

Das ist die Sprache eines reuigen Herzens: „Ja, Herr, ich trauere über die Folgen meiner Sünde. Aber sie haben mir nur vor Augen geführt, wie falsch das ist, was ich getan habe – wie sehr ich damit anderen und vor allem dir, meinem Schöpfer, Versorger und Erlöser, Unrecht angetan habe.“ Reue beginnt dort, wo das Selbstmitleid endet.

„Ich habe eine Güte erzürnt, die wie Tautropfen ist.“

Scheinformen der Reue – Selbstbezichtigung

Schließlich gibt es eine Art von falscher Reue, die übertrieben ist. Jemand zeigt unter Tränen und Weinen wortreiche und intensive Selbstverachtung. Das Umfeld fühlt sich genötigt, immer wieder zu bestätigen, dass er oder sie nicht so schlimm, nicht so schuldig ist. Und genau das ist der Sinn einer solchen Selbstgeißelung – man versucht, andere und sogar Gott zu drängen, nicht anzuklagen, sondern zu entschuldigen und zu verzeihen. Die innere Logik geht in etwa so: „Wenn ich mich nur selbst genug anklage, wird das sicher ein Ausgleich für meine Sünde sein, und niemand wird noch etwas anderes von mir verlangen.“

Die selbstverachtende Zerknirschung als Mittel zur Sühne für die eigene Sünde lehnt Gottes Vergebung ebenso ab wie das Gegenteil, die stolze Verleugnung, dass man etwas falsch gemacht hat. Beides sind Formen der Selbstgerechtigkeit. Der anglikanische Geistliche John Newton aus dem 18. Jahrhundert schrieb an einen jungen Mann, der ständig deprimiert war und sich als sündig und unwürdig empfand. Newton ließ sich nicht beirren. Er schrieb, dass es gleichermaßen von großem geistlichen Stolz und von Selbstgerechtigkeit zeuge, sich schamlos zu entschuldigen oder in krankhaftem Selbsthass zu schwelgen. Er schrieb:

> *Ihr [Verständnis] des Evangeliums ist solide, aber es gibt etwas Gesetzliches in Ihrer Erfahrung, das Sie in die Irre führt […]. Sie können sich der inneren und angeborenen Übel, die Sie beklagen, gar nicht zu sehr bewusst sein, aber Sie sind vielleicht – ja, Sie sind es – unangemessen stark davon beeindruckt […]. Nicht nur, dass Sie eine geringe Meinung von sich selbst an den Tag legen, was zutreffend ist, sondern Sie haben auch eine zu geringe Meinung von der Person, dem Werk und den Verheißungen des Erlösers, was sicherlich falsch ist […].*
>
> *Manchmal bietet Satan […] uns an, uns Demut zu lehren. Und auch wenn ich demütig sein möchte, möchte ich doch nicht in seiner Schule lernen. Seine Prämissen [über unsere Sündhaftigkeit] sind vielleicht wahr, aber er zieht dann furchtbare Schlüsse daraus und möchte uns weismachen, dass wir deswegen die Macht oder die Bereitschaft oder die Treue Christi infrage stellen sollten.*
>
> *Unsere [Selbstvorwürfe] sind zwar insofern gut, als sie unseren Widerwillen gegen die Sünde zeigen, aber wenn wir sie genau betrachten, ist oft so viel Eigenwille, Selbstgerechtigkeit, Unglaube, Stolz und Ungeduld damit vermengt, dass sie kaum besser sind als die schlimmsten Übel, die wir beklagen.*[12]

Vergebung von Gott zu empfangen, ist einfach – bereue und bitte um Barmherzigkeit! Doch viele, vielleicht sogar die meisten Menschen erfahren diese Gnade nie, weil sie nicht wirklich bereuen. Wahre Reue beginnt dort, wo Schönfärberei („Es ist wirklich nichts passiert“) und Schuldzuweisung („Es war eigentlich nicht meine Schuld“) und Selbstmitleid („Es tut mir leid, was es mich gekostet hat“) und Selbstgeißelung („Ich werde mich so schrecklich fühlen, dass mich niemand kritisieren kann“) enden.

John Newton: „Manchmal bietet Satan uns an, uns Demut zu lehren“

Hinwendung zu Gott

Wenn Schuldzuweisung, Selbstmitleid und Selbstgeißelung die Scheinformen der Reue sind, was ist dann die wahre Reue, die uns mit Gott verbindet? Es gibt zwei Dinge, auf die wir achten sollten. Wir greifen dafür auf einen bemerkenswerten, aber oft übersehenen Vers aus dem Buch der Sprüche zurück.

In Sprüche 28,13 lesen wir: „Wer seine Verfehlungen geheim hält, wird keinen Erfolg haben. Aber wer sie bekennt und in Zukunft unterlässt, wird Barmherzigkeit erfahren.“[13] Zunächst müssen wir „bekennen“ – ein Wort, das in dem Vers hilfreicherweise dem Wort *„geheim halten“* gegenübergestellt wird. Bekennen heißt, *ein volles, klares Eingeständnis dessen abzulegen, was man falsch gemacht hat,* ohne Einschränkung oder Entschuldigung, ohne Verharmlosung oder Relativierung. Es bedeutet, die volle Verantwortung zu übernehmen. Das hebräische Wort *ydh,* das hier mit „bekennen“ übersetzt wird, hat immer den Sinn, Gott zu loben und ihm zu danken. Eine Sünde zu bekennen, bedeutet also nicht nur, die Wahrheit zu sagen, und es ist auch kein abstraktes „Ich verdiene irgendeine Strafe“. Vielmehr ist es ein Eingeständnis, dass wir es versäumt haben, Gott zu lieben und zu ehren, und in diesem Moment beginnen wir, ihn zu verherrlichen, indem wir zugeben, wie wir an ihm und anderen Unrecht begangen haben.

Ein Mann schildert seine Erfahrungen mit diesem Thema. Er hatte jahrelang mit einer Abwehrhaltung und einem inneren Unbehagen gelebt, die sein Leben verdunkelten.

> *Auf meiner Suche nach innerem Frieden habe ich mich mit verschiedenen Religionen beschäftigt und Psychologie studiert, aber nie mehr als Teilantworten erhalten […]. Das Schlüsselerlebnis kam unerklärlich und unerwartet: Plötzlich wurde mir bewusst, was für eine gewaltige Lawine von Unrecht ich [ausgelöst und] hinterlassen hatte. Zuvor war diese Realität durch Stolz und den Wunsch, vor anderen gut dazustehen, verdeckt worden […]. Ich hatte keine Ausreden für mich selbst – die Jugend, die Umstände oder schlechte Gesellschaft. Ich war für das, was ich getan hatte, verantwortlich. Seite für Seite strömte alles in klaren Details aus mir heraus. Ich fühlte mich, als würde ein Engel der Reue mit seinem Schwert auf mein Herz einschlagen, so groß war der Schmerz. Ich schrieb Dutzende von Briefen an Menschen und Organisationen, die ich betrogen, bestohlen und belogen hatte. Endlich fühlte ich mich wirklich frei.*[14]

Sprüche 28,13 geht jedoch weiter und sagt, dass es nicht ausreicht, eine Sünde zu bekennen oder einzugestehen – man muss sie auch aufgeben. Aufgeben heißt, sich von dem sündigen Verhalten vollständig loszusagen, sowohl in der Herzenshaltung als auch im praktischen Handeln. Als Johannes der Täufer die Menschen zur Umkehr aufrief, fragten sie: „Was sollen wir dann tun?“ Er antwortete: „Bringt Früchte, die zeigen, dass es euch mit der Umkehr ernst ist“ (Lukas 3,8), und damit meinte er praktische Handlungen, die falsches Verhalten korrigieren.

> *Auch Zolleinnehmer kamen, um sich taufen zu lassen; sie fragten ihn: „Meister, was sollen wir tun?“ Johannes erwiderte: „Verlangt nicht mehr von den Leuten, als festgesetzt ist.“ „Und wir“, fragten einige Soldaten, „was sollen wir denn tun?“ Er antwortete: „Beraubt und erpresst niemand, sondern gebt euch mit eurem Sold zufrieden!“ (Lukas 3,12-14)*

Reue erfordert also nicht nur ein Eingeständnis von Unrecht, sondern auch ein Herz, das die Sünde als abstoßend empfindet und sich deshalb ändern will. Konkrete Schritte werden angeboten: „Ab jetzt gehe ich nie mehr nach […]“. „Von jetzt an werde ich nicht mehr […]“. Brücken werden abgebrochen, Strukturen der Rechenschaft werden geschaffen.

Natürlich scheitern viele solcher Pläne, mindestens teilweise. Wachstum im Glauben ist ein Prozess. Aber ohne eine ehrliche Absage an falsches Verhalten und konkrete Pläne für eine Veränderung handelt es sich nicht um echte Reue. Falsche Reue ist nur ein Gefühl. Echte Reue zeigt eine Änderung des Verhaltens.

Echte Reue: ehrliche Absage an falsches Verhalten

Der folgende Bericht stammt von einem Mann namens Leonard, einem sehr erfolgreichen und wohlhabenden Geschäftsmann mittleren Alters. Er schrieb:

> *Menschlich gesehen war ich ein guter Mensch, der sich an die Gesetze hielt und sich dem Gemeinwohl verpflichtet sah. Ich war auch religiös, ging regelmäßig in die Kirche,*

spendete mein Geld für gute Zwecke und versuchte sogar, „Zeugnis für Christus" abzulegen.

Eines Sonntags hörte er eine Predigt darüber, was es bedeutet, „arm im Geist" zu sein. Es war eine biblische Aufforderung, ein demütiger Mensch zu sein, dem es nicht um seinen eigenen Status geht, sondern der anderen dient. Die Predigt sprach direkt zu seinem Herzen. Sie „ließ mich befürchten, dass ich nicht so gut war, wie ich dachte". Er erlebte eine „ungekannte Unruhe" und begann, die Grundmotive seines Lebens zu untersuchen. Zu seinem Entsetzen stellte er fest, dass er von Neid getrieben war und von dem Bestreben, durch den Erwerb von Reichtum zu beweisen, dass er besser war als andere. Er erkannte, dass die Liebe zum Geld die treibende Kraft in seinem Leben war, aber er hatte diesen mächtigen Antrieb vor sich und anderen verborgen. „Jetzt war ich mir sicher, dass ich weit von Gott entfernt war […]. Ich hatte ein großes Bedürfnis nach seiner Vergebung und wünschte, dass Christus diesen schrecklichen Geist des Neides in meinem Denken beseitigte."

Er wandte sich Christus zu, entschlossen, sein Verhalten zu ändern. Er beschloss, im Geschäft nicht mehr so skrupellos zu sein, großzügiger zu Kunden, Mitarbeitern und Aktionären zu sein und mit seinem Vermögen im Allgemeinen großzügiger umzugehen. Er war bereit, seine Sünden aufzugeben, aber er wusste, dass gute Absichten allein ihm keine Vergebung einbringen würden. „Ich bat Christus, mir zu vergeben, und vertraute darauf, dass sein Tod meine Sünden getilgt hat." Dies war der Wendepunkt in seinem Leben.[15]

Gottes Vergebung annehmen

Schließlich gibt es noch etwas, was wir empfangen. Nach der Reue muss die Freude kommen – die Freude über die umsonst geschenkte Barmherzigkeit Gottes. Reue ohne Freude führt zu Verzweiflung.

In Sprüche 28,13 heißt es, dass die Umkehr eine dritte Handlung nach sich zieht, nämlich das *bereitwillige Empfangen und Annehmen von Gottes frei geschenkter Barmherzigkeit.* Das hebräische Wort für „Barmherzigkeit empfangen" (hebr. *rhm*) ist das Wort für Mutterschoß. Alttestamentler sagen uns, dass das Wort die Gefühle von Eltern gegenüber ihren neugeborenen Kindern beschreibt. „Das Verb wird immer im Zusammenhang mit dem Gefühl des Erbarmens von Eltern gegenüber ihren Kindern verwendet."[16] Die Liebe einer Mutter zu ihrem Kind im Mutterleib ist nicht etwas, was das Kind „verdient" hat – sie erwächst einfach daraus, dass das Herz der Mutter stark bewegt ist. Mit anderen Worten: Die Barmherzigkeit, die Gott dem reuigen Menschen anbietet, ist völlig kostenlos, unverdient, vorbehaltlos und zutiefst persönlich, und das ist ein wichtiger Teil der Reue, der oft übersehen wird. Echte Reue beinhaltet die Annahme von Gottes frei geschenkter Barmherzigkeit.

Falsche Reue dagegen besteht darauf, dass Vergebung verdient wird. Und deshalb findet man häufig Menschen, die den ersten und zweiten Schritt der Umkehr – Bekennen und Aufgeben des falschen Verhaltens – vollziehen, aber dann darauf beharren, dass sie „nicht fühlen, dass ihnen vergeben ist", oder auch, dass sie „sich selbst nicht vergeben können". Viele verzweifeln an ihrer Sünde, weil sie von vornherein nicht geglaubt haben, dass ihr Verhältnis zu Gott auf reiner Gnade beruht. Sie mögen ein Lippenbekenntnis zur Vorstellung der Gnade Gottes abgeben, aber sie gründen ihre Rechtfertigung auf ihre Heiligung – ihre Leistung. Das heißt, sie glauben, dass Gott sie auf der Grundlage ihrer moralischen Leistung und ihrer relativen Freiheit von Sünde und Fehlverhalten geliebt und angenommen hat. Wenn ein Mensch, der immer noch von der Überzeugung ausgeht, dass er durch sein moralisches Leben gerettet ist, in Sünde fällt, erschüttert das sein Lebensfundament.

Ein solcher Mensch will seine Sünde „abarbeiten", die Sünde sühnen, Vergebung verdienen. Er kann sie nicht zu Gott bringen und sie dort lassen. Er schleppt die Schuld mit sich herum als Versuch, selbst für die Sünde zu bezahlen, in der Hoffnung, dass Gott und andere schließlich erklären werden, dass er genug gelitten hat und ihm vergeben werden kann. Aber stattdessen sollte er sich von der Erkenntnis der eigenen Sündhaftigkeit dazu bringen lassen, das Ausmaß der Barmherzigkeit Gottes zu erkennen und über seine Gnade zu staunen.

Falsche Reue besteht darauf, dass Vergebung verdient wird.

Zusammenfassend lässt sich sagen, dass Reue beginnt, wenn Schuldzuweisungen, Selbstmitleid und selbstgerechte Verzweiflung aufhören. Sie beginnt dort, wo Sünde bekannt wird, wo man der Sünde absagt und die freie Gnade Gottes annimmt. Dann können sich die Wolken von Schuld und Scham lichten – und wir können singen:

Es überrascht ein Licht den Christen, der da singt;
Der Herr selbst naht sich ihm, auf dass er Heilung bringt.[17]

Gottes Barmherzigkeit „frisch“ erhalten

Der Standardmodus des menschlichen Herzens ist es, die Kontrolle über das eigene Leben zu behalten, indem man sich sein eigenes Heil verdient. Die Idee der freien, unverdienten Gnade ist für das selbstsüchtige menschliche Herz sowohl anstößig als auch unnatürlich. In Victor Hugos Roman *Les Misérables* ist Jean Valjean von der Vergebung des Bischofs von Digne, M. Myriel, eines gutherzigen Seelsorgers, überwältigt. Er erkennt, dass sie ihm sein Selbstmitleid und seine Selbstgerechtigkeit raubt, die ihn dazu brachten, ein zorniges und egoistisches Leben zu rechtfertigen.

Selbst wenn wir die Tatsache der Vergebung und Annahme durch Gott anfangs akzeptieren, müssen wir für den Rest unseres Lebens unser Verständnis dafür stetig vertiefen und unsere Erfahrung damit auffrischen.

Eine Möglichkeit, dies zu tun, ist, die biblischen Texte, die direkt über Gottes Vergebung sprechen, aufzuschlagen, zu studieren und regelmäßig darüber zu meditieren (siehe Anhang B).

Eine zweite Möglichkeit, die Erfahrung der Vergebung Gottes zu vertiefen, ist die, sich mit den verschiedenen Dogmen zu befassen, die die Grundlage dafür bilden. Dazu gehören die Lehre von der Stellvertretung (dass Jesus die Strafe für unsere Sünde vollständig und an unserer Stelle bezahlt hat) und die Lehre von der Rechtfertigung (dass uns, wenn wir unser Vertrauen auf Christus setzen, seine Gerechtigkeit, sein makelloses Leben, rechtlich „zugerechnet“ wird).

Das vielleicht umfassendste biblische Thema, das all diese Segnungen umfasst, ist der Gedanke, dass wir, wenn wir an Christus glauben, sowohl rechtlich als auch lebensmäßig mit ihm verbunden sind, mit seinem Leben und Tod (Römer 6,1-4) und mit seiner Himmelfahrt (Epheser 2,6). Was kann es bedeuten, dass wir mit ihm gestorben sind oder dass wir *jetzt* einen Platz bei ihm in der himmlischen Welt haben? Wie das Kirchenlied sagt: „Ich kann's mit meinen Sinnen nicht erreichen."[18]

In den Augen des Vaters sind wir so sehr mit Christus verbunden, dass er, wenn er uns sieht, Jesus sieht. Christen sind so eins mit Christus, dass uns vergeben ist, als wären *wir* bereits für unsere Sünden gestorben, als wären *wir* bereits auferweckt worden. Wir sind so eins mit Christus, dass der Vater, wenn er uns sieht, uns so behandelt, als ob wir die ganze Herrlichkeit und Ehre verdienen, die Jesus gebührt. Mehr als 160 Mal spricht Paulus im Neuen Testament davon, dass wir „in Christus" oder „in ihm" sind. Er selbst nennt sich „einen Menschen in Christus" (2. Korinther 12,2). Diese Zuschreibung hat das Selbstverständnis des Paulus völlig beherrscht, und sie muss auch das unsere beherrschen.

Eine der vielen wunderbaren Dimensionen dieser großen Wahrheit findet sich in 1. Johannes 2,1, wo der Apostel schreibt, dass wir, wenn wir sündigen, daran denken sollen, dass „wir einen Anwalt [haben], der beim Vater für uns eintritt: Jesus Christus, den Gerechten".

Der Vater behandelt uns so, als ob wir die ganze Ehre verdienen, die Christus gebührt

Vor einigen Jahren las ich den Entwurf einer Predigt, die Charles Hodge im Jahr 1861 vor den Studenten des Princeton Theological Seminary hielt. In der Predigt erörtert Hodge die Idee eines „Anwalts" vor einem Gericht für jemanden, der oder die eines Verbrechens beschuldigt wird. Stellen Sie sich vor, Sie werden angeklagt, aber Sie haben einen Verteidiger. Wie sieht diese Beziehung aus? Hodge schreibt, dass die Beziehung eines Anwalts zu seinem Mandanten eine sehr intime und kraftvolle sein sollte. Wenn Ihr Verteidiger vor Gericht brillant ist, wird ihr Fall gut ausgehen. Wenn er vor Gericht wortgewandt ist, wird Ihr Fall wortgewandt vertreten. Was auch immer Ihr Anwalt tut, wird Ihnen zugeschrieben. „Der Erstere [der Anwalt] *verkörpert* Letzteren [den Klienten], er nimmt die Stelle des Klienten ein. Die Beziehung ist höchst intim, solange sie besteht. Der Mandant selbst […] wird nicht gehört […] nicht beachtet. Er ist ganz in seinem Anwalt repräsentiert. Das ist die Beziehung, in der Christus als unser Anwalt zu uns steht. Er tritt vor Gott für uns ein. Wir sind durch ihn repräsentiert. Er, nicht wir, wird gesehen, gehört und betrachtet […]. Christus nimmt also unsere Stelle ein.“[19]

Makellos vor dem Richterstuhl des Universums

Ist Jesus strahlend? Wunderschön? Makellos? Ist er „der Schönste unter Zehntausenden“? So erscheinen Sie vor dem Richterstuhl des Universums. Sie gehen ganz auf in Ihrem Anwalt.

Als ich diese Predigt zum ersten Mal las, hat sie mich nachhaltig beeindruckt. Ich begann zu erkennen, dass meine Arbeitswut eine Weise war, wie ich versuchte, mein eigener Anwalt zu sein. Es war, als hätte ich den brillantesten Verteidiger der Welt, und ich stünde immer wieder auf und sagte: „Lassen Sie *mich* sprechen. Lassen Sie *mich* den Zeugen befragen. Lassen Sie *mich* den Fall vor den Geschworenen vortragen.“ Aber nur Jesus Christus kann den Fall zuverlässig zu meinen Gunsten vertreten. Er kann von mir sagen: „Vater, ich habe jede deiner Forderungen an seiner Stelle und für ihn erfüllt. Nun nimm meinen Freund, meinen Bruder, meinen Sohn an, weil ich alles für ihn getan habe.“

Wenn unser Herz uns verurteilt, ist Jesus unendlich viel größer als unser Herz, und wir können diese Größe umso mehr spüren, je besser wir wissen und verstehen, was das Wort Gottes über seine frei geschenkte Gnade und Vergebung sagt.

In Lukas 7 wird berichtet, dass Jesus im Hof des Hauses von

Simon, einem Pharisäer, beim Essen sitzt, als ihn „eine Frau aus der Stadt“ anspricht. Der Begriff ist ein Euphemismus für eine Prostituierte. Sie kniet zu Jesu Füßen, weint und salbt ihm in einem Akt der Hingabe die Füße. Simon erkennt sie als „Sünderin“ und ist erstaunt, dass Jesus ihre öffentlichen Liebesbekundungen akzeptiert, statt sich von ihr abzuwenden. Jesus antwortet mit einem Gleichnis von zwei Schuldnern, von denen einer zehnmal mehr schuldet als der andere und denen beiden von ihrem Kreditgeber die Schulden erlassen werden. „Welcher von den beiden wird ihm gegenüber wohl größere Dankbarkeit empfinden?“, fragt Jesus Simon (Lukas 7,40-42). Er bekommt die offensichtliche Antwort – der, dem mehr erlassen wurde.

Jesus weist dann darauf hin, dass Simon, der sich offenbar nicht als Sünder sieht, der Vergebung nötig hätte, ihn ziemlich steif und förmlich begrüßt hat, während die große Liebe und Herzlichkeit der Frau aus der Freude über die große Vergebung, die sie erfahren hatte, erwuchsen. Die Lektion ist natürlich nicht, dass es besser ist, ein Leben mit großen, skandalösen, berüchtigten Sünden zu führen. Aber das gesamte Neue Testament lehrt, dass Simon wegen seines Stolzes ebenso sehr, wenn nicht sogar noch mehr, die Vergebung brauchte wie die Frau wegen ihrer Unmoral. Wenn wir uns an Christus wenden und um Vergebung bitten, werden wir durch die Kraft des Heiligen Geistes Liebe und Freude erfahren.

Der Prophet Micha sagt, dass Gott „all unsere Sünden niedertreten“ und „in die Tiefen des Meeres werfen“ wird (Micha 7,19; ELB). Die bekannte niederländische Autorin Corrie ten Boom sagte oft, dass Gott, wenn er unsere Sünden ins tiefe Meer wirft, ein Schild aufstellt: „Angeln verboten!“ Gott hat mit Ihren Sünden abgeschlossen. Bleiben Sie nicht dabei stehen, um sich immer von Neuem schuldig zu fühlen. Gehen Sie in Liebe weiter.[20]

Das Blut Christi

Kehren wir noch einmal zurück zu Psalm 51. David weiß, dass er gesündigt und „getan hat, was in deinen [Gottes] Augen böse ist“ (Vers 6). Er weiß, dass er „das Blut eines Menschen vergossen“ hat (Vers 16). Und doch hat er das Vertrauen, dass Gott ihm aufgrund seiner *chesedh* – seiner „unerschütterlichen Liebe“, seiner bedingungslosen Bundesliebe – vergeben wird. David spürt seine völlige Unwürdigkeit, und doch hat er das Vertrauen, dass er dennoch angenommen ist. Wenn Sie sich nur unwürdig fühlen und kein Vertrauen haben, dann wird die Umkehr nicht funktionieren. Sie werden sich selbst fertigmachen und hoffen, dass Gott sich erbarmt. Wenn Sie Vertrauen haben, aber nicht das Gefühl, zutiefst unwürdig zu sein, werden Sie Selbstmitleid empfinden und sich nicht ändern. David ist absolut demütig; er sieht, wie unwürdig er ist, und er ist dennoch völlig zuversichtlich.[21]

Wir haben also keine Ausreden, denn auf dieser Seite von Kreuz und Auferstehung sehen wir klar, was David nur „wie in einem trüben Spiegel“ (1. Korinther 13,12; Hfa) erkennen konnte. David betete: „Verstoße mich nicht aus deiner Nähe“ (Psalm 51,13; Hfa), und Gott tat es nicht. Aber das lag daran, dass Jesus am Kreuz aus der göttlichen Gegenwart verstoßen wurde – er bekam, was David verdient hatte. Jesus schrie: „Mein Gott, mein Gott, warum hast du mich verlassen?“ (Matthäus 27,46), damit David das nicht tun musste.

Das ist das Geheimnis einer wirklichen Veränderung. Es reicht nicht zu sagen: „Gott ist ein liebender Gott, und ich habe ihm das Herz gebrochen.“ Das ist zu abstrakt. Jesus starb am Kreuz, sah uns alle vor sich, sah, wie wir ihn verleugnen und verraten, und doch blieb Jesus Christus am Kreuz – der größte Akt der Liebe in der Weltgeschichte. Er sah, wie wir sind, und er blieb am Kreuz. Wer sieht, wie Jesus für ihn stirbt, und weiß, dass der Grund, warum er stirbt, seine eigenen täglich begangenen Sünden sind, wird nichts mehr mit seinen Sünden zu tun haben wollen.

> *Denn alle haben gesündigt, und in ihrem Leben kommt Gottes Herrlichkeit nicht mehr zum Ausdruck, und dass sie für gerecht erklärt werden, beruht auf seiner Gnade. Es ist sein freies Geschenk aufgrund der Erlösung durch Jesus Christus. Ihn hat Gott vor den Augen aller Welt zum Sühneopfer für unsere Schuld gemacht. Durch sein Blut, das er vergossen hat, ist die Sühne geschehen, und durch den Glauben kommt sie uns zugute. (Römer 3,23-25)*

1955 wurde Billy Graham eingeladen, an der Universität Cambridge eine Woche lang zu den Studenten zu sprechen. Als dies bekannt wurde, erschienen in der Londoner Times Briefe, die sich darüber aufregten, dass dieser fundamentalistische, baptistische amerikanische Prediger vor den besten und intelligentesten Studenten Großbritanniens über eine primitive Religion sprechen sollte, die von Blut und Sühne und von der Hölle redete.

Graham gestand ein, dass ihn das kränkte. Er ärgerte sich über die Charakterisierung als ungebildeter Provinzler. An den ersten drei Abenden, die er in Cambridge verbrachte, zitierte er Intellektuelle und Wissenschaftler und versuchte, in einem eher akademischen Stil zu sprechen – aber er spürte, dass seine Botschaft nicht ankam. Also ging er auf die Knie, betete und beschloss, seine vorbereiteten Notizen wegzuwerfen und einfach über das Blut Christi und das Kreuz zu predigen.[22] Dick Lucas, der viele Jahre lang Pfarrer der anglikanischen Gemeinde St. Helen's in Bishopsgate in London war, erinnerte sich in einer aufgezeichneten Predigt an das, was er an diesem letzten Abend erlebte.

> *Ich werde diesen Abend nie vergessen. Ich saß in einem völlig überfüllten Altarraum in Great St. Mary's auf dem Fußboden, neben mir auf einer Seite der Regiusprofessor of Divinity, auf der anderen der Kaplan des Colleges (ein zukünftiger Bischof). Beide waren gute Männer, aber völlig ablehnend gegenüber der Vorstellung, dass wir die Erlösung von der Sünde durch das Blut Christi brauchen. Der gute Billy Graham stand an diesem Abend auf und begann bei der Genesis und ging die ganze Bibel durch und sprach über jedes einzelne Opfer, das darin erwähnt wird.*
>
> *Eine Dreiviertelstunde lang floss das Blut in der ganzen großen Halle, überall. Meine beiden Nachbarn waren entsetzt über diese plumpe Verkündigung des Blutes Christi und waren sich sicher, dass kein intelligenter, kultivierter junger Brite etwas von diesem Zeug glauben würde. Aber am Ende der Predigt blieben zum Entsetzen aller vierhundert junge Männer und Frauen zurück, um ihr Leben Christus anzuvertrauen. [Es gab damals nur achttausend Studenten in Cambridge.]*
>
> *Ich erinnere mich daran, dass ich einige Jahre später in der Kathedrale von Birmingham einen jungen Pfarrer traf, der in Cambridge studiert hatte. Bei einer Tasse Tee fragte ich ihn:*
>
> *„Wo hat für Sie die Sache mit dem Glauben angefangen?"*
>
> *„Oh, in Cambridge, 1955", sagte er.*
>
> *„Wann?"*
>
> *„Billy Graham."*
>
> *„An welchem Abend?"*
>
> *„Es war Mittwochabend."*

„Wie ist das passiert?"
„Tja", sagte er, „alles, woran ich mich erinnere, ist, dass ich zum ersten Mal in meinem Leben aus Great St. Mary's herausging und dachte: ‚Christus ist wirklich für mich gestorben.'"[23]

Die Vergebung Gottes wurde für ihn endlich Wirklichkeit, und er war nie mehr derselbe.

Für die Universitätsvertreter war es unglaublich, dass ein Mann wie dieser, der eine so einfache Predigt über das Blut Christi, das Sünden vergibt, hielt, das Leben eines jungen Mannes so völlig verändern konnte. Aber so war es. Und das kann bei jedem von uns ebenfalls geschehen.

KAPITEL 10

Anderen Vergebung gewähren

Von ihm war keine glückliche Versöhnung zu erzielen – kein ermunterndes Lächeln, kein großmütiges Wort … Als ich ihn fragte, ob er mir vergeben habe, sagte er, dass es nicht seine Gewohnheit sei, die Erinnerung an eine Kränkung zu bewahren, dass er nichts zu vergeben habe, da er gar nicht beleidigt sei. Und mit dieser Antwort ging er von mir. Es wäre mir lieber gewesen, wenn er mich mit den Fäusten zu Boden geschlagen hätte.

Charlotte Brontë, Jane Eyre[1]

Wie vergeben wir Menschen, die uns verletzt haben? Die Antwort finden wir weitestgehend in Lukas 17, was wir bereits angeschaut haben (vgl. S. 149 f.).

„Seid wachsam gegen euch selbst! Wenn dein Bruder – und das gilt entsprechend für die Schwester – ein Unrecht begangen hat, dann stell ihn zur Rede, und wenn er es bereut, dann verzeih ihm. Selbst wenn er siebenmal am Tag an dir schuldig wird, sollst du ihm verzeihen, wenn er kommt und sagt: ‚Es tut mir leid!'" (Vers 3-4; GNB)

In diesen Versen erklärt Jesus, dass sein Jünger zu sein bedeutet, ein Leben der beständigen Vergebung zu führen. Es ist ein erstaunlicher Aufruf und die Jünger protestieren sofort: „Dafür haben wir nicht genug Glauben!" Aber ein genauerer Blick auf diesen und andere biblische Texte wird uns zeigen, dass Christen tatsächlich die Mittel zur Verfügung haben, um ein solches Leben zu führen.

Warum sollen wir in der Grundhaltung der Vergebung leben?

Wir sollten den allerersten Satz Jesu in diesem Abschnitt nicht übersehen. Er sagt: „Seid wachsam gegen euch selbst", und dann spricht er über Vergebung, wenn jemand uns Unrecht zufügt. Das ist nicht unmittelbar einleuchtend. Wenn uns jemand Unrecht tut, gilt unsere Aufmerksamkeit in der Regel dem, der uns geschädigt hat. Jesus sagt jedoch: „Wenn euch jemand Unrecht zufügt, dann müsst ihr besonders auf euch selbst achten."

Hinter dieser Warnung steht der Gedanke, dass es sehr leicht ist, eine unbarmherzige Wesensart zu entwickeln und dies an sich selbst nicht zu erkennen. In Hebräer 12,15 heißt es: „Lasst nicht zu, dass aus einer bitteren Wurzel eine Giftpflanze hervorwächst, die Unheil anrichtet; sonst wird am Ende noch die ganze Gemeinde in Mitleidenschaft gezogen." Das Bild ist bezeichnend. Sie gehen zu einer Ecke Ihres Ackers und sagen: „Ich will diesen Baum hier nicht mehr haben." Sie fällen den Baum, entfernen den Stumpf und sagen: „Das wäre erledigt." Aber damit ist es nicht getan, denn einige Zeit später kommen Sie zurück zu dieser Ecke des Feldes und stellen zu Ihrer Überraschung fest, dass dort jetzt ein junger Baum wächst. Und warum? Weil unter der Oberfläche Wurzeln verblieben sind, die Ihren Augen verborgen waren und weitergewachsen sind.

Die Bibel sagt, dass es schwer ist, zuzugeben, wie zornig wir auf die Menschen sind, die uns verletzt haben. Unsere erste Reaktion ist meist die, dass wir sagen: „Oh, alles okay. Nein, ich bin nicht zornig – vielleicht ein bisschen verärgert.“ Um unser Bild von uns selbst als gute Menschen aufrechtzuerhalten, leugnen wir, wie viel Bitterkeit in uns steckt. „Ich habe vergeben“, sagen Sie (und meinen, dass Sie nicht aktiv auf Vergeltung aus sind), „aber vergessen kann ich es nicht“ (was bedeutet, dass Sie dem Betreffenden alles Unheil wünschen und immer noch voller Groll sind).

Wenn Jesus zu den Geschädigten sagt: „Seid wachsam gegen euch selbst“, und der Verfasser des Hebräerbriefs sagt: „Lasst nicht zu“ (ein Begriff, der besagt, dass man auf etwas sehr genau achten soll), dann bedeutet das: Wir sollten davon ausgehen, dass wir nachtragender und deutlich weniger vergebungsbereit sind und mehr davon bestimmt werden, was andere uns angetan haben, als wir denken. Versteckte Wurzeln wirken im Verborgenen; wenn man nicht nach ihnen gräbt, um sie zu finden, sieht man sie vielleicht erst, wenn sie schon neue Triebe gebildet haben und man etwas Herzloses getan oder gesagt hat, das einen selbst schockiert.

Wir werden mehr davon bestimmt, was andere uns angetan haben, als wir denken.

Wenn wir nicht ganz bewusst von Herzen und mit all der Hilfe, die Christus anbietet, vergeben, wird unser Zorn uns und andere „vergiften“, wie es wörtlich in Hebräer 12,15 heißt. Das englische Wort *wrath (Zorn)* kommt von derselben angelsächsischen Wurzel wie das Wort *wreath (Kranz). Zorn* bedeutet, dass wir durch unseren Zorn aus unserer normalen Form gebracht, „verdreht“ werden.

Und von demselben angelsächsischen Wort stammt auch das heute etwas archaische englische Wort *wraith (Gespenst)*. Es kommt kaum noch vor (es sei denn, Sie lesen den Roman *Herr der Ringe* in englischer Sprache), aber es ist ein altes Wort für ein Gespenst, einen Geist, der keine Ruhe finden kann. Der Legende nach bleiben Geister an dem Ort, an dem ihnen etwas angetan wurde, und sie können nicht aufhören, das Geschehen wieder und wieder zu erleben. Wenn wir unseren Zorn nicht durch Vergebung bewältigen, kann er uns zu einem Gespenst machen und uns langsam, aber sicher in einen ruhelosen Geist verwandeln; in jemanden, der von der Vergangenheit kontrolliert wird; jemanden, der ständig von dem, was ihm geschehen ist, verfolgt wird.

Wenn Sie zum Beispiel jemand verletzt hat und Sie nicht in der Lage waren zu vergeben, bekommen Sie zumindest ein wenig geistliches Fieber, auch Selbstmitleid genannt. Das versetzt Sie in eine Art Anspruchshaltung – Sie haben das Gefühl, dass Sie für das, was Sie durchgemacht haben, eine Entlastung, eine gute Behandlung verdient haben. Wenn diese ausbleibt, können Sie in freudlosen Zynismus über die Menschen und das Leben an sich abrutschen. Oder sagen wir, Sie können einem Menschen, der die Beziehung mit Ihnen beendet hat, nicht verzeihen. Das kann sich auf Ihre gesamte Einstellung zu Liebesbeziehungen überhaupt auswirken.

Wenn Sie Ihren Eltern manches nicht verzeihen können, was sie getan haben, wird dies Ihre Beziehung zu Autoritätspersonen beeinträchtigen. Wenn Sie eigene Kinder haben, überkompensieren Sie vielleicht und tun entweder *mehr* oder *das Gegenteil* von dem, was Sie von Ihren Eltern erfahren haben. Es könnte sein, dass Sie Ihre Kinder nicht nach *deren* Bedürfnissen erziehen, sondern nach Ihren eigenen.

Seien wir daher wachsam gegen uns selbst. Wir leben in einer Welt, in der öffentliche Ächtung, unvermittelte Kontaktabbrüche und Beleidigungen an der Tagesordnung sind. Wir werden immer wieder Brüskierungen erleben, und möglicherweise werden wir auch echtes Unrecht erfahren. Wie können wir verhindern, dass all dies uns in ein Gespenst verwandelt, das von der Vergangenheit kontrolliert wird? Wir müssen lernen zu vergeben – und wir müssen es gut tun.

Schritte der inneren Vergebung

Vergebung, die von Herzen kommt, umfasst mehrere Schritte: sich mit dem Täter identifizieren, die Schuld innerlich selbst begleichen und dann bereit sein, dem Schuldigen Gutes zu tun. Das ist schwer. Aber wenn wir verhindern wollen, dass wir zu jemandem werden, der wir – könnten wir in die Zukunft sehen – niemals sein möchten, ist es unumgänglich.

Erstens bedeutet Vergebung, *sich mit dem Täter zu identifizieren*. In Lukas 17 sagt Jesus: „Wenn dein Bruder – und das gilt entsprechend für die Schwester – ein Unrecht begangen hat, dann stell ihn zur Rede, und wenn er es bereut, dann verzeih ihm" (Vers 3; GNB).

Manchmal wird dieser Text so verstanden, dass man jemandem, der oder die einen verletzt hat, nicht vergeben muss, solange er oder sie ihr Tun nicht bereut. Aber Markus 11,25 sagt: Wenn du betest und merkst, dass du *etwas gegen jemanden hast*, sollst du ihm in diesem Moment vergeben. (S. oben Kapitel 7.) Es gibt keinen Grund, diese Verse gegeneinander auszuspielen. Echte Vergebung hofft immer auf eine vollständige Wiederherstellung des Täters und der Beziehung. Wenn aber, wie es in unserer gefallenen Welt so oft der Fall ist, diese Versöhnung nicht stattfindet, sagt uns Markus 11,25, dass wir trotzdem in unserem Herzen vergeben müssen (und sollen).

Machen wir uns klar, worauf Jesus hier abzielt: Der Bruder oder die Schwester, die gegen Sie sündigt, ist immer noch ein

Bruder oder eine Schwester wie Sie, die Sie lieben sollen (1. Johannes 3,14). Der Nächste ist immer noch ein Nächster, den Sie lieben sollen wie sich selbst (Lukas 10,25-37). Die entscheidende Wahrheit ist: *Wir sind alle gleich.* Aber wenn uns Unrecht zugefügt wird, kann man das leicht aus den Augen verlieren.

Wenn eine Karikaturistin jemanden lächerlich aussehen lassen will, kann sie eine Karikatur zeichnen. Sie kann einen Gesichtszug einer Person, der ungewöhnlich ist, oder etwas Unattraktives an der Person nehmen und so übertreiben, dass die Person bloßgestellt ist. Das ist genau das, was unser Herz tut, wenn uns jemand Unrecht antut. Wir denken eindimensional an den Betreffenden, nur noch in Bezug auf die eine Sache, die er oder sie uns angetan hat.

Wenn Sie jemand angelogen hat, sagen Sie sich: „Sie hat gelogen, weil sie einfach eine Lügnerin ist!" Aber wenn Sie selbst bei einer Lüge ertappt werden und jemand fragt, warum *Sie* gelogen haben, sagen Sie: „Na ja, schon, aber es ist kompliziert. Ich wollte nicht …" Ja, Sie haben gelogen, aber im Grunde sind Sie ein guter Mensch. Während Sie sich selbst also weiterhin als dreidimensionales, komplexes menschliches Wesen sehen, fangen Sie an, die Person, die Sie belogen hat, eindimensional als böse zu betrachten.

Der Mensch, auf den Sie wütend sind, weil er gelogen hat, ist in Ihrer Vorstellung auf diese Lüge reduziert worden. Es dient der Selbstrechtfertigung, wenn man das Unrecht aufgreift und sagt: „So etwas würde *ich* nie tun." Dieser Impuls, sich mit dem Lügner zu vergleichen und sich überlegen zu fühlen, ist eine instinktive Reaktion des Herzens, mit dem es versucht, sich gegen den Täter zu wehren. Auf den Täter herabzublicken, fühlt sich wie ein kleiner Sieg über ihn an – aber es führt zu Selbstgerechtigkeit, und Selbstgerechtigkeit im Herzen ist immer tödlich. Lewis Smedes schreibt:

> *Groll zu hegen, ist bittersüß. Wenn wir ihn nicht so gern hätten, würden wir ihn loslassen. Was für einen Gewinn haben wir von unserem Groll? Warum halten wir Rechnungen offen? Erstens fühlen wir uns dadurch dem Menschen, gegen den wir einen Groll hegen, überlegen. [… Außerdem] genießen [wir] das Gefühl des Verletztseins, das die Erinnerung immer wieder befeuert […]. Wir fühlen uns edel und würdig als die anständige Person, die zu Unrecht verletzt wurde. Groll erfüllt einen doppelten Zweck: Er bereitet uns einen Schmerz, den wir genießen, und er gibt uns die Möglichkeit, uns selbst zu rechtfertigen. [… Doch] er deprimiert uns auch, er raubt uns die Dankbarkeit und schleicht sich in andere Beziehungen ein.*[2]

Groll führt immer dazu, dass wir uns dem Schuldigen moralisch überlegen fühlen, und das macht es wiederum schwieriger, den Groll loszuwerden. Wenn wir nicht erkennen, dass auch wir Sünder sind, die der Gnade bedürfen, wird unser Groll uns verdrehen und vergiften. Miroslav Volf hat das geradezu klassisch wie folgt dargelegt:

> *Die Vergebung gerät ins Straucheln, weil ich den Feind aus der Gemeinschaft der Menschen ausschließe und zugleich mich selbst aus der Gemeinschaft der Sünder. Aber niemand kann lange in der Gegenwart des Gottes des gekreuzigten Messias sein, ohne diese doppelte Exklusion zu überwinden […]. Wenn man weiß, dass der Folterer nicht ewig über sein Opfer triumphieren wird, dann ist man frei, die Menschlichkeit des anderen neu zu entdecken und Gottes Liebe zu ihm nachzuahmen. Und wenn man weiß, dass Gottes Liebe größer ist als alle Sünde, ist man frei, sich*

selbst im Licht von Gottes Gerechtigkeit zu betrachten und so seine eigene Sündhaftigkeit wieder zu entdecken.[3]

Wenn wir wirklich vergeben wollen, müssen wir uns mit den Tätern identifizieren – wir müssen, wie Volf es ausdrückt, erkennen, dass wir gleichermaßen Mitsünder und sie gleichermaßen Mitmenschen sind. Das ist der erste Schritt.

Mitsünder und Mitmensch

Die Schulden übernehmen

Das zweite Element der Vergebung besteht darin, die Schuld des Schuldigen innerlich selbst zu begleichen, anstatt ihn zur Zahlung zu zwingen. Das Wort „vergeben", das hier verwendet wird – *aphiemi* –, bedeutet, eine Schuld zu streichen oder zu „erlassen".[4] Etwas zu erlassen, bedeutet, es abzulehnen, die Person, die einem etwas schuldet, zahlen zu lassen – und daher die Kosten selbst zu tragen oder zu übernehmen. Hier kommen wir zum Kern des christlichen Verständnisses von Vergebung.

Wenn Sie geschädigt werden, schuldet der Täter Ihnen etwas. Das kann wörtlich gemeint sein. Was ist, wenn ein Gast auf einer Party in Ihrer Wohnung versehentlich eine teure Lampe zerbricht? Er entschuldigt sich wortreich, aber Sie sagen: „Lass es gut sein" – mit anderen Worten, Sie verzeihen ihm. Nun müssen Sie aber entweder für den Ersatz der Lampe bezahlen oder auf das Licht in diesem Teil des Raumes verzichten. In jedem Fall bedeutet Ihre Vergebung, dass Sie jetzt die Kosten für etwas tragen, was ein anderer verursacht hat, und nicht er selbst. Ein Fehlverhalten hat immer einen Preis, und der muss von jemandem getragen werden. Entweder trägt der die Kosten, der den Schaden verursacht hat, oder jemand anders muss sie tragen. Das gilt auch dann, wenn ein Schaden nicht finanziell messbar ist. Der Schaden kann den Ruf eines Menschen, eine Beziehung, die Gesundheit oder etwas anderes betreffen. Vergeben bedeutet, auf Vergeltung zu verzichten (Römer 12,17-21), die Kosten auf sich zu nehmen und *nicht* darauf zu bestehen, dass der Schuldige Wiedergutmachung leistet oder „die Rechnung begleicht". Deshalb ist Vergebung für den Vergebenden immer teuer. Aber der Gewinn wiegt die Kosten auf – zumindest im Herzen dessen, der vergibt, und im besten Fall durch die Wiederherstellung der Beziehung und das Zeugnis der Kraft des Evangeliums.

Vergebung bedeutet, innerlich den Wunsch nach Rache loszulassen. Verzeihen bedeutet, dem Täter ein Geschenk zu machen, das er in keiner Weise verdient hat. In Liebe nimmt man auf sich selbst, was andere einem schulden. Und indem man das tut, folgt man wahrhaft den Spuren Jesu. Vergebung ist immer eine Form des bereitwillig angenommenen Leidens, das aber ein höheres Gut bewirkt.

Den Wunsch nach Rache loslassen

Wie wir im nächsten Kapitel sehen werden, ist es möglich, Gerechtigkeit anzustreben, ohne auf Vergeltung zu bestehen. Dennoch kann es für das Opfer sehr befriedigend sein, zu erleben, dass ein Täter eine gerechte Strafe erfährt. Die Worte Jesu in Markus 11,25 bedeuten aber trotzdem, dass wir dem Schuldigen vergeben sollen, bevor *wir wissen, wie er oder sie reagieren wird oder ob wir jemals erleben werden, dass in diesem Leben Gerechtigkeit geschieht.* Jesus sagt ganz klar: „Wenn ihr beten wollt … dann vergebt …" Die Argumentation hier ist sowohl theologisch als auch praktisch. Wie wir im Gleichnis aus Matthäus 18 gesehen haben, sind wir es Gott schuldig, anderen so aus vollem Herzen zu vergeben, wie Jesus uns vergeben hat. Aber in der Praxis gilt: Wenn wir nicht wenigstens einen Teil der Arbeit tun, die nötig ist, um dem Täter zu vergeben, werden wir, wenn wir zu ihm oder ihr gehen, nicht nach Gerechtigkeit, sondern nach Rache suchen, und der Täter wird das spüren und ebenfalls in den Kampfmodus gehen. Vergebung ist also nicht das Gegenteil davon, wahre Gerechtigkeit anzustreben. Sie ist, neben vielen anderen Dingen, die Voraussetzung dafür.

In einem kleinen klassischen Aufsatz über Vergebung beschreibt Dan Hamilton, wie er und seine Verlobte sich nach einer schmerzhaften Trennung im Laufe der Zeit gegenseitig verziehen haben.[5] Er schildert aufschlussreich, dass Vergebung zwar in einem Augenblick gewährt werden kann, für den Vergebenden jedoch ein innerer Prozess ist, der Zeit in Anspruch nehmen kann. „Vergebung kann so sein, als kaufte man jemandem ein teures Geschenk auf Kredit. Der Empfänger erhält das Geschenk in einem Moment [wenn man zum anderen sagt: ‚Ich vergebe dir'] und kann es von da an genießen, aber der Geber wird weiterhin unbemerkt bezahlen, bis die Schuld vollständig beglichen ist."[6] Dann veranschaulicht er das an seinem eigenen Beispiel:

> *Ich war mit einer jungen Frau verlobt, und sie löste die Verlobung. Ich vergab ihr […] aber [nur] in kleinen Beträgen über ein Jahr hinweg [… Diese Beträge] wurden immer dann gezahlt, wenn ich mit ihr sprach und es mir versagte, die Vergangenheit wieder aufzuwärmen. Sie wurden beglichen, wenn ich sie mit einem anderen Mann gesehen habe. Sie wurden entrichtet, wenn ich auf Eifersucht und Selbstmitleid verzichten musste, wenn ich für sie betete, während sie andere Beziehungen einging. Sie wurden geleistet, wenn ich sie lobte und von ihren Vorzügen sprach, obwohl ich ihren Ruf gern geschädigt hätte.*

Das waren die Zahlungen – aber sie hat nie davon erfahren. Und ihre Zahlungen waren für mich ebenfalls unsichtbar […]. Aber ich weiß, dass sie mir verziehen hat [… Vergebung] ist mehr als die Weigerung, jemanden zu hassen. Sie erfordert auch die bewusste Entscheidung, dem anderen Liebe und Akzeptanz entgegenzubringen […]. [Vergebung] bedeutet, mit unseren Gefühlen so umzugehen […], dass wir uns das dunkle Vergnügen versagen, innerlich unserem Ärger Luft zu machen oder ihn in Gedanken zu hätscheln […]. Schmerz ist die Folge der Sünde; es gibt keinen einfachen Weg, ihn zu bewältigen. Holz, Nägel und Schmerz sind die Währung der Vergebung, der Liebe, die heilt.[7]

Häufige Missverständnisse der Vergebung

Was Jesus über Vergebung sagt, bedeutet, dass viele der heute verbreiteten Auffassungen von Vergebung falsch sind.

Nicht selten wird heute eine Bitte um Verzeihung mit Achselzucken und einem „Ach, macht doch nichts“ oder „Kein Problem“ oder „Schon vergessen“ beantwortet. Als Jane Eyre im gleichnamigen Roman den Heiratsantrag von St. John ablehnt, bittet sie ihn um Verzeihung, und er gibt ihr eine kalte Antwort: „Als ich ihn fragte, ob er mir vergeben habe, sagte er, dass es nicht seine Gewohnheit sei, die Erinnerung an eine Kränkung zu bewahren, dass er nichts zu vergeben habe, da er gar nicht beleidigt sei. Und mit dieser Antwort ging er von mir. Es wäre mir lieber gewesen, wenn er mich mit den Fäusten zu Boden geschlagen hätte.“[8] Mit diesem letzten Satz drückt Jane Eyre aus, dass sie sich besser gefühlt hätte, wenn er sie tatsächlich bestraft oder ihr tatsächlich vergeben hätte. Aber er tat nichts davon. Er weigerte sich, Unrecht anzuerkennen. Er verharmloste und entschuldigte, statt zu vergeben. Lernen wir also, was Vergebung *nicht* ist:

- *Entschuldigung.* Eine Entschuldigung beseitigt die Notwendigkeit der Vergebung. Und manchmal, wenn Täter mit ihrer Tat konfrontiert werden und eine gute Erklärung für ihr Handeln abgeben, akzeptieren wir diese vielleicht und entschuldigen sie. Aber das ist keine Vergebung – es ist die Feststellung, dass es gar keine wirkliche Schuld gab.

„Entschuldigung": die Feststellung, dass es gar keine Schuld gab

- *Leugnen oder Beschönigen.* Vergebung bedeutet nicht, so zu tun, als ob eine Sünde keine Sünde wäre. Vergebung bedeutet nicht, das Unrecht zu leugnen oder so zu tun, als ob es nicht geschehen wäre. Tatsächlich beginnt Vergebung damit, dass man das volle Maß der Schuld und der Kosten annimmt. Der Preis kann nicht bezahlt werden, wenn er nicht benannt wird.

- *Nur von aktiver Rache Abstand nehmen.* Viele sagen: „Ich vergebe, aber ich kann nicht vergessen." Das bedeutet oft: „Ich werde jetzt nicht aktiv versuchen, dir zu schaden, aber ich werde dir die kalte Schulter zeigen und darauf setzen, dass es dir mies ergeht, weil du mir immer noch etwas schuldest." Kurz gesagt, man weigert sich, den inneren Preis zu zahlen, und wartet stattdessen darauf, dass dem anderen etwas Schlimmes zustößt, bis man das Gefühl hat, er habe nun für das Unrecht bezahlt.

- *Das Urteil aufschieben.* Man kann sagen: „Diesmal verzeihe ich dir, aber das nächste Mal werde ich nicht mehr so nett sein." Das bedeutet: „Ich setze das auf deine Rechnung. Es ist noch nicht so viel, dass ich jetzt schon eine vollständige Wiedergutmachung brauche. Aber die Rechnung bleibt offen! Du bist auf Bewährung."

- *Herablassende Barmherzigkeit als Waffe benutzen.* Es gibt eine Art „Ich vergebe dir" zu sagen, die in Wirklichkeit bedeutet: „Aber kapier gefälligst, wie viel besser ich bin als du – ich sehe darüber hinweg!" Es ist auch eine Art zu sagen: „Da ich dir verziehen habe, erwarte ich auch etwas von dir, und zwar nicht zu wenig." Man sagt damit: „Du schuldest mir eine Menge Unterwürfigkeit, weil ich mich nicht gerächt habe." Das *ist* eine Form der Rache.

- *Verzicht auf Gerechtigkeit.* Gerechtigkeit bedeutet, den Schuldigen aufzufordern, die Sünde vor Gott und dem Geschädigten zuzugeben und jede Strafe zu akzeptieren, die göttliches oder menschliches Recht verlangen.[9] Gerechtigkeit wird um Gottes, um anderer potenzieller Opfer und sogar um des Täters willen angestrebt. (Es ist niemals liebevoll, zuzulassen, dass jemand weiterhin ernsthaft sündigt – Galater 6,1). Menschen neigen dazu, entweder persönliche Rache zu üben in dem Glauben, dies sei Gerechtigkeit, oder überhaupt keine Gerechtigkeit anzustreben. Das eine ist Rachsucht, das andere Feigheit.

- *Sofortiges Vertrauen.* Manchmal denken Menschen, Vergebung bedeute, dass wir die Beziehung zum Täter sofort wieder in derselben Intensität aufnehmen müssen, wie sie vor dem Unrecht bestand. Aber solange jemand keine Anzeichen einer echten Veränderung zeigt, sollten wir ihm oder ihr nicht vertrauen. Wenn wir einem Menschen mit verletzenden oder schädigenden Verhaltensweisen sofort wieder vertrauen, könnte das bedeuten, dass wir ihn zu weiterer Sünde verleiten. Es ist eine traurige Tatsache, dass viele Kirchengemeinden Missbrauchstäter in vollem Umfang wieder in Vertrauenspositionen eingesetzt und ihnen Autorität verliehen haben, weil sie sagen, dass Vergebung diese Art der Rehabilitation einschließe. Aber bekanntermaßen hat Jesus Petrus nicht automatisch wieder zum Apostel berufen ohne eine gründliche Aufarbeitung des Vorgefallenen (Johannes 21). Vertrauen muss wiederhergestellt werden, aber wie schnell dies geschieht, hängt davon ab, wie der Täter auf die Zurechtweisung reagiert.

Das Wohl des anderen wollen

Das dritte Element der Vergebung ist die Bereitschaft, das Wohl des Schuldigen zu wollen. Am Kreuz sagt Jesus: „Vater, vergib ihnen, denn sie wissen nicht, was sie tun" (Lukas 23,34). Indem Jesus sich an den Vater wendet und für seine Henker betet, zeigt er uns einen wichtigen Aspekt der Vergebung. Er erkennt an, dass sie gesündigt haben (sonst bräuchten sie keine Vergebung), aber er nimmt auch mitfühlend zur Kenntnis, dass sie nicht vollständig verstehen, was sie tun. Wie später Stephanus (Apostelgeschichte 7,60) bittet er um Gnade für seine Mörder.

„Das Wohl des Täters" zu wünschen, ist eine Art Test. Wenn wir uns *sowohl* mit dem Schuldigen identifiziert *als auch* begonnen haben, die Schuld innerlich zu begleichen, sind wir frei, sein Bestes zu wollen.

Ein Geheimnis der Überwindung des Bösen besteht darin, klar zu sehen, dass das Böse nicht mit dem Täter identisch ist. Unser wahrer Feind ist das Böse in der Person, und wir wollen, dass es besiegt wird – in ihm oder ihr und ebenso auch in uns. Wenn wir darauf abzielen, wird der Ausbreitung des Bösen auf uns ein Riegel vorgeschoben. Hass und Stolz können uns nicht anstecken. Der Täter zieht uns nicht in einen Kreislauf aus Wut und Rache hinein. Darüber hinaus kann auch die Ausbreitung des Bösen in dem Schuldigen eingedämmt werden. Vielleicht wird er oder sie durch unsere Liebe berührt und erfährt so Hilfe. Wir können das nicht mit Sicherheit wissen, aber wenn es überhaupt geschehen soll, ist das der einzige Weg. Wir beschließen also, dem Täter Gutes zu wünschen und Wachstum und innere Heilung für ihn zu wollen. Wir beschließen, für ihn oder sie zu beten.

Bei der Rache geht es nur um uns selbst – nicht um die Ehre Gottes oder das Wohl der Opfer oder des Täters. Aber auch bei einem kompletten Kontaktabbruch geht es um uns selbst. Viele Menschen, denen Unrecht zugefügt wurde, sagen: „Ich will mit dieser Person nichts mehr zu tun haben. Ich will einfach nicht mehr mit ihr reden. Ich will mich nicht mehr mit ihr abgeben." Aber wenn uns jemand Schaden zufügt und wir innerlich zornig sind, nach außen aber höflich schweigen, sind wir das Gegenteil eines Jüngers Jesu. Jesus ruft uns auf, dem anderen innerlich vollkommen zu vergeben (Markus 11,25), damit wir ihm nach außen hin in Liebe die Wahrheit sagen können (Matthäus 18,15-20; Epheser 4,15).

Wie kann das gelingen? Der beste Startpunkt für diesen Weg der Vergebung ist es, für den Schuldigen zu beten. Jesus sagt, dass wir unsere Feinde lieben und für sie beten sollen (Matthäus 5,44), so wie er es selbst am Kreuz getan hat. Das bedeutet auch, dass wir innerlich nicht ständig wiederkauen sollen, was sie uns angetan haben (siehe unten). Es bedeutet auch, über bloße Höflichkeit hinauszugehen, indem wir die Stärken und Qualitäten des anderen ehrlich würdigen.

In *Team of Rivals: The Political Genius of Abraham Lincoln* erfahren wir, dass Lincoln Salmon Chase zum Obersten Richter des Obersten Gerichtshofs ernannte. Chase war äußerst qualifiziert und kompetent, aber als Finanzminister hatte er Lincolns Autorität untergraben. Als jemand den Präsidenten darauf hinwies, antwortete er: „Ich würde mich selbst verachten, wenn ich zuließe, dass persönliche Differenzen mein Urteil über seine Eignung für das Amt beeinflussen." Später sollte sich Lincolns persönlicher Sekretär daran erinnern, dass er nie einem Mann begegnet war, der „dieses Maß an Großmut besaß, einem Rivalen zu vergeben und ihn zu würdigen".[10] Wir sind zu ebensolchem Großmut aufgerufen, und zwar von dem, der gesagt hat:

> *„Ich aber sage euch: Liebt eure Feinde, und betet für die, die euch verfolgen. Damit erweist ihr euch als Söhne eures Vaters im Himmel. Denn er lässt seine Sonne über Bösen und Guten aufgehen und lässt es regnen für Gerechte und Ungerechte. Wenn ihr nur die liebt, die euch Liebe erweisen, was für einen Lohn habt ihr dafür zu erwarten? Tun das nicht sogar Leute wie die Zolleinnehmer? Und wenn ihr nur zu euren Brüdern freundlich seid, was tut ihr damit Besonderes? Tun das nicht sogar die Heiden, die Gott nicht kennen? Ihr aber sollt vollkommen sein, wie euer Vater im Himmel vollkommen ist." (Matthäus 5,44-48)*

Vergebung konkret

Als den Jüngern gesagt wird, dass sie „siebzigmal siebenmal“ (d. h. unendlich oft, immer) vergeben sollten, rufen sie: „Gib uns doch mehr Glauben!“ (Lukas 17,5). Und vielen Lesern wird es genauso gehen, sie denken: „Ich könnte das nie.“ Aber Sie können es. Der christliche Glaube gibt uns sowohl Übungen als auch Ressourcen an die Hand, um vergeben zu können.

Vergebung nach christlichem Verständnis besteht aus einer Reihe von Übungen – etwa Gebetsübungen (Markus 11,25; Matthäus 6,12.14-15) und Übungen des Umgangs mit anderen (Matthäus 5,21-24; 18,15-17). Sie ist nicht in erster Linie und ursprünglich ein Gefühl. Vergebung wird (oft eine ganze Weile früher) gewährt, bevor sie gefühlt wird – und nicht gefühlt, bevor sie gewährt wird. Sie ist ein Versprechen, von dem, der einen verletzt hat, *nicht* zu verlangen, dass er den Preis des Schadens zahlt. Vergebung ist ein Versprechen, das wir trotz unserer Gefühle zu halten entschlossen sind. Vielleicht haben Sie immer gedacht: „Ich muss mich erst vergebungsbereit fühlen, bevor ich Vergebung gewähre. Ich muss erst anfangen, weniger wütend zu sein, bevor ich das dem anderen nicht mehr anlaste.“ Wenn Sie warten, bis Sie Vergebung empfinden, bevor Sie sie gewähren, werden Sie es nie tun. Sie werden in einem Gefängnis des Zorns stecken bleiben.

Wenn Jesus in Markus 11,25 sagt: „Wenn ihr beten wollt und etwas gegen jemand habt, dann vergebt ihm“, meint er damit offensichtlich einen Willensakt. Vergebung ist eine Übung, bevor sie ein Gefühl ist. Sie ist etwas, was wir täglich einüben können, und wenn wir das tun, wird unser Herz schließlich weich statt hart, und wir werden aus dem Gefängnis freikommen.

Vergebung wird gewährt, bevor sie gefühlt wird.

Was sind nun diese täglichen Übungen?

Machen Sie zunächst eine Bestandsaufnahme aller Möglichkeiten, wie Sie den Schuldner zur Zahlung zwingen können. Jedes Mal, wenn Sie davon absehen, dies zu tun, übernehmen Sie die Kosten und zahlen die Schuld ab. In der folgenden Liste ist aufgeführt, auf welche Weisen wir gern Zahlungen vom Schuldigen verlangen:

- Im Umgang mit dem Schuldigen:
    - Wir können bissige Bemerkungen machen und auf der Vergangenheit herumreiten.
    - Wir können gegenüber dieser Person viel fordernder und kontrollierender sein als gegenüber anderen, weil „sie uns etwas schuldet".
    - Wir können mit selbstgerechter „Großherzigkeit" trafen, wodurch der andere sich klein fühlt.
    - Wir können ihn meiden oder offen oder subtil abweisend sein.
    - Wir können aktiv versuchen, ihm zu schaden, indem wir ihm etwas nehmen, was ihm viel bedeutet.

- In unserem Umgang mit anderen:
    - Wir können ihn unter dem Vorwand, vor ihm zu „warnen", vor anderen schlechtmachen.
    - Wir können ihn unter dem Deckmantel, dass wir nach Verständnis suchen und „nur mal unseren Schmerz loswerden" wollen, vor anderen schlechtmachen.

- In unserem Umgang mit uns selbst:
    - Wir können Ärger und Hass in uns nähren, indem wir die Einzelheiten des erfahrenen Unrechts ständig

wieder in unserer Erinnerung abspielen.
- Wir können Schadenfreude empfinden, wenn der Schuldige leidet oder Unglück erfährt.

Vergebung ist ein Versprechen, die Angelegenheit nicht mehr vor dem Schuldigen, vor anderen oder auch vor uns selbst zur Sprache zu bringen. Jedes Mal, wenn wir versucht sind, eine Entschädigung zu fordern, sollten wir das entschieden abweisen und stattdessen etwas Positives tun. Etwa Dinge wie die folgenden:

- Im direkten Kontakt mit dem oder der Schuldigen: Seien Sie so höflich und herzlich wie möglich. Wenn der andere erkennen lässt, dass ihm das Vorgefallene leidtut, sollten Sie die Beziehung so weit wie möglich wiederherstellen. Warum „so weit wie möglich"? Wenn schweres Unrecht begangen wurde, kann dies bedeuten, dass das Vertrauen nur schrittweise wiederhergestellt werden kann. Wenn der oder die andere sich weiterhin feindselig verhält, dürfen Sie es ihr nicht leicht machen, Sie weiterhin zu schädigen. Und es gibt noch andere Umstände. Wenn es sich bei der Person um eine frühere Liebesbeziehung handelt, kann es völlig unangebracht sein, die frühere Situation wiederherzustellen. Die Geschwindigkeit und das Ausmaß der Beziehungserneuerung folgt den Schritten, durch die Vertrauen wiederhergestellt wird, und das braucht Zeit, je nach Art und Schwere des Fehlverhaltens. Zu echter Reue gehört in der Regel, dass der Täter sich fragt: „Was könnte ich tun, damit du mir wieder vertraust?" Zu echter Vergebung gehört, dass man offen ist für die Möglichkeit, dass sich der Täter ändert, und dass man wirklich unvoreingenommen und bereit ist, ihm oder ihr nach und nach mehr Vertrauen entgegenzubringen.

- Im Gespräch mit anderen: Wenn Sie mit anderen über die schuldige Person sprechen, sollten Sie seine Fehler nicht wegretuschieren. Wenn der Täter etwas ungeheuerlich Falsches und Illegales getan hat (z. B. sexueller Missbrauch), dann suchen Sie auf dem besten Weg nach Gerechtigkeit – aber auch in dieser Situation sollten Sie Ihren Wunsch danach zum Ausdruck bringen, dass der Täter umkehrt und Vergebung erfährt. Wenn das Vergehen gegen Sie privater Natur war und der Täter sich weiterhin feindselig und uneinsichtig verhält, kann es notwendig sein, andere vor ihm zu warnen, aber Sie sollten gut auf Ihre Motive achten. Geht es Ihnen wirklich darum, andere zu warnen oder eine Situation zu schaffen, in der eine heilsame Konfrontation des Täters möglich ist? Oder arbeiten Sie eigentlich daran, seinen oder ihren Ruf zu zerstören?

- In unseren Selbstgesprächen: Was bedeutet es, „die Sache nicht ständig innerlich wieder aufzuwärmen"? Es bedeutet, mit den Gedanken des Herzens nicht darum zu kreisen und die inneren Videos des Unrechts nicht in der Fantasie abzuspielen, um das Gefühl von Verlust und Schmerz frisch und real zu erhalten. Es bedeutet, für den anderen und für sich selbst zu beten, sich an das Kreuz zu erinnern (siehe unten) und die Gedanken auf andere Dinge zu richten.

Die Ressourcen

Vergebung erfordert zwei innere Ressourcen, die uns die Erfahrung der göttlichen Vergebungsbereitschaft zur Verfügung stellt. Man kann sie „innere Armut" oder Demut gegenüber unserer Sünde und „inneren Reichtum“ oder Gewissheit der Liebe Gottes nennen.

Geistliche Demut. Die Bibel fordert uns unmissverständlich auf, zu vergeben, „wie auch Gott euch durch Christus vergeben hat“ (Epheser 4,32). Es gibt keinen besseren Weg, geistliche Demut zu erlangen (die notwendig ist, um vergeben zu können), als zu akzeptieren, was das Evangelium über uns sagt. Es sagt uns, dass wir von Gott geschaffen wurden und dass wir ihm alles verdanken – wir sind es ihm schuldig, ihn in unserem Leben an die erste Stelle zu setzen. Niemand von uns liebt Gott von ganzem Herzen, ganzer Seele, ganzer Kraft und ganzem Verstand (Markus 12,30; Lukas 10,27). Wir haben gesehen, wie Jesus uns durch das Gleichnis von Matthäus 18 hilft, geistliche Demut zu entwickeln. Er fordert uns auf, unsere Schuld vor Gott mit der Schuld zu vergleichen, die ein Mitmensch uns schuldet. Wir sollen sagen: „Herr, du hast keine Bezahlung für meine Schulden von mir verlangt, aber Jesus hat sie mit seinem Leben bezahlt. Welches Recht habe ich nun, von anderen Zahlungen für ihre Schulden bei mir zu verlangen?“

Paulus zeigt uns noch eine andere Art, über Vergebung nachzudenken. „Überlasst die Rache dem Zorn Gottes. Denn es heißt in der Schrift: ‚Das Unrecht zu rächen ist meine Sache, sagt der Herr; ich werde Vergeltung üben‘“ (Römer 12,19). Er erinnert uns daran, dass jeder, der auf Rache aus ist, sich selbst an Gottes Stelle auf den Richterstuhl setzt. Die Demut erinnert uns daran, dass nur Gott qualifiziert ist, über Unrecht zu richten (wir sind unvollkommen und verdienen selbst das Gericht), dass nur Gott genug weiß, um Richter zu sein (wir wissen nicht alles über den Täter und darüber, was er oder sie erlebt hat und verdient), und dass Jesus das Urteil Gottes für uns auf sich genommen hat.

Geistlicher Reichtum. Menschen, die reich sind in der Erfahrung der Liebe Gottes in Christus, können anderen gegenüber großzügig sein. Sie genießen das ultimativ beste Ansehen – ihre Namen sind im Himmel (Lukas 10,20) und auf das Herz unseres großen Hohepriesters, Christus, der vor dem himmlischen Thron steht (2. Mose 28,12.29; Hebräer 4,14–10,18), geschrieben. Ihnen gelten der Beifall und das Lob Gottes (Römer 2,29). Sie verfügen außerdem über den größten Reichtum (2. Korinther 8,9) – sie sind Erben Gottes und Miterben Christi (Römer 8,17). Was macht es also, wenn jemand hier auf der Erde unseren Ruf schädigt? Was ist, wenn wir um unser Geld betrogen werden? Um Gottes und des Täters willen sollten wir den Täter konfrontieren und uns um Gerechtigkeit bemühen. Aber wir sollten emotional und spirituell reich genug sein, um die Verluste zu tragen.

Wenn Sie finanziell schlecht dran sind und nicht wissen, woher Sie Ihre nächste Mahlzeit nehmen sollen, ist es zutiefst traumatisch, wenn jemand Ihnen einen Zehn-Euro-Schein stiehlt; vielleicht ist es der letzte Tropfen, der das Fass zum Überlaufen bringt. Aber wenn Sie über fünfzig Millionen verfügen und dann zehn Euro verlieren, ist das nicht der Rede wert. Geistlich und emotional sind Christen Millionäre und keine armen Schlucker, wenn wir nur begreifen, was das Evangelium uns darüber sagt, wer wir in Christus sind und sein werden. Wir können Menschen, die uns verletzen, in die Augen sehen und sagen: „Du kannst mich nicht ruinieren. Meinen wahren Reichtum und meine ewigen Güter kannst du mir nicht rauben.“

Geistlich und emotional sind Christen Millionäre.

Die Möglichkeiten

In diesen Übungen und Ressourcen steckt eine große Kraft. Normalerweise wirken sie langsam, so wie eine Eichel nur allmählich zu einer mächtigen Eiche heranwächst. Aber Gott kann auch sehr schnell wirken.

Corrie ten Boom war eine niederländische Christin, deren Familie im Zweiten Weltkrieg während der Besetzung der Niederlande durch die Nazis Juden versteckte und ihnen zur Flucht verhalf. (Die Geschichte wird in ihrem zuerst 1972 erschienenen Buch *Die Zuflucht* erzählt.[11]) Sie und ihre Schwester Betsie wurden gefasst und ins Konzentrationslager Ravensbrück gebracht, wo Betsie starb. Corrie überlebte. 1947 ging Corrie auf eine Vortragsreise nach Deutschland, um das Evangelium zu verkünden. Bei einer dieser Veranstaltungen sprach sie darüber, dass Gott durch Jesus Christus unsere Sünden auf den Grund des Meeres geworfen hat.

Am Ende des Vortrags, als die Leute schon gingen, sah sie einen Mann auf sich zukommen, den sie wiedererkannte.

> *In einem Gottesdienst in München sah ich ihn, den früheren SS-Mann, der vor der Tür zum Duschraum in Ravensbrück Wache gestanden hatte […] und plötzlich war alles wieder lebendig – der Raum voll spottender Männer, die Kleiderhaufen, Betsies vom Schmerz gezeichnetes Gesicht. Als die Kirche sich leerte, kam er strahlend und sich verbeugend auf mich zu. „Wie dankbar bin ich Ihnen für Ihre Botschaft, Fräulein!", sagte er. „Mir vorzustellen, dass er, wie Sie sagen, meine Sünden abgewaschen hat!"*[12]

Er erkannte Corrie nicht als eine ehemalige Gefangene. Aber er bat eine Niederländerin um Bestätigung, dass die Sünden eines

KZ-Wächters vergeben werden könnten. Es war das erste Mal, dass Corrie einen ihrer früheren Wärter wiedertraf. Und die Frau, die gerade eine Rede über die Vergebung Gottes gehalten hatte, ließ die Hand in der Tasche stecken.

Dann erzählte er ihr, dass er Wachmann in Ravensbrück gewesen sei und dass er sich zu Christus bekehrt und um Vergebung gebeten habe „für all die grausamen Dinge, die ich dort getan habe". Das half Corrie nicht. „Ich stand da – ich, der jeden Tag ihre Sünden vergeben werden mussten – und konnte es nicht. Betsie war an diesem Ort gestorben – konnte er ihren langsamen, schrecklichen Tod ungeschehen machen, nur weil er darum bat?"[13] Sie stand da – seine Hand ihr entgegengestreckt, ihre Hand unbeweglich.

Corrie rief sich in Erinnerung, was sie über christliche Vergebung wusste. Ihr war klar: Sie musste vergeben. Sie hatte nach dem Zweiten Weltkrieg viele Menschen gesehen, die dazu nicht in der Lage waren und die durch ihre „Verbitterung invalide geblieben waren". Sie wusste auch, dass „Vergebung kein Gefühl ist, [sondern] ein Akt des Willens". Im Stillen betete sie: „Jesus, hilf mir … Ich kann meine Hand heben, so viel wenigstens kann ich tun."

> *Und so drückte ich hölzern und mechanisch meine Hand in die, die mir entgegengestreckt wurde. Und als ich das tat, geschah etwas Unglaubliches. Der Strom begann in meiner Schulter, rann meinen Arm hinunter, sprang in unsere verbundenen Hände. Und dann schien diese heilende Wärme mein ganzes Wesen zu durchfluten und trieb mir Tränen in die Augen.*
> *„Ich vergebe dir, Bruder!", rief ich. „Von ganzem Herzen!" […] Noch nie hatte ich die Liebe Gottes so intensiv erlebt wie in diesem Moment.*[14]

Diese Geschichte birgt einige echte Gefahren in sich. Dan Hamiltons Beschreibung der Vergebung als eine ausgedehnte, wiederholte Zahlung über einen langen Zeitraum hinweg ist eine viel normalere Erfahrung als diese dramatische Geschichte von Corrie ten Boom. Aber beachten wir, dass Corrie alle wesentlichen Elemente christlicher Vergebung nennt – Vergebung ist nicht optional, sie ist ein Akt des Willens, und sie erfordert göttliche Hilfe. Die eigentliche Erfahrung war ein Geschenk Gottes an sie – vielleicht hätte es keinen anderen Weg für sie gegeben. Gott wird auch uns alles geben, was wir brauchen. Der andere Grund, warum ich diese Geschichte aufgreife, ist, dass Corrie herausstellt, dass Vergebung tatsächlich schwer ist.

> *Ich wünschte, ich könnte sagen, dass barmherzige und wohlwollende Gedanken von da an wie von selbst von mir ausgingen. Aber das war nicht der Fall. Wenn ich mit meinen 80 Jahren eines gelernt habe, dann, dass ich gute Gefühle und Verhaltensweisen nicht auf Vorrat in mir anlegen, sondern sie nur jeden Tag aufs Neue von Gott empfangen kann.*[15]

Warum wir ein solches Leben führen können

> *„Selbst wenn er siebenmal am Tag gegen dich sündigt und siebenmal wieder zu dir kommt und sagt: ‚Ich will es nicht mehr tun', sollst du ihm vergeben."*
> *Die Apostel baten den Herrn: „Gib uns doch mehr Glauben!"*
> *Der Herr antwortete: „Selbst wenn euer Glaube nur so groß wäre wie ein Senfkorn, könntet ihr zu diesem Maulbeerbaum hier sagen: ‚Heb dich samt deinen Wurzeln aus*

der Erde und verpflanze dich ins Meer!', und er würde euch gehorchen." (Lukas 17,4-6)

Zu Anfang dieses Kapitels haben wir uns mit der Lehre Jesu über die Vergebung und mit der Fassungslosigkeit der Jünger beschäftigt. Dieses Kapitel sollte als Antwort auf den Einwand gelesen werden: „Diese Vorstellung von Vergebung ist mir zu hoch. Das ist unmöglich. Dafür reicht unser Glaube nicht." Jesus sagt: „Wenn ihr einen Glauben so groß wie ein Senfkorn habt, könnt ihr tun, worum ich euch bitte." Das heißt, wenn Sie das Evangelium überhaupt verstehen, wenn Sie überhaupt erfassen, was Jesus Christus für Sie getan hat, dann haben Sie alles, was Sie brauchen, um zu vergeben.[16]

Dennoch erscheint uns Vergebung immer noch als eine unüberwindlich hohe Mauer. Wie ist das möglich? Jesus reagiert auf die Fassungslosigkeit der Jünger mit einem Wunder.

Auf seinem Weg nach Jerusalem zog Jesus durch das Grenzgebiet von Samarien und Galiläa. Kurz vor einem Dorf kamen ihm zehn Aussätzige entgegen; sie blieben in einigem Abstand stehen und riefen laut: „Jesus, Meister, hab Erbarmen mit uns!" Jesus sah sie an und sagte zu ihnen: „Geht und zeigt euch den Priestern!" Auf dem Weg dorthin wurden sie gesund. Einer von ihnen kam zurück, als er sah, dass er geheilt war. Er pries Gott mit lauter Stimme, warf sich vor Jesu Füßen nieder und dankte ihm. Dieser Mann war ein Samaritaner. Jesus aber sagte: „Sind denn nicht alle zehn gesund geworden? Wo sind die anderen neun? Ist es keinem außer diesem Fremden in den Sinn gekommen, zurückzukehren und Gott die Ehre zu geben?" Dann sagte er zu dem Mann: „Steh auf, du kannst gehen! Dein Glaube hat dich gerettet." (Lukas 17,11-19)

Jesus begegnet zehn Leprakranken, die um Heilung bitten. Die Anweisung Jesu an sie hat nur dann Sinn, wenn wir uns klarmachen, dass diese Männer eine doppelte Heilung brauchen. Erstens muss natürlich ihr Körper geheilt werden. Aber zweitens müssen diese Männer gesellschaftlich geheilt werden, weil sie durch das Gesetz von jeglichem sozialen Kontakt ausgeschlossen waren. Sie mussten offiziell wieder in die Gesellschaft aufgenommen werden. Das ist der Grund, warum Jesus ihnen sagt, sie sollen zu den Priestern gehen. Er meint: „Geht zu den Priestern, und wenn sie sehen, dass ihr körperlich gesund seid, werden sie euch wieder in die gottesdienstliche Gemeinschaft aufnehmen." Die Leprakranken müssen mit der Gemeinschaft versöhnt werden, aus der sie ausgeschlossen worden waren. Das konnte nur der Priester tun.

Aber wie wir an dem einen Geheilten sehen, der zurückkommt, sind diese Männer nicht alle Juden. Die Frage, die sich hier stellt, ist, wie der Bibelwissenschaftler Joel Green es ausdrückt: „Zu *welchen* Priestern" schickt Jesus sie?[17] Die Juden hatten ihre Priester in Jerusalem, und die Samariter hatten ihre Priester und ihren Tempel auf dem Berg Garizim.

Die Männer gehen wie geheißen zu den Priestern, und unterwegs stellen sie fest, dass sie durch Gottes Kraft körperlich geheilt sind. Aber nur der Samariter kehrt um und wirft sich Jesus zu Füßen, ein Akt tiefer Ehrfurcht und absoluter Hingabe. Jesus hat ihm gesagt, er solle zum Tempel und zu den Priestern gehen, um sich vollständig versöhnen zu lassen. Warum kehrt er um, bevor er zu seinen Priestern geht? Aus Missachtung der Anweisung Jesu? Nein. Viele Kommentatoren deuten die Situation folgendermaßen: Dass er zu Jesus zurückkommt und dass Jesus ihn darin bestätigt, zeigt, dass der Mann erkannt hat, wer tatsächlich der wahre Priester ist.

Jesus ist der ultimative Priester. Jesus ist der endgültige Tempel. Jesus ist das Opfer, das alle anderen Sühnopfer beendet. Jesus ist also der Ort, an dem wir Versöhnung erfahren – mit Gott, mit anderen und schließlich mit der ganzen Schöpfung und allen Geschöpfen (Epheser 1,10).

> *Gott hat beschlossen, mit der ganzen Fülle seines Wesens in ihm zu wohnen und durch ihn das ganze Universum mit sich zu versöhnen. Dadurch, dass Christus am Kreuz sein Blut vergoss, hat Gott Frieden geschaffen. Die Versöhnung durch Christus umfasst alles, was auf der Erde, und alles, was im Himmel ist. (Kolosser 1,19-26)*

Lassen Sie sich nicht irremachen. Verinnerlichen Sie, was Jesus Christus getan hat, und integrieren Sie Ihre kleine Geschichte darüber, was Menschen Ihnen angetan haben, in die große Geschichte dessen, was er für Sie getan hat, und Sie werden alle Kraft haben, die Sie brauchen, um anderen Menschen Vergebung zu gewähren.

KAPITEL 11

Von der Vergebung zur Versöhnung

REBECCA: *Ted, ich habe dich angelogen. Ich habe dich eingestellt, weil ich wollte, dass dieses Team verliert. Ich wollte, dass du versagst. Und ich habe dich bei jeder Gelegenheit sabotiert. Ted, es tut mir so leid.*

TED LASSO: *Ich vergebe dir.*

REBECCA: *Du … Was?! Warum?!*

TED LASSO: *Scheidung ist hart … Sie bringt die Leute dazu, verrückte Dinge zu tun … Du und ich … da steht nichts zwischen uns.*

Ted Lasso[1]

Vergeben bedeutet zunächst, den Schuldigen aus seiner Verantwortung zu entlassen, indem man selbst die Schulden bezahlt. Vergeben heißt dann, auf eine Versöhnung und die Erneuerung der Beziehung hinzuarbeiten, die durch das Unrecht zerbrochen wurde. Das ist es, was wir die dritte Dimension der Vergebung genannt haben – die horizontale.

In diesem Kapitel werden wir uns ansehen, was Jesus und später Paulus uns praktisch darüber sagen, wie man über Vergebung hinausgeht und sich um die Versöhnung einer zerbrochenen Beziehung bemüht.

Das Prinzip: Jesus über Zorn

„Ihr wisst, dass zu den Vorfahren gesagt worden ist: ‚Du sollst keinen Mord begehen! Wer einen Mord begeht, soll vor Gericht gestellt werden.' Ich aber sage euch: Jeder, der auf seinen Bruder zornig ist, gehört vor Gericht. Wer zu seinem Bruder sagt: ‚Du Dummkopf', der gehört vor den Hohen Rat. Und wer zu ihm sagt: ‚Du Idiot', der gehört ins Feuer der Hölle.
Wenn du also deine Gabe zum Altar bringst und dir dort einfällt, dass dein Bruder etwas gegen dich hat, dann lass deine Gabe dort vor dem Altar; geh und versöhne dich zuerst mit deinem Bruder! Danach komm und bring Gott deine Gabe dar.
Wenn du jemand eine Schuld zu bezahlen hast, dann einige dich mit ihm, solange du noch mit ihm auf dem Weg zum Gericht bist. Tu es schnell, sonst übergibt er dich dem Richter, und dieser übergibt dich dem Gerichtsdiener, und du wirst ins Gefängnis geworfen. Ich sage dir: Du wirst von dort nicht herauskommen, bevor du alles bis auf den letzten Heller bezahlt hast." (Matthäus 5,21-26)

In den ersten Versen gibt Jesus seine bekannte Erklärung des sechsten Gebots, „Du sollst nicht töten". Er weitet dessen Geltung auf die inneren Zustände aus, die zu Mord führen, nämlich Zorn, Verachtung und Gleichgültigkeit. Jedes Versäumnis, andere zu lieben, wird hier in Verbindung zum Töten gebracht und wird verboten.

Vielfach wird die Meinung vertreten, Jesus verbiete hier den Zorn an sich. Aber das ist nicht der Fall. Zunächst einmal: Gott selbst, der heilig und vollkommen ist, wird zornig.

Zorn ist nicht per se sündhaft. Er kann eine Energie freisetzen, um Abhilfe zu schaffen, wenn etwas, was wir lieben, geschädigt oder verletzt wird. Der biblische Text sagt in Markus 3,5 und Johannes 11,33 ausdrücklich, dass Jesus zornig wurde. Er wurde zornig, als er die Ehre des Hauses seines Vaters verteidigte (Matthäus 21,12-13; Johannes 2,13-16) und angesichts des Todes von Lazarus. Es wird gesagt, dass er am Grab des Lazarus von Zorn erfüllt war (Johannes 11,33.38).[2] Jesus spricht also hier von sündhaftem Zorn, nicht von Zorn an sich. Aber was ist der Unterschied?

Die beiden Beispiele, die er anführt, helfen uns, dies zu verstehen. Wenn Ihr Zorn Sie dazu bringt, jemanden *„raca"* zu nennen – ein aramäisches Wort für „irrelevant sein" – oder „Du Idiot", ist das sündhaft. Selbst wenn man dies nur im Herzen tut, bedeutet es, dass man jemanden abschreibt, verachtet und herabsetzt. Spricht man es laut aus, dann straft und verletzt man den anderen.

Wenn wir also zornig werden, sollten wir uns fragen: „Was verteidige ich gerade? Was, das mir wichtig ist, ist gerade bedroht?" Wenn wir das tun, werden wir sehen, wie oft wir unser Ego, unseren Stolz, unsere Ziele und unser Image verteidigen. Gottes Zorn ist immer gerecht, weil Gott vollkommene Liebe ist. Sein Zorn dient also immer der Verteidigung des Guten, Wahren und Schönen, und wenn er sich als der zornige Gott zu erkennen gibt, dann immer, um das Böse, die Sünde und den Tod zu vernichten.

Bevor Jesus uns praktische Anweisungen zur Versöhnung unter Christen gibt, warnt er uns eindringlich vor sündhaftem Zorn – der ist ein Verstoß gegen das Verbot zu töten. So wie eine Eichel den ganzen Baum – und Millionen anderer Eicheln – in sich birgt, so birgt der innere, sündhafte Zorn den Keim des Mords. Wenn man ihm nachgibt, begibt man sich auf einen Weg, der im Mord enden kann. Dankenswerterweise geht die überwiegende Mehrheit der Menschen, die diesen Weg betreten, ihn nie bis ganz zum Ende. Aber entlang dieses Weges liegen Bitterkeit, Groll, Hass und eine Vielzahl von Verletzungen und Unrecht.

Die Praxis: Jesus über Versöhnung

Man kann innerlich vergeben und doch keine Möglichkeit finden, sich mit der Gegenpartei versöhnen zu können. Doch wer wirklich von Herzen vergibt, ist offen und bereit, sich zu versöhnen. Unmittelbar nachdem Jesus vor Zorn gewarnt hat, gibt er uns Beispiele einer solchen Versöhnung:

> *Wenn du also deine Gabe zum Altar bringst und dir dort einfällt, dass dein Bruder etwas gegen dich hat, dann lass deine Gabe dort vor dem Altar; geh und versöhne dich zuerst mit deinem Bruder! Danach komm und bring Gott deine Gabe dar. Wenn du jemand eine Schuld zu bezahlen hast, dann einige dich mit ihm, solange du noch mit ihm auf dem Weg zum Gericht bist. Tu es schnell. (Vers 23-25)*

Das erste Beispiel betrifft einen Glaubensbruder, das zweite einen (Prozess-)Gegner, einen Feind – sowohl der „Bruder" als auch der „Gegner" haben etwas gegen Sie. Was Jesus diesbezüglich verlangt, ist überraschend.

Die erste Überraschung ist, dass Jesus seinen Zuhörern *kein* Beispiel für Situationen gibt, in denen *sie* zornig werden. Er hat seine Jünger gerade vor dem Zorn gewarnt, aber dann fährt er nicht fort und sagt: „Das müsst ihr tun, wenn euch jemand zornig gemacht hat", sondern: „Das müsst ihr tun, wenn ihr einen anderen zornig gemacht habt." Seine Jünger sollen so sehr darauf bedacht sein, zu verhindern, dass sündhafter Zorn und Hass sich ausbreiten, dass sie „nicht weniger betroffen sind, wenn [sie] dies in anderen hervorrufen", als wenn sie diese Emotionen in sich selbst entdecken.[3]

Die zweite Überraschung ist die Dringlichkeit, die Jesus dieser Frage gibt. Seine Zuhörer sollen sich vorstellen, dass sie im Tempel beten und ihnen dabei einfällt, dass ein Glaubensbruder etwas gegen sie hat. Er fordert nachdrücklich dazu auf, in diesem Fall alles stehen und liegen und sogar die Gabe auf dem Altar liegen zu lassen und sich sofort auf den Weg zu machen, um die Sache in Ordnung zu bringen. Bei Paulus finden wir das gleiche Prinzip in anderen Worten: „Legt euren Zorn ab, bevor die Sonne untergeht" (Epheser 4,26). Jesus wie Paulus geht es nicht darum, buchstäbliche Regeln für das Timing festzulegen; vielmehr verurteilen sie das Zögern und Vermeiden, das wir wohl alle von uns kennen, wenn wir wissen, dass es einen Bruch in einer Beziehung gegeben hat.

In seiner wohl bekanntesten Aussage über Versöhnung sagt Jesus:

> *„Wenn dein Bruder sündigt, dann geh zu ihm und stell ihn unter vier Augen zur Rede. Hört er auf dich, so hast du deinen Bruder zurückgewonnen. Hört er nicht auf dich, dann geh mit einem oder zwei anderen noch einmal zu ihm, denn ‚jede Sache soll aufgrund der Aussagen von zwei oder drei Zeugen entschieden werden'. Will er auch auf diese nicht hören, dann bring die Sache vor die Gemeinde. Will er auch auf die Gemeinde nicht hören, dann soll er in deinen Augen wie ein gottloser Mensch sein, wie ein Heide oder ein Zolleinnehmer." (Matthäus 18,15-17)*

Hier ist es der Glaubende selbst, gegen den gesündigt wurde – die Beziehung wurde von der anderen Seite verletzt. Was besonders wichtig ist: Jesus sagt, dass ein Beziehungsbruch zwischen zwei Christen nicht nur die Angelegenheit der beiden Parteien ist. Es ist eine Angelegenheit der gesamten Gemeinde, und es kann notwendig sein, die Ressourcen und das Engagement der Gemeinschaft zu nutzen, um die Beziehung zu reparieren.

In dieser Situation, so sagt Jesus, soll man zuerst *allein* zum Verursacher der Verletzung gehen. Anfangs soll also niemand anders involviert werden. „Geh zu ihm und stell ihn unter vier Augen zur Rede." Ich denke, es wäre gut, Jesus hier wörtlich zu nehmen, auch wenn wir natürlich in einer anderen Zeit leben als er. Mir scheint, in einem solchen Fall sollte man normalerweise nicht anrufen, schreiben oder mailen. Sowohl Studien als auch Einzelberichte zeigen, dass für junge „Digital Natives" die Herausforderung „Geh zu ihm" extrem bedrohlich ist. Es ist viel einfacher, auf SMS und E-Mails nicht zu antworten – zu ghosten. Dagegen ist eine Konfrontation des anderen *verbunden mit* dem Versuch, die Beziehung zu reparieren, ein äußerst komplizierter und heikler Vorgang. Man muss alles aufbieten – Körpersprache, Tonfall, Gesichtsausdruck, Worte, Gefühle –, um ebenso viel Wahrheit wie Liebe, ebenso viel Gerechtigkeit wie Barmherzigkeit zu übermitteln.

„Geh zu ihm" – für „Digital Natives" eine extrem bedrohliche Herausforderung

Wenn es möglich ist, gehen Sie zu der betreffenden Person und sprechen Sie in einer direkten Begegnung mit ihr oder ihm. Und tun Sie das, bevor Sie mit anderen über die Angelegenheit reden, damit Sie dem anderen aufrichtig sagen können, dass Sie die Sache nicht weitergetragen haben. Suchen Sie einen Rahmen und ein Vorgehen, die den oder die andere nicht bloßstellen.

Zweitens sagt Jesus: *Geh in einer positiven Grundhaltung*. Ja, die Formulierung „zur Rede stellen“ übersetzt das griechische *elencho*, was eine scharfe, schmerzhafte Ermahnung bedeutet. Andere Übersetzungen formulieren: „Weise ihn auf seinen Fehler hin.“ Dennoch ist das Ziel der Kritik sehr wichtig. Warum konfrontieren Sie den anderen? Jesus sagt dazu: Es muss darum gehen, *die Person zu gewinnen, nicht den Streit* (Vers 15). Das Ziel ist, die Person zu überzeugen und die Beziehung wiederherzustellen oder zu erhalten. Ein Kommentator weist darauf hin, dass es „nicht in erster Linie um die Sicherheit und/oder den Ruf der ganzen Gemeinschaft gehen [sollte], sondern um die geistliche Unversehrtheit des [der] Einzelnen“.[4] Das ist eine wichtige Einsicht angesichts der vielen Berichte über eine Kirche, die Opfer sexuellen Missbrauchs zum Schweigen bringt, um den Ruf der Kirche und ihrer leitenden Amtsträger zu schützen.

Wie ist es möglich, eine so positive Zielsetzung und Motivation zu haben, wenn man verletzt oder geschädigt wurde? Hier müssen wir uns daran erinnern, dass Vergebung ihrem Wesen nach mehrdimensional ist. Jesus sagt, wir sollen innerlich vergeben – oder zumindest den inneren Vergebungsprozess in Gang setzen –, *bevor* wir den Schuldigen zur Umkehr auffordern (Markus 11,25). Wenn Sie die Konfrontation suchen, bevor Sie vergeben haben, werden Sie wahrscheinlich nicht in der Absicht gehen, einen Bruder oder eine Schwester zurückzugewinnen. Sie werden wahrscheinlich nicht hingehen, um ihn oder sie von ihrem Fehler zu überzeugen und zurückzugewinnen, sondern nur, um den anderen zusammenzufalten und es ihm so heimzuzahlen. Der andere wird die feindselige Haltung sofort spüren, sich verteidigen, zornig werden und nicht zugeben, inwiefern er oder sie falsch gehandelt hat. Und so wird die Wahrscheinlichkeit, dass er oder sie als Reaktion auf Ihre Konfrontation jemals Reue zeigt, eher kleiner als größer werden.

Manche lesen diesen Text so, dass man nur ein einziges Mal mit dem Verursacher des Unrechts sprechen soll, aber der Text sagt nicht, dass man „*einmal* unter vier Augen“ hingehen soll, sondern einfach, dass man unter vier Augen sprechen soll. Es ist normal und weise, dass diese Phase der Arbeit an der Beziehung mehr als eine Begegnung erfordert. Drittens also: *Suchen Sie wiederholt das Gespräch,* wenn nötig. Oft wird jemand, der mit einem begangenen Unrecht konfrontiert wird, überrascht und defensiv sein und vielleicht Zeit brauchen, um alles zu verarbeiten. Wenn Sie Unrecht erfahren haben, Ihr Ziel aber Liebe und Erneuerung der Beziehung ist, werden Sie geduldig sein und sich vielleicht mehrmals treffen, um die verschiedenen Probleme in Ihrer Beziehung aufzuarbeiten.

Viertens sagt Jesus, dass man *die Gemeinde einbeziehen* soll, wenn die erste Phase ins Stocken gerät oder abgelehnt wird. Was ist, wenn der andere Sie nicht anhört oder auf Ihre Appelle zur Versöhnung nicht reagiert? Jesus sagt, wenn es keine Fortschritte gibt, sei es gerechtfertigt und weise, andere aus der christlichen Gemeinschaft hinzuzuziehen, und zwar zunächst „einen oder zwei“ (Matthäus 18,16). Das heißt, dass es in jeder Phase des Prozesses noch notwendig ist, die Dinge so privat wie möglich zu halten.

Auch wenn Jesus anschließend von „zwei oder drei Zeugen“ spricht, reden wir hier nicht von einem formellen Gerichtsverfahren; „ein oder zwei“ zeigt, dass Jesus hier eher allgemeine Hinweise gibt, als ein streng geregeltes Verfahren vorschreibt. Er ist auch realistisch. Es kann sein, dass Sie den anderen nicht überzeugen können, weil er denkt, Sie seien nicht objektiv. Und das kann der Fall sein. „Es obliegt der Person, die die Initiative ergreift, sicherzustellen, dass die ‚Sünde‘ nicht einfach eine Frage der persönlichen Vorliebe ist; die eventuelle Beteiligung von ‚ein oder zwei anderen' und dann der Gemeinde sollte diese Gefahr minimieren."[5]

Die ein oder zwei anderen haben eine doppelte Funktion. Einerseits können sie Ihnen helfen, das Geschehene tiefer und differenzierter zu verstehen und überzeugender zu sprechen. Sie können Sie darauf hinweisen, wenn Sie zu viel oder zu wenig sagen. Andererseits können sie dem Täter bestätigen, dass er oder sie wirklich im Unrecht ist und umkehren muss. Zwei oder drei sind überzeugender als einer. Ein oder zwei weitere Personen einzubeziehen, ist in gewisser Weise eine Strategie, um die Verantwortung beider Parteien einzufordern.

Fünftens und letztens: Erst wenn diese Phase nicht funktioniert, soll man *„es der Gemeinde sagen"* (Vers 17). Diese Formulierung bedeutet, dass man sich als letzten Ausweg an die örtliche Gemeinde als Ganzes wenden soll. Wie dieser Prozess aussieht, hängt von der Art der Gemeindeordnung und der Gemeindeleitung ab. In einer Gemeinde, die von Ältesten geleitet wird, könnte „es der Gemeinde sagen" zum Beispiel einfach bedeuten, die Sache den Ältesten vorzulegen. Das soll natürlich nicht überstürzt geschehen – das Verfahren, das Jesus hier skizziert, vermeidet dies sogar ganz, wenn irgend möglich. Vor allem ist zu beachten, dass der Zweck eines solchen Treffens nicht darin besteht, den anderen zu demütigen, zu beschämen oder zu bestrafen, sondern an ihn zu appellieren und ihn zu überzeugen. Dahinter steht die Hoffnung, dass der Schuldige „auf die Gemeinde hören" könnte. „Der Täter, der mit der Missbilligung der gesamten örtlichen Gemeinschaft der Jünger konfrontiert ist, sollte [hoffentlich] erkennen, dass es sich nicht nur um eine persönliche Kränkung seitens des Initiators handelt."[6]

Michael Green, langjähriger Pfarrer der St. Aldate's Kirche in Oxford, erinnert sich an einen Vorfall, bei dem ein Gemeindemitglied, ein Angestellter eines örtlichen Unternehmens, für schuldig befunden wurde, Geld veruntreut zu haben. Green berichtet: „Er wurde zunächst von einem Einzelnen zur Rede gestellt. Er leugnete vehement. Daraufhin habe ich als Pfarrer und drei andere mit ihm gesprochen. Er gestand, was er getan hatte, als er in Anwesenheit von Zeugen mit belastenden Beweisen konfrontiert wurde."[7] Doch im Laufe der Jahre erkannte Green, dass „selbst das manchmal nicht ausreicht. Dann wird es notwendig, es der Gemeinde zu sagen. Das ist ein schmerzhaftes letztes Mittel. Ich musste schon ein- oder zweimal zu diesem Mittel greifen, [wenn] es einfach nicht ausreichte, die Dinge hinter verschlossenen Türen zu regeln."[8]

Wenn der oder die Betreffende nicht „auf die Gemeinde hören" will, kann er oder sie laut Jesus nicht in der Gemeinschaft der Gemeinde bleiben, als ob nichts geschehen wäre. Den Betreffenden „wie einen Heiden oder einen Zöllner" zu behandeln, bedeutet natürlich nicht so etwas wie Meidung oder Ächtung, denn Jesus war dafür bekannt, dass er den Kontakt zu Zöllnern und Sündern suchte.[9] Der Kontext des gesamten Abschnitts zeigt, dass selbst diese äußerste Maßnahme der Gemeindezucht dem Zweck dient, den Schuldigen zurückzugewinnen und seine geistliche Unversehrtheit wiederherzustellen.[10]

Matthäus 5 und 18 zusammen gesehen

Was lernen wir, wenn wir diese beiden kurzen Fallstudien zusammen lesen?

Erstens zeigt sich in beiden genannten Abschnitten ein einziger Grundsatz. Wenn eine Beziehung zerbrochen ist, *ist es immer an uns,* eine Wiederherstellung der Beziehung anzustoßen. In Matthäus 5 heißt es: „Wenn dein Bruder etwas gegen dich hat, dann geh zu ihm“, während es in Matthäus 18 heißt: „Wenn du etwas gegen deinen Bruder hast, dann geh zu ihm“, es spielt also keine Rolle, wer angefangen hat. Ein Christ ist dafür verantwortlich, den Prozess der Versöhnung zu beginnen, unabhängig davon, wie die Entfremdung begann. Wenn Sie sagen: „Na, sie hat schließlich angefangen – soll sie doch zu *mir* kommen“, wird nie etwas geschehen, denn vielleicht sagt „sie“ sich innerlich das Gleiche über Sie.

Zweitens: Auch wenn das Fehlverhalten des Täters manchmal ungeheuerlich und unprovoziert ist (wie im Falle sexueller Übergriffe), gibt es in vielen Fällen von Beziehungsabbrüchen *in der Regel einige Dinge, die beide Seiten zugeben und die beide Seiten verzeihen können.* Selten trägt nur eine Partei die ganze Schuld an einer zerrütteten Beziehung. Fast immer geschieht Versöhnung am besten, wenn *beide Seiten* Fehlverhalten einsehen *und* vergeben – wenn beide Seiten ihr eigenes Unrecht zugeben und das Unrecht des anderen aufzeigen. Natürlich kann es sein, dass eine Partei deutlich mehr im Unrecht ist, aber wenn die andere Partei bereit ist, einen eigenen Anteil am Geschehen einzugestehen, kann es dem Täter sehr viel leichter fallen, „reinen Tisch“ zu machen.

Nur das Evangelium bereitet uns auf beide Seiten des christlichen Versöhnungsmodells vor. Es macht uns ausreichend demütig, damit wir fähig sind zu vergeben, und gleichzeitig bestätigt und erfüllt es uns mit einem solchen Gefühl von Wert und Liebe, sodass wir fähig sind umzukehren. Nur große Demut und große Freude werden uns als Kirche, als Gemeinschaft, helfen, Beziehungen instand zu halten.

Paulus über Versöhnung

Segnet die, die euch verfolgen; segnet sie, verflucht sie nicht. Freut euch mit denen, die sich freuen; weint mit denen, die weinen. Lasst euch im Umgang miteinander davon bestimmen, dass ihr ein gemeinsames Ziel habt. Seid nicht überheblich, sondern sucht die Gemeinschaft mit denen, die unscheinbar und unbedeutend sind. Haltet euch nicht selbst für klug.
Vergeltet niemand Böses mit Bösem. Bemüht euch um ein vorbildliches Verhalten gegenüber jedermann. Wenn es möglich ist und soweit es an euch liegt, lebt mit allen Menschen in Frieden. Rächt euch nicht selbst, liebe Freunde, sondern überlasst die Rache dem Zorn Gottes. Denn es heißt in der Schrift: „Das Unrecht zu rächen ist meine Sache, sagt der Herr; ich werde Vergeltung üben." Mehr noch: „Wenn dein Feind hungrig ist, gib ihm zu essen, und wenn er Durst hat, gib ihm zu trinken. Ein solches Verhalten wird ihn zutiefst beschämen." Lass dich nicht vom Bösen besiegen, sondern besiege Böses mit Gutem. (Römer 12,14-21)

Paulus stellt einen Grundsatz auf und gibt uns fünf praktische Möglichkeiten, ihn zu verwirklichen. Den Grundsatz: „Lass dich nicht vom Bösen besiegen, sondern besiege das Böse mit Gutem" (Vers 21). Besiegen ist ein militärisches Wort. Es gibt nur zwei Möglichkeiten: Entweder man wird vom Bösen besiegt, oder man bezwingt und besiegt das Böse, indem man darauf mit Gutem reagiert. Vom Bösen wird man besiegt, wenn man als Reaktion auf eine Verletzung oder Kränkung zurückschlägt oder den Wunsch hegt, dass der Verursacher der Verletzung ebenfalls geschädigt wird, denn dann ist das eigene Verhalten vom Bösen bestimmt.

Das Böse gewinnt, wenn es unsere Beziehungen zu anderen zerstört. Wenn jemand uns schädigt und wir weiter den Wunsch hegen, ihn verletzen zu wollen, oder sogar eine unterschwellige Wut nähren, ruiniert das die Beziehungen.

Entweder man wird vom Bösen besiegt, oder man besiegt das Böse, indem man darauf mit Gutem reagiert.

Das Böse gewinnt, wenn es unser Bild von uns selbst verzerrt. Wenn wir das, was der andere uns angetan hat, ständig in Gedanken wieder abspulen, fixieren wir uns darauf, was am anderen falsch ist und wie edel wir selbst im Gegensatz dazu sind. Wir hegen Selbstmitleid und Selbstgerechtigkeit. Nichts macht offener dafür, gefühllos zu agieren, als das Empfinden: „Niemand weiß, wie sehr ich gelitten habe." Das macht uns anfällig für Versuchungen, und wenn wir die Gelegenheit haben, etwas wenig Ehrenhaftes zu tun, werden wir es tun und das vor uns selbst damit rechtfertigen, dass wir uns ja eigentlich damit nur selbst entschädigen. Wir sind anfälliger für das Böse. Das Böse hat gesiegt.

Das Böse gewinnt, wenn es durch uns dem Täter hilft, sein Handeln zu rechtfertigen. Wenn wir Zorn, Kälte und Unwillen gegenüber dem Schuldigen aufrechterhalten, kann ihm dies eine Rechtfertigung für sein Handeln liefern. Er sagt sich vielleicht, was für ein grausamer Mensch wir doch sind und dass das, was vorgefallen ist, uns ganz recht geschieht. Wenn wir das Böse nicht durch Vergebung besiegen, gewinnt es – in der Welt, in dem Verursacher von Unrecht, in uns.

Wir sollen das Böse besiegen. Und wir können es nur besiegen, wenn wir nicht so darauf reagieren, dass wir dem Schuldigen schaden oder ihm Schaden wünschen, sondern indem wir ihm Gutes tun. Hier sind fünf Möglichkeiten, das Böse mit Gutem zu überwinden:

1. **Für den Schuldigen beten.** „Segnet die, die euch verfolgen." „Segnen" kann vieles bedeuten, aber vor allem bedeutet es, für die Täter zu beten – darum, dass Gott sie segnen möge. Es ist schwer, auf jemanden dauerhaft wütend zu sein, wenn man für ihn betet. Es ist auch schwer, wütend zu bleiben, wenn man sich nicht überlegen fühlt, und es ist schwer, sich überlegen zu fühlen, wenn man für andere betet, da man sich im Gebet als Sünder, dem vergeben wurde, an Gott wendet. Wenn man für die Schuldigen betet, wird das Überlegenheitsgefühl abgebaut und das Herz wird verändert, sodass man beginnt, Gutes für die Täter zu wünschen.

2. **Vergeben.** „Vergeltet niemand Böses mit Bösem. […] Rächt euch nicht selbst […]. Besiege Böses mit Gutem." Hier sehen wir: Das Entscheidende bei der Vergebung ist die bewusste Abkehr von jeglichem Verlangen nach Vergeltung. Wir sagen demjenigen, der Unrecht tut, dass er Unrecht getan hat – das ist die Wahrheit. Aber wir tun dies nicht, um es ihm heimzuzahlen und ihn so zu verletzen, wie er uns verletzt hat, sondern um das „Gute" zu suchen. Wir konfrontieren ihn um seinetwillen, um anderer Opfer willen, um Gottes willen – nicht aus Rache.
   Konfrontation ohne Rache ist Vergebung. Es bedeutet, dass Sie die persönliche Schuld zwischen Ihnen beiden gestrichen haben. Sie können sich mit dem Täter auseinandersetzen oder sogar vor Gericht gehen, wenn dies notwendig ist, aber nicht in dem Bemühen um Rache.

Konfrontation ohne Rache ist Vergebung.

3. **Den Schuldigen nicht meiden.** In Vers 18 heißt es: „Wenn es möglich ist und soweit es an euch liegt, lebt mit allen Menschen in Frieden." Manche sagen: „Ich habe diesem Menschen vergeben, aber ich will nichts mit ihr oder ihm zu tun haben", aber das ist in Wirklichkeit eine Form der Vergeltung. Selbst wenn die andere Person feindselig bleibt und Sie die Beziehung nicht wiederherstellen können – steuern Sie nichts zu dieser Feindseligkeit bei. Verhalten Sie sich so freundlich, so hilfreich, so respektvoll wie möglich – seien Sie immer bemüht, eine Beziehung wieder anzuknüpfen.

4. **Geben, was der andere braucht, soweit er es zulässt.** „Wenn dein Feind hungrig ist, gib ihm zu essen; und wenn er Durst hat, gib ihm zu trinken." Das heißt, wenn es eine Möglichkeit gibt, etwas für einen Menschen zu tun, der Sie verletzt hat, um seine oder ihre Bedürfnisse zu befriedigen, dann tun Sie es. Dies erfordert jedoch viel Unterscheidungsvermögen. Wie wir bereits gesagt haben, kann es sein, dass der Betreffende eine Konfrontation braucht, denn es ist niemals liebevoll, es jemandem leicht zu machen, weiter zu sündigen. Wenn Sie Angst davor haben, jemanden zur Rede zu stellen, bleiben Sie ihm vielleicht die Liebe schuldig. Wenn Sie ihn mit zu viel Wut konfrontieren und dabei insgeheim Befriedigung verspüren, versagen Sie vielleicht in der Liebe. Wenn Sie in einer Weise helfen, die es dem anderen ermöglicht, Sie zu schädigen, lieben Sie ihn nicht genug, um zu wollen, dass er sich ändert.

5. **In der Haltung der Demut handeln.**[11] In Vers 16 heißt es, dass all dies ohne Überheblichkeit und Besserwisserei geschehen soll. Manche „Vergebung" wird ausgesprochen,

um sich moralisch über den anderen zu erheben und die eigene Überlegenheit zu demonstrieren. Wie die Anführungszeichen im vorigen Satz zeigen, ist das keine echte Vergebung. Vergebung ist ein Geschenk, das ein Sünder, der selbst aus reiner Gnade gerettet wurde, einem anderen Sünder macht. Wenn Sie den Täter konfrontieren und dies nicht um des anderen, um der Wahrheit, um der Welt willen, sondern zu Ihrer eigenen Befriedigung tun, werden Sie bewirken, dass der andere eher schlimmer wird, statt sich zu bessern. Wenn Sie aber in Demut und Liebe handeln und dem anderen vergeben haben, wird diesem vielleicht nicht gefallen, was Sie sagen, aber er wird verstehen, dass Ihnen an ihm liegt, und so können Sie ihm vielleicht zu einer echten Hilfe werden.

Die Kraft für das alles

„Das Unrecht zu rächen ist meine Sache, sagt der Herr; ich werde Vergeltung üben." Was bedeutet diese Aussage?

Sie bedeutet, dass gerade Christen es nicht nötig haben sollten, zu erleben, dass in diesem Leben umfassende Gerechtigkeit geschieht. Wir sollten dazu tun, was wir können, aber Frieden finden wir in dem Wissen, dass Gott am Ende alle Rechnungen begleichen und wirklich alle Dinge zurechtbringen wird. Der Christ ist also nicht auf Vergeltung aus. Unsere Aufgabe ist es, so viel Gerechtigkeit zu erreichen, wie wir können, und den Rest Gott zu überlassen.

Ältere Übersetzungen haben in Vers 19 die Formulierung: „Lasst Raum für den Zorn Gottes." Und die Rede vom Zorn Gottes weist noch auf etwas anderes hin. Aber bevor wir uns das ansehen, noch eine Vergebungsgeschichte.

Die Australier Graham und Gladys Staines waren christliche Missionsärzte. Sie arbeiteten in einer Ambulanz und einem Heim für Leprakranke in einer der ärmsten Gegenden Indiens. Am 22. Januar 1999 wurden Graham und ihre beiden Söhne Philip (zehn Jahre) und Timothy (sechs Jahre) von einem antichristlichen Mob lebendig verbrannt. Am nächsten Morgen erhielt Gladys die offizielle Bestätigung der Todesfälle. Ihre anwesenden Freunde waren nicht auf das vorbereitet, was sie tat und sagte:

> *Frau Staines bebte vor Trauer, und eine ganze Weile bewegte sie sich wie in Zeitlupe, als ob sie Mühe hätte, sich einen Weg durch die Luft zu bahnen. Sie schien wie mitten in einem Gedanken aufgespießt zu sein, und schließlich sprach sie ihn mit zitternder Stimme aus. „Wer auch immer das getan hat, wir werden ihm vergeben", sagte sie […]. „Das ist die gute Nachricht […], dass es durch Jesus Christus Vergebung für jede Sünde gibt."*[12]

Der Rest ihres Lebens hat gezeigt, dass sie diese Worte in die Tat umgesetzt hat. Statt Indien zu verlassen, blieben Gladys und ihre Tochter dort und setzten ihren Dienst am selben Ort für dieselben Menschen fort. Sie baute das Lepraheim zu einem vollwertigen Krankenhaus aus. Im Jahr 2005 wurde sie mit dem Padma Shri ausgezeichnet, einer Auszeichnung, die von der indischen Regierung an Zivilpersonen verliehen wird, die sich um die Nation verdient gemacht haben.

Wie kann jemand die Kraft und die Liebe haben, so zu vergeben und ein solches Leben zu führen?

„Ich werde Vergeltung üben, spricht der Herr" – dieser Satz ist oft folgendermaßen interpretiert worden: „Ja – überlass es Gott. Gott wird es ihnen schon heimzahlen! Und zwar so, wie du es gar nicht kannst!" Der britische Pastor Dr. Martyn Lloyd-Jones hörte, wie diese Vorstellung vertreten wurde, und antwortet: „In dem Moment, in dem du das sagst, hast du den Geist dieser Aufforderung ganz und gar verraten."[13] Lloyd-Jones zitiert dann die Begebenheit, die in 1. Samuel 25 berichtet wird: Abigail hindert David nur knapp daran, sich an Nabal persönlich zu rächen. Alles in der Bibel sagt dem Christen, dass „wir niemals einem Menschen, der uns verletzt oder geschädigt hat, Schaden wünschen dürfen – niemals!"[14]

Was bedeutet es also, die Vergeltung Gott zu überlassen? Lloyd-Jones sagt, es bedeute nicht „eine Art schlaffe Passivität"[15], wie alle anderen Ermahnungen im Kontext zeigen. Es erfordert einen starken Willen und ein starkes Herz, sich entschlossen zu weigern, jemandem aus dem Weg zu gehen, der uns Unrecht angetan hat, sondern ihm zu vergeben, ihm gegenüber freundlich und hilfreich zu sein, wo immer es möglich ist, und das alles in einem Kontext, in dem die Wahrheit nicht unter den Teppich gekehrt wird.

Diese Aufforderung ist nichts für schwache Nerven. Wer ist jemals stark und liebevoll genug gewesen, um sie zu befolgen? Natürlich ist es Jesus selbst. Als er am Kreuz starb, antwortete er auf Spott mit Respekt, auf Grausamkeit mit Liebe, auf Fluch mit Segen, auf Böses mit Vergebung und Gutem – und indem er genau das tat, besiegte er das Böse.

Wenn wir Gott nicht vorschreiben, wie seine Vergeltung aussehen soll, sondern ihm erlauben, sie auszuüben, wann und wo er will, was wird er dann wohl tun? In Jesus Christus kommt Gott in diese Welt und nimmt die gerechte Strafe selbst auf sich. Die Lutherbibel übersetzt Vers 19 mit „Die Rache ist mein", und das erinnert uns daran, dass der Zorn, der auf uns hätte fallen sollen, auf ihn überging. Die Vergeltung, die uns treffen sollte, traf ihn.

Wollen Sie ein Herz haben, das ganz für Vergebung schlägt? Wollen Sie ein Herz, das das Böse mit Gutem überwindet? Ein Herz, das sich nicht überlegen fühlt, das es nicht nötig hat, sich zu rechtfertigen? Schauen Sie auf Jesus und darauf, wie er die Vergeltung auf sich nimmt, die von Rechts wegen Sie treffen sollte. Sie traf ihn! Er hat sie auf sich genommen.

Die bleibende Lehre aus dem Gleichnis vom unbarmherzigen Diener lautet: Nur wenn wir einen König sehen, der freiwillig um unseretwillen als Diener handelt, werden wir Diener aufhören, uns wie kleine Könige und Richter aufzuspielen.

Nur wenn wir einen König sehen, der freiwillig um unseretwillen als Diener handelt, werden wir Diener aufhören, uns wie kleine Könige und Richter aufzuspielen.

Niemand lernt zu lieben, indem er es nur wirklich ehrlich versucht. Bevor wir Liebe weitergeben können, müssen wir sie empfangen. Wir lernen zu lieben, indem wir Liebe *erfahren* und sie dann weitergeben. Wir werden nur dann geduldig sein, wenn wir sehen, wie jemand uns durch die kostspieligste Geduld rettet und uns selbst im Sterben noch vergibt: „Vater, vergib ihnen, denn sie wissen nicht, was sie tun." Das ist es, was uns verändern kann, Sie und mich. Und das ist es, was uns verändern wird.

EPILOG

Der Film *Ein Platz im Herzen* (*Places in the Heart,* 1984) ist ein zu Herzen gehender Film. Er erzählt eine konventionelle Geschichte über hart arbeitende, einfache Menschen, die angesichts schlimmer Umstände und Enttäuschungen innerlich geradlinig bleiben.

Sally Field gewann einen Oscar für die Rolle der Edna Spalding, die zur jungen Witwe wird, als ihr Mann Royce, der örtliche Sheriff, versehentlich von einem betrunkenen schwarzen Teenager erschossen wird. Die Geschichte spielt in einer Kleinstadt in Texas während der Great Depression, der großen Wirtschaftskrise in den USA, als Rassentrennung noch an der Tagesordnung war. Rassistische Einwohner finden Wylie, den schwarzen jungen Schützen, fesseln ihn hinten an einen Lastwagen und schleifen ihn zu Tode.

Ohne das Gehalt ihres Mannes kann Edna die Kreditzahlungen für die Farm nicht aufbringen. Der Rest des Films zeigt, wie Edna alles in ihrer Macht Stehende tut, um ihre Farm zu retten, unterstützt von einem blinden Mann, der ein Zimmer mietet, Mr Will (John Malkovich), und dem schwarzen Landarbeiter Moze (Danny Glover). Gemeinsam retten sie die Farm, indem sie einen Preis von hundert Dollar für den frühesten Baumwollballen der Saison gewinnen. Doch das Happy End wird ihnen gestohlen, denn der örtliche Ku-Klux-Klan prügelt Moze fast zu Tode. Moze entkommt dem Anschlag nur durch Mr Will, der die Stimmen der vermummten und getarnten Clanmitglieder erkennt und sie mit Namen benennt. Moze überlebt, beschließt aber, in Ednas und seinem eigenen Interesse die Farm zu verlassen.

Bis zu diesem Punkt ist der Film eine typische Hollywood-Hommage an amerikanische humanistische Werte. Schlimme Umstände können durch individuelle Anstrengungen überwunden werden. Schwarze und weiße Menschen können zusammenarbeiten. Gute Weiße respektieren Schwarze, auch wenn es schlechte Weiße gibt, die das nicht tun. Unzählige andere Filme haben dem Publikum die gleiche Botschaft vermittelt: Sei wie die guten Menschen in der Geschichte, nicht wie die schlechten. Ja, es wird Rückschläge geben, aber wir können die Welt zu einem besseren Ort machen.

Berühmt ist *Ein Platz im Herzen* jedoch zu Recht für seine Schlussszene, die den Film in eine ganz eigene Kategorie hebt.

Die Schlussszene zeigt uns eine Gruppe von Bürgern der Stadt, die an einem Sonntagmorgen in der Kirche zum Gottesdienst zusammenkommen. Der Pfarrer liest aus 1. Korinther 13 über die Liebe, und dann singt der Chor „In the Garden“[1], während das Abendmahl ausgeteilt wird. Die Kameraführung lässt die Zuschauer immer nur eine oder zwei Personen sehen, und unser Erstaunen wächst, während wir zusehen, wie fast alle Personen, die wir im Laufe des Films kennengelernt haben, das Abendmahl nehmen und weiterreichen. Völlig überrascht sind wir, als wir Zeugen werden, wie Moze in der Kirchenbank sitzt und den Abendmahlsteller nimmt. Es ist ein Gottesdienst ohne Rassentrennung – was es zu dieser Zeit in Texas überhaupt nicht gab. Wir beginnen zu begreifen, dass wir den Bereich der irdischen Realität verlassen haben.

Schließlich kommt das Abendmahl zu Edna, und sie reicht es weiter an ihren Mann, Royce Spalding. Der wiederum gibt es weiter an Wylie, den schwarzen Jugendlichen, der ihn erschossen hat. Während sie Brot und Wein nehmen, sagen sie leise zueinander: „Der Friede Gottes sei mit dir.“ Das Publikum ist seltsam und tief bewegt, während die Kamera ausblendet.

Das erschütternde Ende bietet eine deutlich vielschichtigere und komplexere Analyse der menschlichen Situation, als wir erwartet hatten.

Der Film beweist Verständnis dafür, dass die Übel von Rassismus und Armut weit stärker und tiefer in unserer gefallenen menschlichen Natur verankert und verbreitet sind, als wir wahrhaben wollen. Überwunden werden sie nicht durch die Frömmigkeit des amerikanischen Liberalismus, nicht durch bessere Bildung und nicht dadurch, dass alle sich einfach mehr bemühen, gute Menschen zu sein. Wir müssen Rassismus und Armut zwar bekämpfen, aber es braucht mehr, als wir aufbringen können, um sie zu besiegen. Es braucht etwas Übernatürliches, etwas nicht von dieser Welt, um sie zu verändern.

Und doch zeigt uns der Film zugleich, dass es für jeden Menschen auf dieser Welt Hoffnung gibt, dass man Liebe erfahren kann, unabhängig davon, was man getan hat. Die Schlussszene, in der Mörder und Opfer sich gegenseitig den Frieden Gottes wünschen, ist ein Bild für das zukünftige Reich Gottes, in dem die göttliche Vergebung alle Wunden heilt und jede Träne abgewischt ist.

Der Drehbuchautor und Regisseur Robert Benton sagte in einem Interview zu diesem Filmschluss: „Ich hatte das Ende schon, bevor ich das Drehbuch abgeschlossen hatte, obwohl ich wusste, dass es das Publikum verwirren würde.“ Warum hat er dann diesen Schluss gewählt? „Es gibt bestimmte Dinge, die Worte nicht erklären können, Bilder aber sehr wohl. Das Bild des getöteten Mannes, der dem Jungen, der ihn getötet hat, den Abendmahlsteller reicht, hat für mich etwas sehr Bewegendes, was ich nicht erklären kann.“[2]

So ist es. Die Bibel sagt uns, dass diese Zukunft möglich ist, denn das, was Robert Benton bewegt hat, ist tatsächlich geschehen. Es gibt einen, der, obwohl er am Kreuz getötet wurde, um Vergebung für seine Mörder bat und denen, die ihn töteten, seinen Frieden anbot. So bietet er uns allen, egal, was wir getan haben, den „Shalom“ Gottes an. Dieses Geschenk hat ihn unendlich viel gekostet, aber er gibt es uns von ganzem Herzen gern. Nehmen wir es an – und geben wir es so wie er an andere weiter.

DANKSAGUNG

Wie immer gilt mein Dank Brian Tart von Viking Books und David McCormick von McCormick Literary – für ihren Rat, ihre Unterstützung und ihre Freundschaft. Die jahrzehntelange Erfahrung in der Literatur- und Verlagswelt, über die sie verfügen, kommt mir zugute, und ich darf Nutznießer dieses Reichtums sein.

Covid-19 und die Krebsbehandlung haben mein Leben in vielerlei Hinsicht verändert, doch wie immer führt Gott die Dinge zum Guten. Meine Frau Kathy und ich haben in den letzten zwei Jahren viel mehr Zeit miteinander verbracht, als wir es sonst getan hätten, und wir haben erkannt, wie wichtig die tägliche Übung, um Vergebung zu bitten und sie zu gewähren, tatsächlich ist. Kathy hat zwar nicht an diesem Buch mitgeschrieben, aber die Bedeutung und Praxis der Vergebung habe ich im Laufe der Jahrzehnte gemeinsam mit ihr erlernt.

ANHANG A

Grundsätze der Vergebung

1. *Die Schwierigkeit der Vergebung liegt darin, dass sie unserem Wesen zuwiderläuft – sie entspricht nicht der Natur der Dinge.* Sie widerspricht unseren grundlegenden menschlichen Instinkten und unserer Natur. Die Vergebung des heiligen Gottes war (vor dem Kommen des Christus) ein Mysterium, wie Gott selbst in 2. Mose 34,7 verkündet hat. Vergebung ist daher immer ein Wunder und eine Überraschung, und sie sollte niemals als selbstverständlich angesehen werden, sondern man muss sehr gut wissen, auf welchen Grundlagen sie beruht.

2. *Die Dynamik der Vergebung ist der Sühnetod Christi, der die Sünde sühnt, indem Gott selbst an unsere Stelle tritt.* Das ist das Faktum, das Vergebung (sowohl vonseiten Gottes als auch vonseiten der Menschen) erst möglich macht, auch wenn sie schwierig ist und unserer Natur zuwiderläuft. Unsere Vergebung gegenüber anderen beruht auf Gottes Vergebung für uns durch das Kreuz und wird (theologisch, in der Motivation und praktisch) durch sie erst ermöglicht.

3. *Die Verflüchtigung der Vergebung ist auf die Unzulänglichkeit der heutigen Vergebungsmodelle zurückzuführen, denen die vertikale Dimension fehlt.* Christliche Vergebung unterscheidet sich (a) vom therapeutischen Modell, weil sie Ge-

rechtigkeit und Versöhnung anstrebt; sie unterscheidet sich (b) vom Modell der zu verdienenden oder transaktionalen Vergebung, weil sie eine Vergebung aus dem Herzen heraus anbietet; sie unterscheidet sich (c) von der modernen Abneigung gegen Vergebung überhaupt, weil sie zeigt, wie notwendig, wie kostspielig und wie kraftvoll Vergebung ist.

4. *Die Geschichte der Vergebung ist in der Bibel verwurzelt.* Zwar haben alle Kulturen eine Vorstellung von Vergebung, aber die vorherrschenden Vorstellungen darüber in der heutigen Welt sind aus dem Alten und Neuen Testament abgeleitet. Der Verlust einer Orientierung am Wert der Vergebung hat sowohl mit dem Niedergang des christlichen Glaubens als auch mit der Verzerrung des Konzepts innerhalb der Kirchen zu tun.

5. *Die Definition von Vergebung ist der Verzicht auf Vergeltung und die Bereitschaft zur Versöhnung.* Vergeltung bedeutet, über das Unglück einer anderen Person Genugtuung zu empfinden, insbesondere über Unglück, das man selbst zugefügt hat. Verzeihen bedeutet, (a) das Unrecht wahrheitsgemäß als tatsächlich falsch und strafwürdig zu bezeichnen (und nicht nur zu entschuldigen) wie auch b) sich mit dem Täter als Mitsünder zu identifizieren und c) den Täter aus der persönlichen Verpflichtung zur Wiedergutmachung zu entlassen, indem man die Schuld selbst übernimmt (und nicht nur verzeiht), und schließlich d) auf Versöhnung und die Wiederherstellung der durch das Unrecht zerrütteten Beziehung hinzuarbeiten.

6. *Die Abhängigkeiten der Vergebung.* (a) Innere Vergebung oder Vergebung als Grundhaltung ist *nicht* abhängig von

der Reaktion des Täters. Sie kann unter jeglichen Umständen gewährt werden. (b) Die Arbeit der tatsächlichen Versöhnung *ist* abhängig von der inneren Vergebung durch die geschädigte Person und von der Reue des Täters.

7. *Die Ressourcen für die Vergebung sind:* (a) geistliche Armut – die Demut, die aus dem Wissen erwächst, dass unser Heil uns aus reiner Gnade geschenkt und nicht erarbeitet wird, und b) geistlicher Reichtum – die Gewissheit der Liebe, die sich aus dem Wissen ergibt, dass unser Heil uns aus reiner Gnade geschenkt und nicht erarbeitet wird.

8. *Die Dimensionen der Vergebung sind:*

   a) *Die vertikale oder nach oben gerichtete Dimension.* Wesen und Empfang der Vergebung Gottes: (1) Gottes Heil ist mehr als vergangene Vergebung; es ist die Grundlage für die zukünftige Vergebung: Rechtfertigung und Adoption. (2) Die Mittel, durch die diese göttliche Vergebung und das Heil empfangen werden, sind Umkehr und Glaube.

   b) *Die interne oder nach innen gerichtete Dimension.* Wesen und Gewährung menschlicher Vergebung: (1) Sie wird gewährt, bevor sie empfunden wird, weil sie ein Versprechen und eine Übung ist. (2) Sie bringt Leid mit sich, das einen Preis fordert, da sie die Schuld selbst trägt, statt Vergeltung zu suchen.

   c) *Die horizontale oder die nach außen gerichtete Dimension.* Wesen und Wirkungsbereich menschlicher Vergebung: (1) Sie zielt darauf ab, sowohl Barmherzigkeit als auch Gerechtigkeit zusammen und in Abhängigkeit voneinander zu erreichen, da beides Formen der Liebe sind. (2) Sie hält das Angebot einer versöhnten Beziehung und einer schließlichen Wiederherstellung des Vertrauens aufrecht.

ANHANG B

Biblische Texte über Gottes Vergebung

1. Johannes 1,9: Wenn wir unsere Sünden bekennen, erweist Gott sich als treu und gerecht: Er vergibt uns unsere Sünden und reinigt uns von allem Unrecht, das wir begangen haben.

Epheser 1,7: Durch ihn, der sein Blut für uns vergossen hat, sind wir erlöst; durch ihn sind uns unsere Verfehlungen vergeben. Daran wird sichtbar, wie groß Gottes Gnade ist.

Jesaja 1,18 (Hfa): So spricht der Herr: „Kommt, wir wollen miteinander verhandeln, wer von uns im Recht ist, ihr oder ich. Selbst wenn eure Sünden blutrot sind, sollt ihr doch schneeweiß werden. Sind sie so rot wie Purpur, will ich euch doch reinwaschen wie weiße Wolle."

Jesaja 55,7 (Hfa): Hast du dich gegen Gott aufgelehnt? Bist du eigene Wege gegangen und eigenen Plänen gefolgt? Dann hör auf damit! Kehr deinem alten Leben den Rücken und komm zum Herrn! Er wird sich über dich erbarmen, denn unser Gott ist gern zum Vergeben bereit.

Apostelgeschichte 2,38: „Kehrt um", erwiderte Petrus, „und jeder von euch lasse sich auf den Namen von Jesus Christus taufen! Dann wird Gott euch eure Sünden vergeben, und ihr werdet seine Gabe, den Heiligen Geist, bekommen."

Apostelgeschichte 3,19: Kehrt jetzt also um und wendet euch ihm, dem Herrn, zu, damit er die Schuld auslöscht, die ihr durch eure Verfehlungen auf euch geladen habt.

Kolosser 1,13-14. Er hat uns aus der Gewalt der Finsternis befreit und hat uns in das Reich versetzt, in dem sein geliebter Sohn regiert. Durch ihn, Jesus Christus, sind wir erlöst; durch ihn sind uns unsere Sünden vergeben.

Matthäus 26,28: „Das ist mein Blut, das Blut des Bundes, das für viele zur Vergebung der Sünden vergossen wird."

Psalm 103,10-14. Er handelt an uns nicht so, wie wir es wegen unserer Sünden verdient hätten, er vergilt uns nicht nach unseren Vergehen. Denn so hoch, wie der Himmel über der Erde ist, so überragend groß ist seine Gnade gegenüber denen, die ihm in Ehrfurcht begegnen. So fern, wie der Osten vom Westen ist, so weit schafft er unsere Vergehen von uns fort. Wie ein Vater seinen Kindern voller Güte begegnet, so begegnet der Herr denen, die ihm in Ehrfurcht dienen. Denn er weiß ja, was für Geschöpfe wir sind, er denkt daran, dass wir nur aus Staub gebildet wurden.

Hebräer 10,17: Dann heißt es weiter: „Ich werde nie mehr an ihre Sünden und an ihren Ungehorsam gegenüber meinen Geboten denken."

Psalm 86,5: Du, Herr, bist doch gütig und gern bereit zu vergeben, reich an Gnade gegenüber allen, die zu dir rufen.

Psalm 32,5: Dann endlich bekannte ich dir meine Sünde, meine Schuld verschwieg ich nicht länger vor dir. Ich sagte: „Ich will dem Herrn alle meine Vergehen bekennen." Und du – ja, du befreitest mich von der Last meiner Sünde.

2. Chronik 7,14 (Hfa): Wenn dieses Volk, das meinen Namen trägt, sich mir in Demut unterordnet, von seinen falschen Wegen umkehrt und nach mir fragt, dann will ich ihnen vergeben und ihr geplagtes Land wieder heilen.

Apostelgeschichte 10,43: Schon die Propheten haben von ihm geredet. Durch ihn, so bezeugen sie alle übereinstimmend, bekommt jeder die Vergebung seiner Sünden – jeder, der an ihn glaubt.

Hebräer 8,12: Denn ich werde ihnen alles Unrecht vergeben und werde nie mehr an ihre Sünden denken.

Micha 7,18-19 (Hfa): Herr, wo ist ein Gott wie du? Du vergibst denen, die von deinem Volk übrig geblieben sind, und verzeihst ihnen ihre Schuld. Du bleibst nicht für immer zornig, denn du liebst es, gnädig zu sein! Ja, der Herr wird wieder Erbarmen mit uns haben und unsere Schuld auslöschen. Er wirft alle unsere Sünden ins tiefste Meer.

Jesaja 43,25 (Hfa): Ich werde euch alles vergeben – um meinetwillen. Ich werde all eure Vergehen für immer vergessen.

Sprüche 28,13: Wer seine Verfehlungen geheim hält, wird keinen Erfolg haben. Aber wer sie bekennt und in Zukunft unterlässt, wird Barmherzigkeit erfahren.

Epheser 2,8-9: Durch Gottes Gnade seid ihr gerettet, und zwar aufgrund des Glaubens. Ihr verdankt eure Rettung also nicht euch selbst; nein, sie ist Gottes Geschenk. Sie gründet sich nicht auf menschliche Leistungen, sodass niemand vor Gott mit irgendetwas großtun kann.

Psalm 130,4: Doch bei dir gibt es Vergebung, damit die Menschen dir in Ehrfurcht begegnen.

1. Johannes 2,1: Meine lieben Kinder, ich schreibe euch diese Dinge, damit ihr nicht sündigt. Und wenn jemand doch eine Sünde begeht, haben wir einen Anwalt, der beim Vater für uns eintritt: Jesus Christus, den Gerechten.

Römer 8,1: Müssen wir denn nun noch damit rechnen, verurteilt zu werden? Nein, für die, die mit Jesus Christus verbunden sind, gibt es keine Verurteilung mehr.

Jeremia 31,34 (EIN): Keiner wird mehr den andern belehren, man wird nicht zueinander sagen: Erkennt den Herrn!, denn sie alle, vom Kleinsten bis zum Größten, werden mich erkennen – Spruch des Herrn. Denn ich vergebe ihre Schuld, an ihre Sünde denke ich nicht mehr.

Jesaja 53,5 (Hfa): Er wurde blutig geschlagen, weil wir Gott die Treue gebrochen hatten; wegen unserer Sünden wurde er durchbohrt. Er wurde für uns bestraft – und wir? Wir haben nun Frieden mit Gott! Durch seine Wunden sind wir geheilt.

Zefanja 3,15.17 (Hfa): Der Herr hat das Urteil gegen euch aufgehoben; eure Feinde hat er hinweggefegt. Nun lebt er selbst als König Israels mitten unter euch [...]. Der Herr, euer Gott, ist in eurer Mitte; und was für ein starker Retter ist er! Von ganzem Herzen freut er sich über euch. Weil er euch liebt, redet er nicht länger über eure Schuld. Ja, er jubelt, wenn er an euch denkt!

ANHANG C

Vergebung praktisch

1. Was Vergebung ist

Wenn Jesus von Vergebung spricht, verwendet er das Bild der „Schulden“, um das Wesen der Sünden zu beschreiben (Matthäus 18,21-35; 6,12).

Wenn uns jemand ernsthaft Schaden zufügt, haben wir unweigerlich das Gefühl, dass dieser Mensch uns etwas schuldet. Das Unrecht hat eine Verpflichtung, eine Verbindlichkeit, eine Schuld entstehen lassen. Jeder, der geschädigt wurde, empfindet einen Drang, den Verursacher dieses Schadens dazu zu bringen, diese Schuld zu begleichen. Wir tun das, indem wir dem anderen willentlich schaden, zornige Worte wechseln, ihm ein schlechtes Gewissen machen oder einfach nur abwarten und hoffen, dass ihm irgendetwas Schlimmes zustößt.

Erst wenn wir den Verursacher unseres Schadens in angemessener Weise leiden sehen, haben wir das Gefühl, dass die Schuld beglichen wurde und keine Wiedergutmachungspflicht mehr besteht. Diesem Gefühl der Schuld/Haftung und Verpflichtung kann man nicht entkommen. Wer das leugnet, hat einfach noch nicht erlebt, dass er ernsthaft verletzt wurde oder ihm gravierendes Unrecht geschehen ist.

Was ist dann Vergebung? Vergebung bedeutet, auf das Recht auf Vergeltung zu verzichten, auf das Recht, von demjenigen, der einem Schaden zugefügt hat, Wiedergutmachung zu verlangen. Wir müssen begreifen, dass Vergebung eine Form von Leiden ist, das wir freiwillig auf uns nehmen. Was heißt das?

Machen wir uns klar, wie Geldschulden funktionieren. Wenn ein Freund meine Lampe kaputt macht und der Ersatz der Lampe fünfzig Euro kostet, dann verursacht der Akt des Zerbrechens der Lampe eine Schuld von fünfzig Euro. Wenn ich ihn die Lampe bezahlen und ersetzen lasse, bekomme ich fünfzig Euro. Aber wenn ich ihm seine Tat verzeihe, löst sich die Schuld nicht in Luft auf. Wenn ich ihm verzeihe, übernehme ich die Kosten und die Zahlung für die Lampe. (Entweder ich bezahle die fünfzig Euro, um sie zu ersetzen, oder ich muss auf das Licht in diesem Raum verzichten.) Verzeihen heißt, die Schuld zu tilgen, indem man sie bezahlt oder selbst übernimmt. Schuld muss immer von irgendjemandem bezahlt werden.

Das gilt für alle Situationen, in denen Menschen geschädigt werden, auch wenn es nicht um Geld geht. Wenn gegen Sie gesündigt wird, verlieren Sie *etwas* – sei es Glück, Ansehen, inneren Frieden, eine Beziehung, eine Chance oder etwas anderes. Es gibt zwei Möglichkeiten, darauf zu reagieren. Stellen Sie sich zum Beispiel vor, dass jemand Ihren Ruf geschädigt hat. Sie können versuchen, einen Ausgleich herzustellen, indem Sie es der anderen Person heimzahlen, indem Sie sie verleumden und Ihrerseits *deren Ruf* ruinieren. Oder Sie können dem anderen vergeben, sich weigern, mit gleicher Münze zurückzuzahlen, und so den Schaden an Ihrem Ruf in Kauf nehmen. (Sie werden ihn im Lauf der Zeit wiederherstellen müssen.)

In allen Situationen, in denen Unrecht geschieht, gibt es immer eine Schuld, und es gibt keine Möglichkeit, damit umzugehen, ohne zu leiden – entweder lässt man den Täter dafür leiden oder man vergibt und leidet selbst dafür. Entweder lässt man den Schuldner bezahlen, indem man ihn so lange verletzt, bis man das Gefühl hat, dass die Dinge ausgeglichen sind, oder man bezahlt, indem man vergibt und den Schmerz selbst trägt.

Vergebung ist immer teuer. Sie ist emotional sehr teuer – sie kostet viel Blut, Schweiß und Tränen. Wenn Sie vergeben, zahlen Sie selbst die Schulden – auf verschiedene Weise:

- Erstens, indem Sie sich entscheiden, den Verursacher des Unrechts nicht direkt zu schädigen. Sie lehnen es ab, Rache, Vergeltung oder eine Schädigung des anderen als Mittel zu nutzen, um das Gefühl der Ihnen geschuldeten Schuld, das Sie empfinden, zu lindern. Sie sind stattdessen so herzlich wie möglich. Aber Vorsicht vor den subtilen Möglichkeiten, mit denen wir versuchen, in Beziehungen doch noch einen Schadensausgleich zu erzielen.
  - Machen Sie keine abfälligen Bemerkungen und wärmen Sie die Vergangenheit nicht immer wieder auf.
  - Seien Sie gegenüber dem Menschen, der Sie verletzt hat, nicht fordernder und kontrollierender als gegenüber anderen, nur weil Sie das Gefühl haben, dass er Ihnen noch etwas schuldet.
  - Bestrafen Sie den anderen nicht mit selbstgerechter „Großmut“, die in Wirklichkeit nur dazu dient, dass der andere sich klein und Sie sich im Recht fühlen.
  - Meiden oder schneiden Sie den anderen nicht offen oder subtil.

- Zweitens zahlen Sie, indem Sie es ablehnen, schlecht über den Menschen, der Sie verletzt hat, zu sprechen. Sie vermeiden jegliche Anspielungen, Andeutungen, Gerede oder direkte Verleumdung, die ihn in den Augen anderer herabsetzen könnten.

- Sprechen Sie nicht über ihn oder sie unter dem Vorwand, andere vor ihm oder ihr zu „warnen".
- Sprechen Sie nicht schlecht über ihn oder sie unter dem Vorwand, Mitgefühl und Unterstützung zu suchen und Ihren Schmerz einmal loswerden zu müssen.

- Drittens zahlen Sie, indem Sie sich jeden negativen Gedanken über den Menschen, der Sie gekränkt oder geschädigt hat, versagen.
  - Spielen Sie nicht ständig die „Videos" des Unrechts in Ihrer Vorstellung ab, um das Gefühl von Verlust und Schmerz frisch und real zu halten, damit Sie dem Menschen, der den Schaden verursacht hat, gegenüber aktiv feindselig bleiben und sich selbst moralisch überlegen fühlen können.
  - Verunglimpfen oder dämonisieren Sie den Schadensverursacher nicht in Ihrer Vorstellung. Machen Sie sich vielmehr bewusst, dass Sie ein ebensolcher Sünder sind wie der oder die andere.
  - Hegen Sie keine Hoffnungen, dass den oder die andere irgendein Unheil oder eben schon noch die gerechte Strafe ereilen wird. Beten Sie stattdessen um Segen und um Gutes für die betreffende Person.

Vergebung wird also gewährt, bevor sie empfunden wird. Sie ist ein Versprechen, sich die drei oben genannten Dinge entschieden zu versagen, für den Schadensverursacher zu beten und sich zugleich bewusst zu machen, dass man selbst ausschließlich von der Gnade Gottes lebt. Auch wenn es äußerst schwierig und schmerzhaft ist (Sie selbst zahlen ja den Preis für die Sünde!) – praktizierte Vergebung wird Ihren Charakter vertiefen, Ihnen die Freiheit geben, mit der verletzenden Person zu sprechen und vielleicht hilfreich für sie zu sein, und zu Liebe und Frieden anstelle von Bitterkeit und Hass führen.

Und indem Sie den Preis der Sünde selbst zahlen, folgen Sie Ihrem Rabbi auf seinem Weg (Kolosser 3,13; Matthäus 18,21-35). Es ist bezeichnend, dass Nichtchristen heute sagen, das Kreuz „ergebe keinen Sinn". Warum musste Jesus sterben? Warum konnte Gott uns nicht „ einfach vergeben"? Aber *niemand*, dem schlimmes Unrecht geschieht, „vergibt *einfach so*"! Wenn jemand Ihnen Schaden zufügt, gibt es nur zwei Möglichkeiten: (a) Sie lassen ihn leiden, oder (b) Sie verzichten auf Vergeltung, und dann leiden Sie. Und wenn schon wir nicht vergeben können, ohne zu leiden, wie viel mehr muss dann Gott leiden, um uns zu vergeben? Wenn wir schon die Notwendigkeit einer Wiedergutmachung, die Schulden und das Unrecht der Sünde unweigerlich in unserer Seele spüren, wie viel mehr kennt Gott das alles? Am Kreuz sehen wir einen Gott, der uns vergibt, und das ist nur möglich, wenn Gott leidet. Am Kreuz hat Gottes Liebe seiner eigenen Gerechtigkeit Genüge getan, indem er gelitten und die Strafe für die Sünde getragen hat. Vergebung gibt es niemals ohne Leiden, Nägel, Dornen, Schweiß, Blut. Niemals.

2. Was wir brauchen, um vergeben zu können

Das Leben aus dem Evangelium schenkt uns die zwei Voraussetzungen für ein Leben in der Grundhaltung der Vergebung:

Geistliche Armut oder Demut. Man kann auf Dauer Bitterkeit gegenüber einem anderen Menschen nur dann empfinden, wenn man sich überlegen fühlt und überzeugt ist, dass man selbst „so etwas nie tun würde!“ Menschen, die nicht vergeben können oder wollen, zeigen, dass sie die Tatsache ihrer eigenen Sündhaftigkeit nicht akzeptiert haben. Wenn Paulus sagt, er sei der „größte aller Sünder“, dann übertreibt er nicht. Er sagt damit, dass er genauso zur Sünde fähig ist wie die schlimmsten Verbrecher. Unversöhnlich zu bleiben, bedeutet, dass man sich nicht darüber im Klaren ist, wie sehr man selbst der Vergebung bedarf.

Geistlichen Reichtum oder Gewissheit des Heils. Wir können nicht großherzig zu anderen sein, wenn wir selbst zu bedürftig und unsicher sind. Wenn wir allerdings Gottes Liebe und Vergebung kennen, dann gibt es eine Grenze dafür, wie tief ein anderer Mensch uns verletzen kann. Unsere wahre Identität, unseren inneren Reichtum und unseren Wert kann niemand antasten. Je mehr wir aus der Freude darüber leben, dass uns vergeben wurde, umso schneller werden wir anderen vergeben können.

Jesus sagt: „Wenn ihr aber den Menschen nicht vergebt, wird euer Vater im Himmel euch eure Verfehlungen auch nicht vergeben“ (Matthäus 6,15). Das bedeutet nicht, dass wir uns Gottes Vergebung dadurch verdienen können, dass wir selbst anderen vergeben, aber es bedeutet, dass wir uns selbst davon ausschließen können. Kein Herz, das sich wirklich zu Gott bekehrt hat, kann anderen die Vergebung verweigern. Ein Mangel an Vergebungsbereitschaft gegenüber anderen ist die direkte Folge eines Mangels an Reue gegenüber Gott. Und wir wissen, dass man eine echte Umkehr

vollziehen muss, um gerettet zu werden (Apostelgeschichte 2,38).

3. Gottes Vergebung und unsere Vergebung

Als Gott Mose seine Herrlichkeit offenbart, sagt er von sich: „Der Herr [...] ist ein barmherziger und gnädiger Gott, langmütig und reich an Huld und Treue." Er „nimmt Schuld, Frevel und Sünde weg, aber er spricht nicht einfach frei" (2. Mose 34,6-7; EIN). Erst in Jesus sehen wir, wie Gott sowohl vollkommen gerecht sein und zugleich Schuld vergeben kann, und zwar durch das Sühnopfer von Jesus (1. Johannes 1,7-9). Im Kreuz wird sowohl der Gerechtigkeit als auch der Liebe Gottes Genüge getan. Gott war so gerecht und so entschlossen, die Sünde zu richten, dass Jesus sterben musste, aber er war auch so voller Liebe und so entschlossen, unser Heil zu bewirken, dass Jesus bereitwillig starb.

Auch uns gilt das Gebot: „Geht nachsichtig miteinander um und vergebt einander, wenn einer dem anderen etwas vorzuwerfen hat" (Kolosser 3,13), und zwar auf der Grundlage des Sühnopfers Jesu für unsere Sünden: „Seid mitfühlend und vergebt einander, so wie auch Gott euch durch Christus vergeben hat" (Epheser 4,32).

Aber wir sollen Vergebung auch so praktizieren, dass die Gerechtigkeit gewahrt bleibt, so wie es Gott auch tut. „Wenn dein Bruder sündigt, weise ihn zurecht, und wenn er sein Unrecht einsieht, vergib ihm" (Lukas 17,3). Da Gott uns jedoch auf eine Weise vergibt, die die Gerechtigkeit nicht verletzt, sollten auch *wir* auf eine Weise vergeben, die die Gerechtigkeit wahrt. Christen „sind gefordert, Bitterkeit loszulassen, großmütig und grundsätzlich vergebungsbereit zu sein, auch wenn die schuldige Partei keinerlei Anzeichen von Einsicht oder Reue erkennen lässt. Andererseits wird ihr auf Gott ausgerichtetes Bemühen um Gerechtigkeit und ein Einsatz für die Ehre Gottes gewährleisten, dass das schreckliche Odium der Sünde nicht beschönigt wird."[1]

4. Wahrhaftigkeit, Liebe und Beziehungen als Ziel haben

Das Evangelium ruft uns also dazu auf, gleichermaßen (a) die Wahrheit zu sagen und das Rechte zu tun und dabei (b) grenzenlos vergebungsbereit zu sein und (c) das Ziel einer versöhnten, herzlichen Beziehung niemals aufzugeben.

Erstens: Gott fordert uns auf zu vergeben, unabhängig davon, ob der Schuldige bereut und um Vergebung gebeten hat oder nicht. Markus 11,25: „Und wenn ihr beten wollt und etwas gegen jemand habt, dann vergebt ihm, damit euer Vater im Himmel euch eure Verfehlungen auch vergibt." Hier heißt es nicht: „Vergib ihm, wenn er bereut", sondern: „Vergib ihm, wenn du gerade betest."

Zweitens erwartet Gott von uns, dass wir die Wahrheit sagen. Deshalb sagt Jesus seinen Jüngern in Lukas 17,3-4, dass sie den Bruder, der schuldig geworden ist, „zurechtweisen" und ihm, „wenn er sein Unrecht einsieht", vergeben sollen. Viele Leser denken, dass wir einen berechtigten Groll hegen können, wenn die schuldige Person nicht umkehrt, aber wir können Lukas 17 nicht so lesen, dass diese Stelle Markus 11 widerspricht. Jesus fordert hier zwei Dinge: Wir sollen von Herzen innerlich vergeben, und wir sollen zurechtweisen und dem anderen wieder auf den rechten Weg zurückhelfen. Wir sollen vollständig auf das Recht verzichten, zurückzuschlagen oder uns zu rächen, aber gleichzeitig dürfen wir nie Unrecht schönreden und müssen dafür sorgen, dass schweres Unrecht wiedergutgemacht wird.

- Das ist fast das genaue Gegenteil dessen, was wir normalerweise tun. Normalerweise sind wir nach außen hin nicht um Gerechtigkeit bemüht (wir konfrontieren die Menschen nicht und fordern sie nicht auf, sich zu ändern und Wiedergutmachung zu leisten), aber in unserem Inneren bleiben wir hasserfüllt und verbittert. Die Bibel ruft uns auf, genau das Gegenteil zu tun: Aus dem Herzen heraus zu vergeben, sodass wir kein Verlangen nach Rache haben, aber dann auch offen darüber zu sprechen, was geschehen ist, mit dem Wunsch, der schuldigen Person erkennen zu helfen, wo sie falsch gehandelt hat.

- Tatsächlich greifen innere Vergebung und äußere Korrektur sehr gut ineinander. Nur wenn Sie innerlich vergeben haben, können Sie einen anderen unvoreingenommen korrigieren – ohne ihm oder ihr ein schlechtes Gewissen machen zu wollen. Nur wenn Sie bereits vergeben haben, können Sie die Motivation aufbringen, den anderen zu korrigieren, weil es Ihnen um Gottes Sache, um Gerechtigkeit, um Gemeinschaft und um die andere Person selbst geht. Und nur wenn Sie innerlich vergeben haben, besteht die Chance, dass Ihre Worte das Herz des Täters verändern. Andernfalls wird es so voller Verachtung und Feindseligkeit sein, dass sein Träger Ihnen gar nicht zuhören wird.

- Letztlich sind die innere Vergebung *und* die äußere Zurechtweisung/Korrektur nicht unvereinbar, denn *beides* sind Akte der Liebe. Es ist niemals liebevoll, jemanden einfach mit der Sünde davonkommen zu lassen. Es ist nicht liebevoll (a) gegenüber dem Täter, der in dem sündigen Verhaltensmuster gefangen bleibt, noch (b) gegenüber den anderen, die in Zukunft geschädigt werden, noch (c) gegenüber Gott, der betrübt wird. Hier die richtige Balance zu halten, ist schwierig, denn die Grenze zwischen moralischem Zorn um Gottes willen und selbstgerechter Empörung aus verletztem Stolz ist sehr schmal. Aber jemanden nicht mit seiner Sünde zu konfrontieren, ist dennoch kein Akt der Liebe, sondern ein Akt des Egoismus.

Drittens sollen wir die Wahrheit in Liebe sagen (Epheser 4,15); wir sollen in unserem Bemühen um Gerechtigkeit behutsam und bescheiden vorgehen, um Unrecht wiedergutzumachen und dennoch die Beziehung zu erhalten oder wiederherzustellen (Galater 6,1ff.).

Zwischen diesen drei Anliegen besteht eine deutliche Spannung! Fast immer lässt sich ein Aspekt viel leichter erreichen, wenn man das Bemühen um den anderen (oder um die beiden anderen) einfach aufgibt.

Es ist zum Beispiel leicht, „die Wahrheit zu sagen“, wenn man das Ziel aufgegeben hat, eine aufrichtige Beziehung zu einem Menschen wiederherzustellen, der einen verletzt hat. Aber wenn man beides will, muss man ausgesprochen weise in Bezug darauf sein, wie man die Wahrheit zur Sprache bringt!

Ein anderes Beispiel: Es ist möglich, selbst davon überzeugt zu sein, dass man jemandem vergeben hat, aber wenn man danach immer noch am liebsten nichts mit ihm zu tun haben will (wenn es einem egal ist, ob die Beziehung weiterhin besteht), dann ist das ein Zeichen dafür, dass man zwar vielleicht die Wahrheit gesagt, aber nicht wirklich vergeben hat.

Natürlich ist es möglich, dass *Sie* diese drei Dinge in Ihrem Herzen und Verstand zusammenhalten können, aber die andere Person kann das vielleicht nicht. Es gibt keine Kultur oder keinen Persönlichkeitstyp, für den es von Natur aus einfach ist, diese drei Aspekte gleichermaßen zu berücksichtigen. Praktisch jeder wird denken: „Wenn du mich mit Fehlverhalten konfrontierst, liebst du mich nicht, oder du vergibst mir nicht." Oder: „Wenn du mich wirklich lieben würdest, würdest du mich nicht kritisieren." Gott weiß, dass viele Menschen all diese Aspekte einfach nicht zusammenkriegen. Deshalb schreibt Paulus: „Wenn es möglich ist und soweit es an euch liegt, lebt mit allen Menschen in Frieden" (Römer 12,18). Mit anderen Worten: „Tu deinen Teil und habe so gute und friedliche Beziehungen zu deinen Mitmenschen, wie die anderen es zulassen."

ANHANG D

Versöhnung praktisch

Wann ist eine Konfrontation oder Versöhnung notwendig?

Jesus sagt, wenn sich jemand schädigend gegen uns verhält, müssen wir vielleicht zu dem Betreffenden gehen und mit ihm reden. „Nehmt euch also in Acht! Wenn dein Bruder Schuld auf sich geladen hat, dann weise ihn zurecht. Bereut er sein Handeln, dann vergib ihm" (Lukas 17,3; Hfa). Aber wann sollen wir „zurechtweisen"? Jedes Mal, wenn uns jemand unrecht tut? In 1. Petrus 4,8 heißt es bekanntlich: „Die Liebe [...] deckt viele Sünden zu." Und Sprüche 10,12 untermauert dies. Das bedeutet, dass wir nicht zu empfindlich sein sollen und dass es falsch wäre, immer, wenn wir ungerecht oder unsensibel behandelt worden sind, jede Kleinigkeit zum Thema zu machen. Aber Texte wie Matthäus 18 und Lukas 17 besagen, dass es Zeiten gibt, in denen wir die Dinge ansprechen und Beschwerde erheben sollten. Wann ist das der Fall?

Hier können wir uns an Galater 6 orientieren. „Wenn sich jemand zu einem Fehltritt verleiten lässt, sollt ihr, die ihr euch von Gottes Geist führen lasst, ihm voll Nachsicht wie-

der zurechthelfen. Dabei muss aber jeder von euch auf sich selbst achtgeben, damit er nicht auch in Versuchung gerät" (Vers 1). Unter zwei Bedingungen sollten wir andere zurechtweisen:

- Erstens sollten wir den anderen auf ein Fehlverhalten hinweisen, wenn es ernst genug ist, um die Beziehung abzukühlen oder abzubrechen. Matthäus 18,15 betont, dass der Zweck einer solchen Zurechtweisung darin besteht, den Bruder zu „gewinnen", d. h. die Beziehung zu retten. Das wird auch in Galater 6,2 angedeutet, wo es heißt, dass jemanden zu korrigieren ein Weg ist, um „die Last des anderen zu tragen" – hier ist die Rede von einer gegenseitigen Abhängigkeit.

- Zweitens sollten wir korrigieren, wenn schuldhaftes Verhalten gegen uns offensichtlich Teil eines Verhaltensmusters ist, in dem die andere Person ernsthaft „gefangen" ist. Galater 6,1 („Wenn sich jemand zu einem Fehltritt verleiten lässt, sollt ihr, die ihr euch von Gottes Geist führen lasst, ihm […] wieder zurechthelfen"). Das Bild ist das eines Menschen, der oder die in einem Verhaltensmuster gefangen ist, das für ihn oder sie selbst und für andere schädlich ist. Darauf sollte man liebevoll aufmerksam machen. Wir tun es also im Interesse des anderen – um ihm oder ihr „zurechtzuhelfen". Uns liegt daran, dass er oder sie geistlich wachsen kann.

- Und wie sollen wir das tun? „Wenn sich jemand zu einem Fehltritt verleiten lässt, sollt ihr, die ihr euch von Gottes Geist führen lasst, ihm voll Nachsicht wieder zurechthelfen" (Galater 6,1). Dies ist absolut entscheidend. Wenn das

Motiv für die „Zurechtweisung“ das Wachstum des anderen ist, dann werden wir liebevoll und behutsam sein. Vers 2 und 3 weisen darauf hin, dass wir eine Korrektur nur in aller Bescheidenheit vornehmen sollten. Wir machen uns selbst zu Dienern, indem wir jemanden auf ein Unrecht hinweisen. Letztendlich ist Liebe, die Angst hat, den Menschen zu konfrontieren, dem meine Liebe gilt, in Wirklichkeit keine Liebe, sondern egoistisches Verlangen, selbst geliebt zu werden. Feigheit ist immer egoistisch und stellt die eigenen Bedürfnisse vor die Bedürfnisse des anderen. Eine Liebe, die sagt: „Ich tue alles, damit er oder sie mich liebt und achtet“, ist überhaupt keine echte Liebe. Denn es geht einer solchen Haltung nicht darum, den anderen zu lieben – es geht darum, die Liebe zu lieben, die man von der Person bekommt. Wahre Liebe ist bereit zur Konfrontation und sogar dazu, den geliebten Menschen kurzfristig zu „verlieren“, wenn es eine Chance gibt, ihm oder ihr aus einer Situation herauszuhelfen, die ihm oder ihr und anderen Menschen schadet.

Dennoch ist klar, dass es viele Situationen gibt, in denen wir den anderen nicht zurechtweisen und nicht „nach Gründen für eine Entschuldigung suchen“ sollten, selbst wenn wir sie zu Recht erwarten könnten. Je stärker wir im christlichen Leben verwurzelt sind, desto weniger empfindlich und verletzbar werden wir sein. Wenn Sie also von anderen kritisiert, brüskiert, ignoriert oder im Stich gelassen werden, sollten Sie nicht sofort kühl und distanziert reagieren. Ein reifer Christ erinnert sich rasch (a) an Zeiten, in denen er sich ebenso verhalten hat wie die verletzende Person, oder (b) an Zeiten, in denen sich später herausstellte, dass Men-

schen, die sich ihm oder ihr gegenüber verletzend oder schädigend verhalten haben, selbst sehr schwere Zeiten durchgemacht haben. Wenn Sie feststellen, dass jede kleine Kränkung durch andere Sie kühl und distanziert reagieren und innerlich auf einer Entschuldigung bestehen lässt, sollten Sie sich fragen, wie es um Ihre eigene emotionale geistliche Armut und Ihren emotionalen geistlichen Reichtum in Christus bestellt ist. Die Liebe sollte viele (das heißt, die meisten!) Sünden zudecken. Sie sollten in der Lage sein, Menschen herzlich zu begegnen, die Ihnen von Rechts wegen eine Entschuldigung schulden, die Sie aber nicht auf ihr Unrecht aufmerksam gemacht haben, weil die Kränkung eher geringfügig oder der Zeitpunkt nicht günstig war, um darüber zu sprechen, oder weil Sie den anderen nicht gut genug kannten, um sicher zu sein, dass es sich um ein permanentes Lebensmuster handelte.

Wie können wir wissen, ob in einer Beziehung Versöhnung notwendig ist? Hier sind sieben Anzeichen oder Stufen, wie diese Dynamik unser Herz beeinflusst und unsere Beziehungen abkühlen lässt. Die jeweils folgende Stufe ist immer gravierender als die vorhergehende.

- *Sie verdrehen innerlich die Augen und denken: „Du Idiot. Du kriegst es echt nicht auf die Reihe."*

  Wenn Sie solche Empfindungen in sich entdecken und keine Trauer oder Mitgefühl aufkommt, sondern Verachtung und Spott, dann stehen Sie am Anfang davon, dass eine Beziehung scheitern wird und dass Ihr Herz hochmütig und hart wird. Innerlich nennen Sie den anderen „Raca" oder „Idiot".

- *Sie hören, dass der andere ein Problem hat, und empfinden Genugtuung.*

  Sie stellen fest, dass das Unglück des anderen Sie glücklich macht, und das ist ein schlechtes Zeichen.

- *Sie ärgern sich über fast alles, was der andere tut.*

  Sie bemerken, dass Sie sich über etwas, was *dieser* Mensch getan hat, ärgern, aber wenn jemand anders dasselbe getan hätte, würden Sie darüber hinwegsehen.

- *Sie fühlen sich in der Beziehung zunehmend unwohl.*

  Die Befangenheit kann nur von einer Seite oder von beiden Seiten ausgehen. Befangenheit ist das Gefühl des Unbehagens in der Nähe des anderen.

- *Sie beginnen, den oder die andere zu meiden.*

  Das kann bedeuten, dass Sie Orte meiden, von denen Sie wissen, dass der andere sich dort aufhalten wird, oder dass Sie es, wenn Sie sich am selben Ort aufhalten, darauf anlegen, sich nicht begegnen oder sprechen zu müssen.

- *Sie haben die Möglichkeit, negative Informationen über die betreffende Person weiterzugeben, und genießen es.*

- *Sie sprechen kaum miteinander, und die Spannung zwischen Ihnen ist so offensichtlich, dass es anderen nicht verborgen bleibt.*

1. Wie versöhnen wir uns?

Wir müssen den Unterschied zwischen einer versöhnten und einer unversöhnten Beziehung kennen.

- Eine unversöhnte Beziehung ist gekennzeichnet durch (a) Vermeidung von Begegnung, (b) Kälte oder (c) Gereiztheit (d. h., wenn irgendjemand dasselbe tut wie die Person, mit der Sie nicht versöhnt sind, stört Sie das keineswegs so, wie es Sie ärgert, wenn eben *diese* Person es tut!). Wenn Sie sich dabei ertappen, dass Sie jemanden meiden, ihm oder ihr gegenüber kühl oder sehr gereizt sind (oder wenn Sie merken, dass der andere kühl oder gereizt ist oder Sie meidet), dann haben Sie wahrscheinlich eine unversöhnte Beziehung.

- Auf der anderen Seite bedeutet „Ich vergebe dir" *nicht:* „Ich vertraue dir." Manche Menschen glauben, sie hätten sich erst dann versöhnt, wenn sie der Person, die das Unrecht begangen hat, wieder vollständig vertrauen können. So ist es aber nicht. Vergebung bedeutet die Bereitschaft, alles zu tun, um das Vertrauen wiederherzustellen, aber dass dies geschieht, ist immer ein Prozess. Wie schnell und in welchem Ausmaß die Beziehung wiederaufgebaut werden kann, hängt davon ab, inwiefern Vertrauen wiedergewonnen werden kann, und das braucht Zeit, je nachdem, was oder wie gravierend das Vergehen war. Solange jemand keine Anzeichen einer echten Veränderung zeigt, *sollten* wir ihm oder ihr *nicht* vertrauen. Einem Menschen mit sündigen Gewohnheiten sofort wieder zu vertrauen, könnte sogar dazu führen, ihn oder sie zu weiteren Sünden zu verleiten. Vertrauen muss erneuert werden, und wie schnell das geschieht, hängt vom Verhalten ab. Dass Sie jemandem, der oder die Ihnen Unrecht angetan hat, nicht mehr so vertrauen wie früher (und das auch nicht tun sollten), bedeutet nicht, dass Sie keine versöhnte Beziehung zu diesem Menschen haben.

- Aber beachten wir: Dies gilt auch für die Menschen, von denen eine Entschuldigung Ihnen gegenüber angemessen wäre, deren Sünden aber in Liebe „zugedeckt" wurden (siehe oben). Jemand, der Sie enttäuscht hat, den Sie aber nicht darauf hinweisen, ist jemand, der Ihr Vertrauen in geringem Maße beschädigt hat. Wenn er oder sie sich entschuldigen würde, wären Vertrauen und Respekt wiederhergestellt, aber bis dahin können Sie immer noch eine höfliche Beziehung zu ihm oder ihr haben.

Wir müssen wissen, wie man sich versöhnt.

Wir können Matthäus 5 und Matthäus 18 als zwei unterschiedliche Ansätze für Versöhnung betrachten – Matthäus 5 sagt, was man tut, wenn man selbst einem anderen geschadet hat (oder es getan haben könnte); in Matthäus 18 geht es darum, was man tut, wenn man glaubt, dass ein anderer einem Unrecht angetan hat. Man kann diese Abschnitte aber auch so betrachten, dass sie uns zwei Schritte des normalen Versöhnungsprozesses aufzeigen, denn selten trägt nur eine Partei allein Schuld an einer zerrütteten Beziehung. Fast immer geschieht Versöhnung am besten, indem beide Parteien bereuen und vergeben – indem alle Beteiligten sowohl eigenes Unrecht eingestehen als auch das Unrecht des anderen benennen. Wenn wir diese beiden Ansätze kombinieren, können wir ein praktisches Schema wie das folgende erstellen.

- Schritt 1 (Matthäus-5-Phase): Beginnen Sie damit, alles zu benennen, was Sie selbst vielleicht falsch gemacht haben.
    - Beginnen Sie bei sich selbst. Selbst wenn Sie glauben, dass Ihr eigenes Verhalten nicht mehr als fünf Prozent des Problems ausmacht, beginnen Sie mit Ihren fünf Prozent! Finden Sie heraus, was Sie falsch gemacht haben, und nehmen Sie die Kritik dafür an.
    - Beginnen Sie damit, alles zu benennen, was Sie Ihrer Meinung nach falsch gemacht haben, und bitten Sie die andere Person, die Liste zu ergänzen (um Punkte, von denen der andere denkt, dass Sie etwas falsch gemacht oder wodurch Sie zum Scheitern der Beziehung beigetragen haben).
        * Beispiel: „Ich bin hier, weil ich traurig darüber bin, was aus unserer Beziehung (oder – falls der Begriff zutrifft – unserer Freundschaft) geworden ist. Ich habe den Eindruck, dass es ein Problem zwischen uns gibt; liege ich da falsch?“ Oder: „Also, ich

möchte dir sagen, was ich meiner Meinung nach zu dem Problem beigetragen habe – wo ich dir unrecht getan habe und unsere Beziehung kompliziert gemacht habe. Aber gibt es da vielleicht *noch etwas*, wo ich dich verletzt oder deiner Meinung nach zum Beziehungsproblem beigetragen habe?"

* Wenn Sie weitgehend im Dunkeln tappen, was schiefgelaufen ist, müssen Sie vielleicht einfach anbieten zuzuhören. Beispiel: „Ich habe den Eindruck, dass es Unstimmigkeiten zwischen uns gibt und dass ich dich irgendwie verletzt habe. Ist das so? Bitte sag mir genau, wodurch ich dich verletzt habe. Ich bin wirklich bereit zuzuhören."

- Dann hören Sie sich die Kritik an, um die Sie gebeten haben. Versuchen Sie, die geäußerte Kritik so klar und spezifisch wie möglich zu erfassen. Bitten Sie um so viele konkrete Beispiele wie möglich (aber erst, wenn der andere alles gesagt hat, was er oder sie zu sagen hat, denn diese Bitte zu früh zu äußern, könnte defensiv wirken). Wenn Ihnen jemand zum Beispiel vorwirft: „Du tyrannisierst andere", sollten Sie nachhaken, was genau – welche Worte, Handlungen oder welchen Tonfall – der andere als „tyrannisch" empfindet.

Eine praktische Checkliste für Versöhnung:

- Beten Sie in der Stille, und bitten Sie Gott um Weisheit und darum, dass Sie seine Liebe zu Ihnen spüren können.

- Gehen Sie davon aus, dass Gott Ihnen durch diese Angelegenheit etwas sagen und Ihnen zeigen will, wo Sie sich ändern oder aufmerksamer sein sollen.

- Gehen Sie davon aus, dass er auch durch einen fehlerhaften Menschen zu Ihnen spricht.

- Hüten Sie sich davor, in Verteidigungsposition zu gehen. Erklären Sie Ihre Motivation und Verhaltensweise nicht zu schnell, auch wenn Sie eine berechtigte Antwort haben oder dem Gesprächspartner zeigen können, inwiefern er oder sie falschliegt. Unterbrechen Sie den anderen nicht, sondern geben Sie ihm oder ihr Raum, seine Enttäuschung auszudrücken. Zeigen Sie Verständnis, auch wenn Sie missverstanden wurden.

- Fragen Sie immer: „Gibt es sonst noch etwas? Ich möchte es wirklich wissen!“ In Stresssituationen kann es leicht passieren, dass jemand einen Teil seiner Vorwürfe oder Bedenken zurückhält. Ermutigen Sie den anderen, dass wirklich alles auf den Tisch kommt, oder Sie werden dieses Gespräch immer wieder führen müssen!

- Machen Sie es dem oder der anderen leicht, die empfundene Kritik zu äußern – bestätigen Sie einzelne Kritikpunkte, etwa so: „Das muss schwer gewesen sein; ich verstehe, warum es dich getroffen hat.“

- Versuchen Sie, hinter der Kritik etwaige Bedürfnisse des Menschen, der die Kritik äußert, herauszuhören, um die Sie sich eventuell kümmern können.

- Hier sind einige Möglichkeiten, auf Kritik und Vorwürfe zu reagieren:

  » *Bitte, verzeih mir, dass ich______.* (Dies ist Ihr Akt der Reue, Ihre Beichte.)
  » Geben Sie Ihren Fehler zu, ohne sich zu rechtfertigen oder Ihr Verhalten auf irgendwelche Umstände zu schieben. Selbst wenn der andere übertreibt, filtern Sie den Kern dessen heraus, was Sie falsch gemacht haben, und stehen Sie dazu. Selbst wenn nur zehn Prozent des Problems auf Ihr Konto gehen, geben Sie es zu. Benennen Sie, was Sie tun wollen, um Ihr Verhalten zu ändern.
  » Sagen Sie nicht einfach „Tut mir leid", sondern bitten Sie um Verzeihung.

- Wenn Sie etwas Konkretes nennen können, sagen Sie: Das und das werde ich tun, um mich zu ändern, damit ich so etwas in Zukunft nicht mehr tue." Fragen Sie den oder die andere, ob Sie etwas tun können, um das Vertrauen wiederzugewinnen. (Wenn Sie wirklich nicht sehen, dass die Kritik berechtigt ist, fragen Sie, ob Sie das Gespräch später fortsetzen können, nachdem Sie andere, denen Sie vertrauen, gefragt haben, ob diese Kritik berechtigt sein könnte.)

Was Sie vermeiden sollten:

- Übertriebene Äußerungen, etwa: „Ich fühle mich so schrecklich, weil ich das getan habe!" Manche Geständnisse sind als schmerzhafte Katharsis, als Reinigungsritual, inszeniert, (a) um Schuldgefühle abzubauen (das Geständnis ist eine Art von Sühne/Selbstbestrafung) oder (b) um Mitgefühl zu erregen.

- Geben Sie sich andererseits aber auch nicht kühl und unbeteiligt und tun Sie die Angelegenheit nicht als Bagatelle ab. Manche Schuldeingeständnisse sind so konstruiert, dass der Stolz gewahrt bleibt, die Forderung eines Eingeständnisses formal erfüllt wird und die andere Person gezwungen wird, Sie vom Haken zu lassen, ohne dass Sie die geringste ehrliche Schuldeinsicht oder ein emotionales Bedauern zeigen.

- Vor allem: Verwandeln Sie Ihr Schuldeingeständnis nicht in einen Angriff. „Wenn ich dich verletzt habe, tut es mir leid“ fällt in diese Kategorie. Es bedeutet: „Wenn du ein normaler Mensch wärst, hättest du dich über das, was ich getan habe, gar nicht so aufgeregt.“ Äußern Sie gegenüber dem anderen keine Reue über etwas, was Sie nicht auch vor Gott bereuen, was sich beispielsweise daran zeigt, dass Sie keine konkreten Schritte zur Veränderung unternommen haben.

- Echte Schuldeinsicht hat drei Aspekte:

  » Bekenntnis vor Gott.
  » Eingeständnis gegenüber der geschädigten Partei.
  » Vorlegen eines konkreten Plans zu einer Veränderung, um das entsprechende Fehlverhalten in Zukunft zu vermeiden (vgl. Lukas 3,7-14).

- Wenn Sie Ihr Verhalten tatsächlich bereuen, benennen Sie dann die Aspekte, die Sie ehrlicherweise nicht als Fehlverhalten Ihrerseits anerkennen können.

    » „Bitte, lass mich erklären, warum ich …“
        * „Darf ich dir meine Sicht der Dinge nennen? Kannst du erkennen, dass mein Motiv oder meine Absicht ganz anders war, als du es vermutet hast?“
        * „Kannst du meine Sichtweise verstehen? Kannst du akzeptieren, dass ich dies ganz anders wahrgenommen haben könnte und aus den Beweggründen heraus gehandelt habe, die ich dir genannt habe?“
        * „Da wir dieses Thema so unterschiedlich sehen – gibt es einen Weg, wie wir vermeiden können, uns gegenseitig noch einmal so zu verletzen?“

- Schritt 2 (Matthäus-18-Phase): Sprechen Sie jetzt (falls nötig) an, inwiefern der oder die andere Sie verletzt hat.

    » Wenn Sie alle oben genannten Punkte beachtet haben, werden Sie sehr oft feststellen, dass diese Vorgehensweise den oder die andere zu einem Schuldeingeständnis bewegt, ohne dass Sie darum bitten oder es herauskitzeln müssen! Und das ist bei Weitem der beste Weg, um Versöhnung zu erreichen!

    » Wenn der oder die andere von sich aus das Unrecht nicht anspricht, können Sie so beginnen: „Aus meiner Sicht sieht es so aus, als ob …“

        * „Du hast Folgendes getan …“
        * „Und das hat für mich Folgendes bedeutet …“

* „Ich denke, es wäre für alle Beteiligten viel besser, wenn du in Zukunft Folgendes tun würdest …"
* „Ich habe dieses Gespräch gesucht, um dich zu fragen, ob ich das richtig oder falsch verstanden habe. Korrigiere mich, wenn ich falschliege. Könntest du mir erklären, was passiert ist?" Achten Sie darauf, dass Ihre Liste an Dingen, die der oder die andere getan hat, konkret und nicht vage ist.

» Wenn der oder die andere sich entschuldigt, vergeben Sie ihm – aber vermeiden Sie es, diesen Begriff zu verwenden, es sei denn, es wird ausdrücklich darum gebeten! Sagen Sie etwas wie: „Nein, ich werde dir das nicht mehr vorwerfen" oder „Lassen wir das jetzt hinter uns" oder „Denken wir nicht mehr daran". Zu sagen: „Ich vergebe dir", kann herablassend klingen.

» Allgemeine Leitlinien für diesen Teil des Prozesses:

* Achten Sie auf Ihren Tonfall und sprechen Sie freundlich und sachlich. Ein zu kontrollierter, zu betont freundlicher und ruhiger Tonfall kann herablassend klingen und genauso wütend machen wie direkt geäußerter Zorn. Aber verfallen Sie auch nicht in klebrige Schönfärberei und übertriebene Selbstanklagen, und vermeiden Sie auf jeden Fall Anschuldigungen und empörte Vorwürfe.
* Benennen Sie das Problem, aber verurteilen Sie nicht die Person (z. B. *nicht:* „Du bist echt so vergesslich", sondern: „Du hast immer wieder gesagt, du würdest das erledigen, aber du hast es nicht getan").

- * Schlagen Sie Alternativen für Handlungs- oder Verhaltensweisen vor. Achten Sie darauf, dass jede Kritik konkret und zukunftsweisend ist. Kritisieren Sie nie ein Verhalten, ohne eine Alternative vorzuschlagen: (z. B. *nicht:* „Tu das nicht." Bitten Sie stattdessen: „Könntest du vielleicht ...").
- * In der Hitze des Gefechts entdecken Sie vielleicht, dass hinter dem Verhalten des anderen der Versuch steht, ein tieferes Ziel oder Bedürfnis zu erfüllen, dass es aber konstruktivere Wege gibt, dies zu erreichen.
- * Berücksichtigen Sie auch kulturelle Unterschiede und Lebensmilieus. Jemand mit einem anderen kulturellen Hintergrund kann das, was Sie als Ihren Ausdruck von Respekt verstehen, als ziemlich respektlos und erniedrigend empfinden.

Was, wenn der oder die andere keine Versöhnung will?

- Wenn der oder die andere Ihre christlichen Überzeugungen nicht teilt:

  » Christen sind aufgefordert, Frieden und Versöhnung „mit allen Menschen" zu suchen (Hebräer 12,14; Römer 12,18), nicht nur mit Christen. Nichtchristen fühlen sich jedoch vielleicht nicht in gleicher Weise verpflichtet, in versöhnten Beziehungen zu leben.

  » Wenn das der Fall ist, gilt: „So weit es euch möglich ist." In Römer 12,18ff. finden Sie eine Menge guter Ideen, wie Sie gegenüber Menschen, die sich Ihnen gegenüber abweisend verhalten, trotzdem großmütig, freundlich, offen und herzlich sein können.

- *Wenn es einen Mitchristen aus Ihrer Gemeinde betrifft:*

  Jesus empfiehlt gemäß Matthäus 18: Wenn jemand sich trotz wiederholter angemessener Bemühungen Ihrerseits nicht versöhnen will, sollten Sie den zweiten Schritt gehen: einige christliche Freunde (vorzugsweise solche, die von der anderen Person respektiert werden) hinzuziehen, die Sie darin unterstützen, eine Versöhnung zu erreichen. Wenn das nicht funktioniert, sollten Sie „es der Gemeinde sagen" (Schritt 3) und die Ältesten oder Verantwortlichen in der Gemeinde bitten, mit der betreffenden Person zu sprechen. Dazu kann noch viel gesagt werden, es ist schon an anderer Stelle geschehen.

- *Wenn es einen Christen aus einer anderen Gemeinde betrifft:*

  Wenn die Person, mit der Sie sich versöhnen wollen, Christ ist, aber aus einer anderen Region oder einer anderen Gemeinde kommt, sollten Sie so weit wie möglich dem in Matthäus 18,15ff. vorgeschlagenen Verfahren folgen. Aber wenn Sie nicht beide zu derselben Gemeinde gehören, ist Schritt 3 („es der Gemeinde sagen") vielleicht nicht möglich. Auch hier gilt wohl: „So weit es euch möglich ist." Tun Sie, was Sie können, und begegnen Sie dem Menschen, mit dem Sie nicht versöhnt sind, so offen und herzlich wie möglich.

- *Allgemeine Hinweise:*

  » Lernen Sie, Entschuldigungen und Einsichtsbekundungen zu akzeptieren, ohne zu verlangen, dass jemand mehr eingesteht, als er oder sie ehrlicherweise tun kann. Wenn jemand so viel Einsicht und Verhaltensänderung beweist, wie Sie für angemessen halten, dann kann die Beziehung fast wieder so sein wie vorher. Wenn die oder der andere nur halb so weit geht, wie Sie es für nötig halten, dann haben Sie dennoch etwas gewonnen, auch wenn die Beziehung beeinträchtigt ist, weil Sie der Einsicht und Selbsterkenntnis des anderen noch nicht voll und ganz vertrauen.

  » Es ist in der Regel schwieriger, jemandem zu vergeben, die oder der ihren Anteil an der Verletzung nicht zugeben will und sich selbst nur rechtfertigt. Innere Vergebung kann ein längerer Prozess sein. Nutzen Sie alle geistlichen Ressourcen, die unser Glaube uns zur Verfügung stellt:

    * Machen Sie sich bewusst: Gott gebietet uns, zu vergeben. Als Christen sind wir dazu verpflichtet.
    * Machen Sie sich bewusst: Wir leben davon, dass Gott uns vergibt. Wir haben kein Recht, verbittert zu sein.
    * Machen Sie sich bewusst: Wenn Gott ein gerechter Richter sein soll, muss er allwissend sein. Aber *wir* sind nicht diejenigen, die wissen, was anderen gegenüber gerecht wäre.
    * Machen Sie sich bewusst: Das Böse besiegt uns, wenn wir zulassen, dass uns die Bitterkeit be-

herrscht! (Römer 12 besagt, dass wir das Böse durch Vergebung „überwinden" oder besiegen sollen.)

* Machen Sie sich bewusst: Wir beschädigen die Größe und den Glanz des Evangeliums, wenn wir vor den Augen der Welt unversöhnlich sind.

2. Wenn wir selbst nicht direkt an einem Konflikt beteiligt sind

- Wenn zwei Menschen in einer Gemeinde einen Konflikt miteinander haben, kann das im Herzen und im Leben der Christen in deren Umfeld, die nicht unmittelbar in den Streit verwickelt sind, viel Schaden anrichten.

- Das Schlimmste (aber auch das Normale!) ist Folgendes: Wir ergreifen Partei – was sehr typisch ist für diese Welt. Besser wäre es, die Beteiligten im Bemühen um Versöhnung zu unterstützen, für sie zu beten und uns selbst kein Urteil in der Sache zu erlauben.

- Es ist schwer, nicht mit der Partei zu sympathisieren, die einem am nächsten steht. Aber auch für diesen Menschen ist es schwer, sich den eigenen Schmerz nicht in einer Weise „vom Herzen zu reden", die die andere Konfliktpartei schlecht aussehen lässt.

- Infolge solcher Konstellationen können Sie selbst ohne Ihr Zutun unversöhnte Beziehungen zweiter und dritter Ordnung haben. Das heißt, Sie empfinden eine Distanz zu Menschen, die mit dem Menschen befreundet sind, mit dem Ihre Freundin einen Konflikt hat. Das Problem liegt auf der Hand: Es gibt keinen direkten Weg, um solche Brüche zu heilen. Wenn jemand Sie meidet, weil eine Freundin wütend auf Ihre Freundin ist, gibt es nichts, was Sie selbst an dieser Situation berichtigen könnten, indem Sie einen Fehler eingestehen oder um Verzeihung bitten können. Es ist eine geistlich vergiftete Situation.

- Das Problem besteht in diesem Fall nicht darin, dass Sie selbst falsch gehandelt haben oder dass jemand Sie verletzt hat. Das Problem besteht dann darin, dass Sie negative Informationen über einen anderen Christen gehört und diesen Raum in Ihrem eigenen Herzen gegeben haben, sodass Misstrauen und Feindseligkeit entstehen können.

Was sollten wir also tun? Schauen wir uns zunächst an, was Jakobus in Bezug auf *das Reden über andere* sagt:

- Jakobus 4,10-11: „Beugt euch vor dem Herrn, dann wird er euch erhöhen. Redet nicht schlecht übereinander, Geschwister." Das Verb, das mit „schlecht übereinander reden" (*kata-lalein*) übersetzt wird, bedeutet einfach „gegen jemanden reden". Es muss nicht unbedingt die Unwahrheit sein, sondern nur eine „Rede gegen" einen anderen – eine, die die Achtung und Liebe des Zuhörers für die Person, über die gesprochen wird, untergräbt. („So sicher wie der Nordwind Regen bringt, bringt eine geschwätzige Zunge Ärger!", Sprüche 25,23). Die Verbindung von schlechtem Reden über andere und Stolz (Jakobus 4,10) zeigt, dass dieses Reden nicht die sachliche Bewertung von Fehlern oder Mängeln ist, die wir natürlich immer vornehmen sollen. Beim „Schlechtreden" spricht der Redner vielmehr so, als würde er oder sie selbst niemals etwas dergleichen tun. Wenn wir nicht „schlecht" über einen anderen reden wollen, tun wir es freundlich, sehr bewusst, zurückhaltend und immer so, dass spürbar wird, wie sehr wir uns darüber bewusst sind, dass wir dieselbe Schwäche, Menschlichkeit und Neigung zur Sünde teilen wie der Mensch, über den wir reden. Immer werden wir ein ausgesprochenes Bewusstsein des eigenen Sünderseins erkennen lassen. Es kann nie darum gehen, jemanden „schlechtzureden".

- Jakobus 5,9: „Klagt und jammert nicht übereinander, Geschwister" [wörtlich: stöhnt nicht und verdreht nicht die Augen]. Gemeint ist ein Reden übereinander, das keine direkte Verleumdung oder ein Angriff ist, sondern eine indirekte Andeutung, nicht mit Worten, sondern mit Körpersprache: Kopfschütteln, ein entsprechender Gesichtsausdruck, die Augen verdrehen und so Liebe und Respekt gegenüber einem anderen untergraben (z. B. „Du weißt doch, wie man das hier regelt!"). Ein solches Verhalten bewirkt das Gleiche wie direkte Verleumdung. Es führt zu wütenden Blicken und untergräbt Respekt und Liebe gegenüber dem anderen.

Zweitens: Wie können wir reagieren, wenn schlecht über uns geredet wird?

- Sprüche 17,9: „Wer die Freundschaft erhalten will, der sieht über Fehler großzügig hinweg. Es bringt Freunde auseinander, wenn man auf einer Sache immer wieder herumreitet." Wenn man etwas Negatives über einen anderen Menschen hört oder sieht, sollte man als Erstes versuchen, das Geschehen zu entschuldigen, statt mit anderen darüber zu sprechen. Das heißt, statt sich davon beeinflussen zu lassen, sollten wir darauf bedacht sein, dass das Gehörte unsere Liebe und Achtung für eine Person nicht zerstört. Und wie kann das gelingen?

» Erstens, indem wir uns bewusst machen: Wir sind alle Sünder. „Alles, was einer tut, erscheint ihm selber unschuldig und rein, der HERR jedoch prüft die wahren Absichten und Beweggründe" (Sprüche 16,2). Sie erkennen, dass Sie die Dinge vielleicht nicht richtig sehen. Ihre Motive sind nie so selbstlos, wie Sie vielleicht glauben.
» Zweitens, indem wir daran denken, dass es immer eine andere Seite gibt. „Wer in einem Rechtsstreit als Erster auftritt, scheint zunächst im Recht zu sein – doch dann kommt die Gegenpartei und stellt alles infrage" (Sprüche 18,17). Man sieht nie alle Fakten. Man kann sich nie ein vollständiges Bild machen. Und deshalb sollten wir, was immer wir über andere hören, davon ausgehen, dass wir viel zu wenig Informationen haben, um uns ein endgültiges Urteil über die Situation erlauben zu können.
» Zusammenfassung: Wenn Sie etwas Negatives über einen anderen hören, sollten Sie es a) keinesfalls weiterverbreiten oder b) mit dem oder der Betreffenden sprechen, damit Sie den Respekt vor ihr oder ihm nicht verlieren.

Was, wenn Sie denken, dass das Unrecht zu groß oder zu schwerwiegend ist, um es zu ignorieren? In Derek Kidners Kommentar zu Sprüche 25,7-10 schreibt er: „Man kennt selten alle Fakten (V. 8), und die Motive, warum man eine Geschichte verbreitet, sind selten so rein, wie man sich selbst vormacht (V. 10). Sich auf das Gesetz zu beziehen oder zu den Nachbarn zu rennen, bedeutet in der Regel, vor der Verpflichtung davonzulaufen, die einer persönlichen Beziehung angemessen wäre – siehe die Worte Jesu in Matthäus 18,15b.“[1] Kurz gesagt: Wenn Sie das Gefühl haben, dass das Problem zu schwerwiegend ist und Sie nicht verhindern können, dass es Ihre Wertschätzung für einen anderen Menschen zerstört, sollten Sie persönlich zu diesem Menschen gehen, bevor Sie mit irgendjemand anderem darüber reden.

- Wann? In Galater 6,1-2 heißt es, dass wir einen Menschen, der *„sich zu einer Verfehlung hinreißen“* lässt (Hfa), im persönlichen Gespräch darauf ansprechen sollen. Das bedeutet, dass es eine Art Muster im Verhalten des anderen gibt, das schädlich ist. Konfrontieren Sie also niemanden beim ersten Mal, wenn Sie sehen oder hören, dass er oder sie vielleicht falsch handelt. Wie schon gesagt: Es gibt immer eine andere Seite, und wenn wir uns empören, sind auch unsere Motive nie ganz rein. In Galater 6 heißt es, dass wir jemanden ansprechen sollen, wenn er oder sie sich „hinreißen“ lässt, d. h. in einem Verhaltensmuster gefangen ist.

- Wie? Galater 6,1 sagt, dass wir dem oder der Betreffenden *voll Nachsicht wieder zurechthelfen* sollen. Jesus sagt in Matthäus 18, dass wir darin auch ausdauernd sein sollen. Wenn der oder die Betreffende uns nicht hören will, können wir andere hinzuziehen, auf die der andere vielleicht eher hören könnte. Matthäus 5,23ff. und 18,15ff. ermahnen uns, uns dafür einzusetzen, entzweite *Menschen miteinander zu versöhnen.*

Zusammenfassend lässt sich sagen, dass vom Alten bis zum Neuen Testament der Grundsatz gilt: Wenn wir etwas Negatives über einen anderen Christen hören, sollen wir die Sache entweder in Liebe auf sich beruhen lassen oder das persönliche Gespräch suchen, bevor wir mit anderen darüber sprechen. Vor allem und als Erstes sollten wir jegliches Urteilen vermeiden. Das Zweite ist, die Sache in Liebe nicht weiterzutragen. Der letzte Schritt, den man unternehmen kann, ist, das persönliche Gespräch zu suchen. Was wir niemals tun sollten, ist, (a) die Person, die das Problem hat, zu meiden oder (b) gegenüber anderen negativ über ihn oder sie zu reden.

Zusammenfassung

Vergebung von Gott annehmen

- Zum ersten Mal Vergebung erfahren:
  - » Verstehen, dass Sie Vergebung brauchen und welchen Preis sie hat.
  - » Aufrichtige Reue zeigen.
  - » Vergebung als Teil der Erlösung verstehen bzw. erleben.
- Vergebung als dauerhafter Bestandteil des christlichen Lebens:

- » Selbstprüfung im Hinblick auf Sünden und Begabungen.
- » Bekenntnis und Reue für: (1) Sünden, (2) hinter anderen Sünden versteckte Sünden und (3) für Gefahren, denen wir uns bewusst ausgesetzt haben, und Dinge, die wir schuldig geblieben sind.
- » Neue Erfahrung von Vergebung als Teil der Erlösung: (1) Jesus als Opfer, (2) Jesus als Fürsprecher und (3) Jesus als der Friedensbringer, den alle Völker ersehnen.

Vergebung gegenüber Menschen gewähren und empfangen

Sie sind immer gefordert, den ersten Schritt zu tun.

- Innere Vergebung aus dem Herzen heraus:

    - » Nutzen Sie die Ressourcen der göttlichen Vergebung: geistliche Armut (Identifikation mit dem Sünder) und geistlicher Reichtum (Identität in Christus).
    - » Vergebung wird gewährt, bevor sie empfunden wird. Es ist ein Versprechen: die Sache gegenüber dem oder der Betreffenden nicht immer wieder aufzuwärmen (abgesehen vom Angebot der Versöhnung – siehe unten), sie gegenüber anderen nicht anzusprechen und sie auch nicht vor sich selbst ständig wieder wachzurufen.

- Äußere Vergebung:

    - » Sagen Sie die Wahrheit – benennen Sie die Dinge, wie sie sind, und bemühen Sie sich um Gerechtigkeit.
    - » Zeigen Sie Reue, soweit es Ihren Anteil an einem Kon-

flikt betrifft und ehrlich ist, bieten Sie Verzeihung an und erklären Sie den Verzicht auf Wiedergutmachung.

- Überwinden Sie das Böse mit Gutem – das bedeutet mehr, als nur zu vergeben.
- Seien Sie offen dafür, eine vertrauensvolle Beziehung wieder aufzubauen.

ANMERKUNGEN

Einleitung

1 „A Life in Quotes: bell hooks", *The Guardian,* 15. Dezember 2021, https://www.theguardian.com/books/2021/dec/15/bell-hooks-best-quotes-feminism-race, aufgerufen am 4. Juni 2024.

2 Desmond Tutu, *No Future without Forgiveness* (New York: Doubleday, 1999). Dt. unter dem Titel: *Keine Zukunft ohne Versöhung* (Düsseldorf: Patmos, 2001).
Dieser Ansatz wird auch als „restorative justice" („wiederherstellende Gerechtigkeit") bezeichnet. Unter dieser Überschrift werden viele beeindruckende Dinge getan. Aber Definitionen und Praktiken der „Restorative Justice" unterscheiden sich. Um Alasdair MacIntyre zu paraphrasieren, lautet die Frage: „Welche wiederherstellende Gerechtigkeit?" In diesem Band möchte ich alle Dimensionen der Vergebung erforschen, und zwar auf biblischer Grundlage. Ich werde nicht versuchen, die komplexen rechtlichen, politischen und philosophischen Fragen im Zusammenhang mit der wiedergutmachenden Gerechtigkeit zu beurteilen oder meine eigene Version davon zu entwerfen.

3 Timothy Keller (@timkellernyc), „Many argue ‚forgiveness culture' helps abusers escape accountability. Desmond Tutu argued that without forgiveness abusers hold us in thrall", Twitter, 28. Dezember 2021, 11:39 Uhr. https://x.com/timkellernyc/status/1476095414310998016, aufgerufen am 4. Juni 2024.

4 Michael Eric Dyson, „Where Is the Forgiveness and Grace in Cancel Culture?", *The New York Times,* 28. Dezember 2021, https://www.nytimes.com/2021/12/28/opinion/desmond-tutu-america-justice.html, aufgerufen am 4. Juni 2024.

5 Elizabeth Bruenig (@ebruenig), „There's just something unsustainable about an environment that demands constant atonement, but actively disdains the very idea of forgiveness", Twitter, 18. Juni 2020, Zeitpunkt unbekannt (Tweet inzwischen gelöscht).

6 Mark Tooley, „Elizabeth Bruenig on Atonement and Forgiveness", *Juicy Ecumenism* (blog), 13. Juli 2020, https://juicyecumenism.

com/2020/07/13/elizabeth-bruenig-interview, aufgerufen am 4. Juni 2024.

7 Oscar Blayton, „Ain't Your Grandparents' Civil Rights Movement", *The Philadelphia Tribune*, 22. Oktober 2014, https://www.washingtoninformer.com/aint-your-grandparents-civil-rights-movement, aufgerufen am 4. Juni 2024.

8 Nathan Hersh, „Whoopi Goldberg Apologized. Punishing Her Further Is Un-Jewish", *The New York Times*, 9. Februar 2022, https://www.nytimes.com/2022/02/09/opinion/whoopi-goldberg-the-view-apology.html, aufgerufen am 4. Juni 2024.

9 Stacey Patton, „Black America Should Stop Forgiving White Racists", *The Washington Post*, 22. Juni 2015.

10 Kevin Powell, „The Insanity of White Justice and Black Forgiveness: Reducing Another Tragic Loss of Black Life to a Hallmark Card Is Not Justice", *Progressive Magazine,* 4. Oktober 2019, https://progressive.org/latest/insanity-of-white-justice-black-forgiveness-powell-191004, aufgerufen am 4. Juni 2024.

11 Preston Mitchum (@PrestonMitchum), „Black people are historically forced to show empathy to colonizers and made to feel bad when we don't", Twitter, 2. Oktober 2019, 7:58 Uhr, https://x.com/PrestonMitchum/status/1179591492157034497, aufgerufen am 4. Juni 2024.

12 Barbara Reynolds, „I Was a Civil Rights Activist in the 60s, but It Is Hard for Me to Get behind Black Lives Matter", *The Washington Post*, 24. August 2015.

13 Sabine Birdsong, „To Hell with Forgiveness Culture", *Medium* (Blog), 5. Juni 2018, https://medium.com/@vvitchplease/to-hell-with-forgiveness-culture-bf805648b43a, aufgerufen am 4. Juni 2024.

14 Sabine Birdsong, „On Forgiveness, Repentance, and Necessary Mercy", *Medium* (Blog), 24. September 2018, https://medium.com/@vvitchplease/on-forgiveness-repentance-and-necessary-mercy-4ec6bf1826ff, aufgerufen am 4. Juni 2024.

15 Johann Christoph Arnold, *Why Forgive?* (Walden, NY: Plough, 2010), 178-180. Dt. unter dem Titel *Wer vergibt, heilt auch sich selbst* (Freiburg: Kreuz, 2010). Eine ausführliche Abhandlung über diese Erweckung findet sich in Friedrich Zuendel, *The Awakening: One Man's Battle with Darkness* (Walden, NY: Plough, 2000).

Kapitel 1: Eine Geschichte der Vergebung

1 Dieser Abschnitt des Talmuds kann unter https://www.talmud.de/tlmd/talmud-uebersetzung/joma/joma-kapitel-8/#blatt-86b (aufgerufen am 4. Juni 2024) nachgelesen werden.

2 R. T. France, *The Gospel of Matthew* (Grand Rapids, MI: Wm. B. Eerdmans, 2007), 705.

3 Craig L. Blomberg, *Matthew* (Nashville: Broadman Press, 1992), 283.

4 John R. W. Stott, „The Problem of Forgiveness", in *The Cross of Christ* (Downers Grove, IL: InterVarsity Press, 1986), 87-110. Dt.: „Das Problem der Vergebung", in *Das Kreuz: Zentrum des christlichen Glaubens* (Marburg: Francke, ^{2}2009), 108-139.

5 Es ist eine grundlegende biblische Lehre, dass wir anderen gegenüber barmherzig sein und ihnen vergeben sollen, wie Gott uns gegenüber barmherzig ist und uns vergeben hat. Dennoch wird es Unterschiede geben. So ist etwa unsere Weise, anderen gegenüber barmherzig zu sein, nicht die Art und Weise, wie Gott uns seine Barmherzigkeit erweist. Denn unser Mitgefühl speist sich zum Teil daraus, dass wir in uns selbst die gleiche Schwäche und Sündhaftigkeit erkennen, die wir in dem Übeltäter sehen. Es ist offensichtlich, dass Gottes Erbarmen kein solches Element enthält.

6 Siehe Ashraf H. A. Rushdy, *After Injury: A Historical Anatomy of Forgiveness, Resentent, and Apology* (Oxford: Oxford University Press, 2018), 31-32.

7 William Cowper, „Love Constraining to Obedience", in *The New Oxford Book of Christian Verse*, Hg. Davie Donald (Oxford: Oxford University Press, 1981), 195-196. Der Originaltext lautet:

How long beneath the Law I lay
In bondage and distress;
I toiled the precept to obey,
But toiled without success.
Then all my servile works were done
A righteousness to raise;
Now, freely chosen in the Son,
I freely choose His ways.
To see the law by Christ fulfilled
And hear His pardoning voice,

Changes a slave into a child,
And duty into choice.

8 C. S. Lewis, *Mere Christianity* (New York: Macmillan, 1952), 167. Dt. unter dem Titel *Pardon, ich bin Christ* (Basel: Brunnen, 1977), 166.

9 In der Gleichniserzählung aus Matthäus 18 gewährt der König dem Diener zunächst Vergebung und entzieht sie ihm dann wieder. Wenn Jesus abschließend sagt: „So wird auch mein Vater im Himmel jeden von euch behandeln, der seinem Bruder nicht von Herzen vergibt", könnte man das so verstehen, dass es möglich ist, von Gott gerettet zu werden und Vergebung zu erhalten, die dann wieder entzogen wird, wenn man nicht vergibt. Angesichts der übrigen Lehren Jesu und der Heiligen Schrift würde dies jedoch darauf hinauslaufen, dass die Gleichnismetapher „auf allen Vieren geht". Der Bibelwissenschaftler R. T. France schreibt über diese Verse: „Ist die Verweigerung der Vergebung also eine unverzeihliche Sünde? [Aber in] 12,31-32 wurde uns gesagt, dass es nur eine unverzeihliche Sünde gibt, und das ist nicht einfach die Weigerung zu vergeben, sodass die Gegenüberstellung des vorliegenden Abschnitts mit dem größeren Kontext der Lehre Jesu eine gewisse Einschränkung ihrer absoluten Sprache nahelegen könnte [...]. Aber derartige Überlegungen, so angebracht sie für die Erstellung einer systematischen Theologie auch sein mögen, dürfen die Wirkung dieses ernüchternden Gleichnisses und der feierlichen Worte in 6,14-15, die es illustriert, nicht schmälern. Wer nicht verzeihen will, kann nicht erwarten, dass ihm vergeben wird." R. T. France, *The Gospel of Matthew* (Grand Rapids, MI: Eerdmans, 2007), 708.

Ähnlich argumentiert Craig Blomberg: „Die untergeordneten Details des Gleichnisses sollten nicht überstrapaziert werden. Vers 34 verkündet keine Lehre vom Fegefeuer. Selbst wenn man das Gefängnis, die Folterknechte und die Rückzahlung allegorisiert, erhält man ein Bild der Hölle, nicht des Fegefeuers, da dieser Mann mit ziemlicher Sicherheit niemals seine Schuld zurückzahlen oder entkommen konnte. Es ist auch nicht offensichtlich, dass es für die Rücknahme der Vergebung [des Königs] eine klare geistliche Entsprechung [bei Gott] gibt. Jesus könnte lehren, dass kein wahrer Jünger jemals so handeln könnte wie dieser Diener; wer das tut, zeigt, dass er nicht wirklich Vergebung empfangen hat. Alternativ könnte er darauf hinweisen, dass Gott jedem Vergebung gewährt, aber nur der, der sich diese Vergebung durch ein

Leben der Vergebung für andere aneignet, zeigt, dass er Gottes Vergebung wirklich angenommen hat. Eine ähnliche Lehre findet sich in der Bergpredigt (6,14-15), in der Jesus deutlich macht, dass diejenigen, die verloren sind, niemals zuvor gerettet wurden (7,21-23). Erschreckenderweise scheinen heute viele in christlichen Kreisen von diesem Urteil bedroht zu sein, weil sie sich weigern, ihren christlichen Brüdern und Schwestern zu vergeben, freundlich mit ihnen zu sprechen, mit ihnen zusammenzuarbeiten oder ihre Entschuldigungen anzunehmen." Craig Blomberg, *Matthew*, The New American Commentary, Bd. 22 (Nashville: Broadman & Holman, 1992), 285.

10 Die Geschichte von Hashim Garrett ist zu finden unter The Forgiveness Project, https://www.theforgivenessproject.com/stories-library/hashim-garrett, aufgerufen am 4. Juni 2024. Sie ist auch nachzulesen in Johann Christoph Arnold, *Why Forgive?* (Walden, NY: Plough, 2010), 24-29. Dt. unter dem Titel *Wer vergibt, heilt auch sich selbst* (Freiburg: Kreuz, 2010). Die Zitate von Hashim stammen aus diesem Buch.

Kapitel 2: Die Verflüchtigung der Vergebung

1 Delia Owens, *Where the Crawdads Sing* (New York: Putnam, 2018), 198. Dt. unter dem Titel *Der Gesang der Flusskrebse* (München: Hanser. 2022).

2 Salma Hayek, „Harvey Weinstein Is My Monster Too", *The New York Times*, 12. Dezember 2017, https://www.nytimes.com/interactive/2017/12/13/opinion/contributors/salma-hayek-harvey-weinstein.html, aufgerufen am 4. Juni 2024.

3 Danielle Berrin, „Should We Forgive the Men Who Assaulted Us?", *The New York Times*, 22. Dezember 2017, https://www.nytimes.com/2017/12/22/opinion/metoo-sexual-assault-forgiveness.html, aufgerufen am 4. Juni 2024.

4 Earthling (Pacific Northwest), Kommentar zu Berrin, „Should We Forgive?", https://nyti.ms/3wvJqLu#permid=25318811, aufgerufen am 4. Juni 2024.

5 Siehe „Dianna Ortiz, Nun Previously Abducted by Guatemalan Military, Dies at 62", Robert F. Kennedy Human Rights, 19. Februar 2021, https://rfkhumanrights.org/?s=dianna%20ortiz%20nun%20previous-

ly%20abducted%20by%20guatemalan%20military%20dies%20at%2062, aufgerufen am 4. Juni 2024.

6 Dianna Ortiz, „Theology. International Law and Torture: A Survivor's View", *Theology Today* 63, Nr. 3 (2006): 346, zitiert in Jacob und Rachael Denhollander, „Justice: The Foundation of a Christian Approach to Abuse", *Fathom*, 19. November 2018, www.fathommag.com/stories/justice-the-foundation-of-a-christian-approach-to-abuse, aufgerufen am 4. Juni 2024.

7 Susan Waters, https://www.theforgivenessproject.com/stories-library/susan-waters, aufgerufen am 4. Juni 2024.

8 Helen Blake und Nicola Lock, „Forgiveness and Reconciliation for Survivors of Sexual Abuse" (Vortrag auf der 8. Biennial Safe as Churches? Konferenz, Melbourne, Australien, 16./17. Mai 2017), http://www.ncca.org.au/images/SafeChurch//Updated_Forgiveness_and_Reconciliation_for_Survivors_of_Sexual_Abuse_Updated_11.5.17FINAL.pdf, aufgerufen am 4. Juni 2024.

9 Blake und Lock, „Forgiveness and Reconciliation".

10 Jennifer Wright, „Should We Forgive Men Accused of Sexual Assault?", *Harper's Bazaar*, 8. März 2018, https://www.harpersbazaar.com/culture/politics/a19156505/forgiving-men-accused-of-sexual-assault, aufgerufen am 4. Juni 2024.

11 Anne Theriault, „What Women Want from Jian Ghomeshi", *Flare*, 14. September 2018, https://www.flare.com/news/ghomeshi-essay (nicht mehr abrufbar).

12 Scrimshaw Jen (@ScrimshawsFire), „Forgiveness is completely overrated and just serves to create power imbalances. ‚I forgive you'= ‚I am morally superior to you' however you look at it", Twitter, 29. Mai 2021, 10:40 Uhr, https://twitter.com/ScrimshawsFire/status/1398695723567353856 (Account nicht abrufbar).

13 Jesse Dizard (@Tr4shdr4g0n), „It is a function of what Nietzsche called the slave morality of modern bourgeois society", Twitter, 31. Mai 2021, 19:45 Uhr, https://twitter.com/Tr4shdr4g0n/status/1399512374911004672, aufgerufen am 4. Juni 2024.

14 Dies ist Nussbaums Zusammenfassung von Nietzsches Position. Siehe Martha C. Nussbaum, *Anger and Forgiveness: Resentment, Generosity, Justice* (Oxford: Oxford University Press, 2016), 73-74.

15 Nussbaum, *Anger and Forgiveness*, 10.

16 Nussbaum, *Anger and Forgiveness*, 11. Hervorhebung vom Autor.

17 Nussbaum, *Anger and Forgiveness,* 10. Siehe Nussbaums Kapitel 3 („Forgiveness: A Genealogy") für eine umfassende Kritik der transaktionalen Vergebung, die sie mit der christlichen Vergebung verwechselt.

18 Malcolm Gladwell, *David and Goliath: Underdogs, Misfits, and the Art of Battling Giants* (New York: Little, Brown, 2013), 248-250.

19 Wilma Derksen, The Forgiveness Project, ohne Datum, https://www.theforgivenessproject.com/stories-library/wilma-derksen, aufgerufen am 4. Juni 2024.

20 Derksen, The Forgiveness Project.

21 Diese Darstellung findet sich in Robert Enright, „Two Weaknesses of Forgiving: It Victimizes and Stops Justice", *Psychology Today*, 10. August 2017, https://www.psychologytoday.com/intl/blog/the-forgiving-life/201708/two-weaknesses-forgiving-it-victimizes-and-stops-justice, aufgerufen am 4. Juni 2024.

22 Amanda Borschel-Dan, „Holocaust Survivor Preaches Forgiveness of Nazis as ‚ultimate Revenge'", *Times of Israel*, 8. Dezember 2016, https://www.timesofisrael.com/holocaust-survivor-preaches-forgiveness-of-nazis-as-ultimate-revenge, aufgerufen am 4. Juni 2024.

23 „María Gabriela De Faría on Growth, Empowerment, and Positive Change", *Global Heroes*, 11. Februar 2021, https://www.globalheroes.com/maria-gabriela-de-faria-empowerment, aufgerufen am 4. Juni 2024.

24 Rebecca Manley Pippert, *Hope Has Its Reasons: From the Search for Self to the Surprise of Faith* (New York: Harper & Row, 1989), 113-114.

25 L. Gregory Jones, *Embodying Forgiveness: A Theological Analysis* (Grand Rapids, MI: Eerdmans, 1995), 37.

26 Jones, *Embodying Forgiveness*, 64.

27 Jones, *Embodying Forgiveness*, 65.

28 Bradley Campbell und Jason Manning, „Microaggression and Moral Cultures", *Comparative Sociology* 13 (2014), 692-726; Bradley Campbell und Jason Manning, *The Rise of Victimhood Culture: Microagressions, Safe Spaces, and the New Culture Wars* (Cham, Schweiz: Palgrave MacMillan, 2018).

29 Die intellektuellen und sozialen Wurzeln dieser neuen Scham- und Ehren/Cancel-Culture sind vielfältig. Es gibt gute Argumente dafür, dass die sozialen Medien uns ihr in die Arme treiben. Interessanter ist jedoch die vielfach vertretene Behauptung, dass Herbert Marcuse und andere neomarxistische Denker des 20. Jahrhunderts die therapeutischen Er-

kenntnisse Freuds mit der marxistischen Reduktion der Kultur auf die Ausübung von Macht verbunden haben.

30 Andrew Sullivan, „Is Intersectionality a Religion?“, *New York*, 10. März 2017; John McWhorter, „Antiracism, Our Flawed New Religion“, *Daily Beast*, 27. Juli 2015; Michael Lind, „The Revenge of the Yankees: How Social Gospel Became Social Justice“, *Tablet*, 14. November 2020; Joshua Mitchell, *American Awakening: Identity Politics and Other Afflictions of Our Time* (New York: Encounter Books, 2020); Eric Kaufmann, „Liberal Fundamentalism: A Sociology of Wokeness“, *American Affairs* 4, Nr. 4 (Winter 2020), 188-208, Antonia Senior, „Identity Politics Is Christianity without Redemption“, *UnHerd*, 20. Januar 2020; Jonathan Haidt, „Why Universities Must Choose One Telos: Truth or Social Justice“ (Vorlesung an der Duke University, Durham, NC, 6. Oktober 2016), verfügbar unter https://heterodoxacademy.org/blog/one-telos-truth-or-social-justice-2, aufgerufen am 4. Juni 2024.

31 Sullivan, „Is Intersectionality a Religion?“

32 Siehe Émile Durkheim, *The Division of Labor in Society* (New York: Free Press, 2014).

33 Siehe Émile Durkheim, *Selected Writings*, Hg. Anthony Giddens (Cambridge, UK: Cambridge University Press, 1972); Christian Smith, *Religion: What It Is, How It Works, and Why It Matters* (Princeton, NJ: Princeton, 2017); Émile Durkheim, *The Elementary Forms of Religion* (Oxford, UK: Oxford University Press, 2008); Steven Lukes, *Moral Relativism* (New York: Picador, 2008); Jonathan Haidt, *The Righteous Mind: Why Good People Are Divided by Religion and Politics* (New York: Pantheon, 2012). Durkheim glaubte, dass ein Übergang zu einer säkularen Grundlage für moralische Werte möglich, wenn auch schwierig sei. Alan Jacobs ist der Ansicht, dass Durkheim, wenn er heute noch leben würde, besorgt wäre, dass der Übergang vielleicht schwieriger sein könnte, als er dachte. Siehe Alan Jacobs, „The Paradoxical Relevance of Durkheim to Our Time“, *Hedgehog Review*, 15. Dezember 2020, https://hedgehogreview.com/web-features/thr/posts/the-paradoxical-relevance-of-durkheim-to-our-time, aufgerufen am 4. Juni 2024.

34 Tom Holland, *Dominion: How the Christian Revolution Remade the World* (New York: Basic Books, 2019).

35 Ayjay (Alan Jacobs), „Vengeance“, *Snakes and Ladders* (Blog), 26. Juni 2017, https://blog.ayjay.org/vengeance, aufgerufen am 4. Juni 2024.

36 „Pennsylvania: The Revolt of Leo Held“, *Time*, 3. November 1967,

https://content.time.com/time/subscriber/article/0,33009,837437,00.html, aufgerufen am 4. Juni 2024.

37 D. A. Carson, *Love in Hard Places* (Wheaton, IL: Crossway Books, 2002), 72.

38 Seamus Martin, „Atrocities by Former ‚Good Guys' Seen as ‚Understandable' Desire for Revenge", *Irish Times,* 7. August 1999, https://www.irishtimes.com/news/atrocities%20by%20former%20good%20guys%20seen%20as%20understandable%20desire%20for%20revenge%201.214374, aufgerufen am 4. Juni 2024.

39 William Makepeace Thackeray, *Vanity Fair: A Novel without a Hero* (London: Bradbury and Evans, 1853), 8.

40 Hannah Arendt, *The Human Condition* (Chicago: University of Chicago Press, 1958), 237. Dt. unter dem Titel: *Vita activa oder Vom tätigen Leben* (München: Piper [20]2019), 302.

41 Martin Luther King Jr., *A Gift of Love: Sermons from „Strength to Love" and Other Preachings* (Boston: Beacon Press, 1963), 45-46.

42 Donald B. Kraybill, Steven M. Nolt, und David L. Weaver-Zercher, *Amish Grace: How Forgiveness Transcended Tragedy* (San Francisco: Jossey-Bass, 2010).

43 Kraybill, Nolt, und Weaver-Zercher, *Amish Grace*, 176-177.

44 Kraybill, Nolt, und Weaver-Zercher, *Amish Grace*, 181.

45 Siehe Artikel XIV des Dordrechter Bekenntnisses unter https://nachfolgerchristi.wordpress.com/das-dordrechter-bekenntnis-1632, aufgerufen am 4. Juni 2024.

46 Die Leser werden hier feststellen – oder wissen es natürlich schon –, dass die Täufer Pazifisten waren. Kritiker dieser Position werden fragen, ob es eine Form der Rache und Vergeltung ist, gegen Eindringlinge und Versklavung und zur Verteidigung des eigenen Landes zu den Waffen zu greifen. Aber alle Christen werden mit dem Inhalt dieses ausgezeichneten Absatzes einverstanden sein.

Kapitel 3: Die Geschichte der Vergebung

1 Carrie Fisher, *The Best Awful: A Novel* (New York: Simon & Schuster, 2005), 30. Obwohl das Zitat in Fishers Roman vorkommt, besteht kein Konsens darüber, wer der ursprüngliche Autor war.

2 Hannah Arendt, *The Human Condition* (Chicago: University of Chica-

go Press, 1958), 238. Dt.: Vita activa oder Vom tätigen Leben, hg. von Thomas Meyer (München: Pieper [20]2019), 304.

3 David Konstan, *Before Forgiveness: The Origin of a Moral Idea* (Cambridge: Cambridge University Press, 2012), ix. Konstan stimmt zwar zu, dass antike Kulturen kaum eine Vorstellung von Vergebung (oder irgendeine Wertschätzung dafür) hatten, aber er argumentiert, dass unser heutiges Verständnis von Vergebung eher auf Kant als auf die Bibel oder das Christentum zurückzuführen ist. Ich finde diese These nicht sehr überzeugend. Ich finde nicht nur, dass seine Analyse des biblischen Textes lückenhaft ist und er Passagen wie Matthäus 18 nicht genau liest, sondern er übersieht auch, wie sehr das Christentum Kants Ansichten beeinflusst hat.

4 Charles L. Griswold, *Forgiveness: A Philosophical Exploration* (Cambridge: Cambridge University Press, 2007), 2. Griswold sagt, dass der „konzeptionelle Rahmen", von dem sein Buch ausgeht, „säkular" ist.

5 Herman Bavinck, *Reformed Dogmatics*, Bd. 4, *Holy Spirit, Church and New Creation*, Hg. John Bolt, übers. von John Vriend (Grand Rapids, MI: Baker, 2008), 179.

6 Homer, *Die Ilias*, übersetzt von Johann Heinrich Voss, 18. Gesang, Z. 107-110. http://www.digbib.org/Homer_8JHvChr/De_Ilias_.pdf, aufgerufen am 4. Juni 2024.

7 Ein weiteres Beispiel: In Euripides' *Iphigenie auf Tauris* bittet Elektra die Göttin Artemis um *Gnade*, indem sie sie an ihre eigene Liebe zu ihrem Bruder Apollo erinnert, aber auch hier handelt es sich nicht um die Bitte um Freispruch, sondern um Nachsicht. Griswold, *Forgiveness*, 4.

8 Aristoteles, *Nikomachische Ethik* 1110a24-26, zitiert in Griswold, *Forgiveness*, 4.

9 Griswold, *Forgiveness*, 4-5.

10 Griswold, *Forgiveness*, 8.

11 Griswold, *Forgiveness*, 14.

12 Griswold, *Forgiveness*, 9. Siehe auch Nicholas Wolterstorff, *Justice in Love* (Grand Rapids, MI: Eerdmans, 2015), 184.

13 Kenneth J. Dover, zitiert in David J. Leigh, „Forgiveness, Pity, and Ultimacy in Ancient Greek Culture", *Ultimate Reality and Meaning* 27, Nr. 2 (June 2004): 152-161, https://utpjournals.press/doi/pdf/10.3138/uram.27.2.152.

14 Griswold, *Forgiveness*, 10-14.

15 Griswold, *Forgiveness*, 15.

16 Siehe Larry W. Hurtado, *Why on Earth Did Anyone Become a Christian in the First Three Centuries?* (Milwaukee: Marquette University Press, 2016).

17 Kenneth Scott Latourette, *A History of the Expansion of Christianity*, Bd. 1 (San Francisco: HarperOne, 1975), 167.

18 Zitiert und diskutiert in Alan Kreider, *The Patient Ferment of the Early Church: The Improbable Rise of Christianity in the Roman Empire* (Grand Rapids, MI: Eerdmans, 2016), 28.

19 Kreider, *Patient Ferment*, 29.

20 Kreider, *Patient Ferment*, 29.

21 C. John Sommerville, *The Decline of the Secular University* (Oxford: Oxford University, 2006), 69.

22 Sommerville, *Decline of the Secular University*, 69.

23 Sommerville, *Decline of the Secular University*, 69.

24 Sommerville, *Decline of the Secular University*, 70.

25 Sommerville, *Decline of the Secular University*, 70.

26 Siehe Kwame Anthony Appiah, *The Honor Code: How Moral Revolutions Happen* (New York: W. W. Norton, 2010).

27 Arendt, *Human Condition*, 214f.

28 Wolterstorff, *Justice in Love*, 185.

29 Derek Kidner, *The Message of Ecclesiastes: A Time to Mourn, a Time to Dance* (Downers Grove, IL: InterVarsity Press, 1991), 39.

30 Ian Power, „Why Does This Mozart Piece Make Me Cry Even Though It's Stupid and Probably Evil?", *Medium* (Blog), 11. Januar 2019, https://medium.com/@ianpoweromg/why-does-this-mozart-piece-make-me-cry-even-though-its-stupid-and-probably-evil-80c63c60fc7f, aufgerufen am 4. Juni 2024.

31 *Amadeus* (1984), Regie: Miloš Forman, nach einem Theaterstück von Peter Shaffer.

32 Phillip Gorski, „Where Do Morals Come From?", *Public Books*, 15. Februar 2016, www.publicbooks.org/where-do-morals-come-from, aufgerufen am 4. Juni 2024.

33 Leonard Bernstein, *The Joy of Music* (Pompton Plains, NJ: Amadeus Press, 2004), 29:

„*L.B. (Leonard Bernstein)*: Beethoven brach alle Regeln und komponierte Musik, die überwältigend richtig war. Richtigkeit – das ist das Wort! Wenn Sie das Gefühl haben, dass jeder Ton, der auf den vorhergehenden folgt, der einzig mögliche Ton ist, der in diesem Moment

und in diesem Kontext richtig sein kann, dann hören Sie wahrscheinlich Beethoven. Melodien, Fugen, Rhythmen – überlassen Sie das den Tschaikowskis, Hindemiths und Ravels. Beethoven hat das Echte, den himmlischen Stoff, die Kraft, die dich am Ende empfinden lässt: Irgendetwas stimmt in der Welt. Es gibt etwas, das durchträgt, das konsequent seinem eigenen Gesetz folgt: Etwas, dem wir vertrauen können, das uns nie im Stich lässt.
L.D. (Lyrischer Dichter): – (Leise) Aber das ist fast eine Definition von Gott.
L.B.: Genau das meinte ich."

Kapitel 4: Das Buch der Vergebung

1 Ashraf H. A. Rushdy, *After Injury: A Historical Anatomy of Forgiveness, Resentment, and Apology* (Oxford: Oxford University Press, 2018), 31.
2 Zitiert in Rushdy, *After Injury*, 31.
3 Derek Kidner, *Genesis: An Introduction and Commentary* (Downers Grove, IL: InterVarsity Press, 1972), 69, zitiert Augustinus, *Gottesstaat* 13.12.
4 Kidner, *Genesis*, 76.
5 Kidner, *Genesis*, 76.
6 Kidner, *Genesis*, 86.
7 Derek Kidner, *Psalms 73-150* (London: InterVarsity Press, 1973), 446.
8 Kidner, *Psalms 73-150*, 446.
9 Der Originaltext lautet:

Let us love and sing and wonder;
Let us praise the Savior's name.
He has hushed the Law's loud thunder;
He has quenched Mt. Sinai's flame.
He has washed us in his blood,
He has brought us nigh to God.

Let us wonder!
Grace and justice
Join and point to mercy's store.
When in grace through Christ our trust is,

Justice smiles and asks no more.
He who washed us in his blood
has secured our way to God.

10 Possidius, *Leben des Augustinus* 31.2, Übers. H. T. Weiskotten, M. M. Muller, und R. Deferrari, in Early Christian Biographies (Washington, D. C.: Catholic University of America Press, 1952), 67-124.

11 Rudolf Bultmann, „'Ἀφίημι, 'Ἄφεσισ, Παρίημι, Πάρεσισ," in *Theologisches Wörterbuch zum Neuen Testament* Bd. 1, Studienausgabe, Hg. Gerhard Kittel (Stuttgart, Berlin, Köln: Kohlhammer, 1990), 507.

12 Zwei weitere Wörter sind *apolyo*, „loslassen", wie in Lukas 6,37, und *paresis*, „übergehen", wie in Römer 3,25.

13 Wir haben nicht den Platz, um zwei Aspekte der Lehre der Evangelien über die Vergebung zu erörtern, die oft als problematisch angesehen werden. Leon Morris spricht sie kurz an: „Zwei schwierige Aspekte müssen erwähnt werden. Der eine ist die Sünde gegen den Heiligen Geist, die niemals vergeben werden kann (Mt 12,31f.; Mk 3,28f.; Lk 12,10; *vgl.* 1. Joh 5,16). Diese Sünde wird nie definiert. Im Licht der gesamten neutestamentlichen Lehre ist es jedoch unmöglich, sie als eine bestimmte Sünde zu betrachten. Der Hinweis bezieht sich vielmehr auf die fortwährende Lästerung gegen den Geist Gottes durch jemanden, der den gnädigen Ruf Gottes konsequent zurückweist. Das ist in der Tat Blasphemie." Mit anderen Worten: Die Sünde gegen den Heiligen Geist ist die Ablehnung von Jesus Christus als Retter. Da allein der Glaube an Christus Vergebung für alle Sünden bringt, ist die Ablehnung Christi die einzige Sünde, die einen von jeder Vergebung abschneidet, auch für die Sünde, Christus abzulehnen. „Die [zweite Schwierigkeit] ist Joh 20,23: ‚Wem ihr die Sünden vergebt, dem sind sie vergeben; wem ihr sie nicht vergebt, dem sind sie nicht vergeben.' Es ist mehr als schwierig, sich vorzustellen, dass Christus die Entscheidung darüber, ob die Sünden anderer Menschen vergeben werden oder nicht, in die Hände der Menschen legt. Die wichtigen Punkte sind der Plural („wem" ist in der griechischen Sprache der Plural; er bezieht sich auf Kategorien, nicht auf Einzelpersonen) und das Perfekt, das mit „sind vergeben" wiedergegeben wird (es bedeutet „sind vergeben", nicht „werden vergeben sein"). Die Bedeutung des Verses scheint also zu sein, dass die Nachfolger Jesu, wenn sie vom Heiligen Geist inspiriert sind (V. 22), in der Lage sein werden, mit Genauigkeit zu sagen, welchen

Kategorien von Menschen die Sünden vergeben sind und welchen nicht." Mit anderen Worten: Wenn Jesus seinen Jüngern die Fähigkeit gibt, Sünden zu vergeben, bedeutet das, dass er ihnen das Evangelium gibt, das den Menschen erklärt, wie sie Vergebung erhalten können. Das bedeutet, dass sie erklären können, wer Vergebung empfangen hat (jeder, der durch aufrichtigen Glauben an die Erlösung durch Christus Frieden gefunden hat) und wer nicht. Diese Zitate stammen von L. L. Morris, „Forgiveness", in *New Bible Dictionary*, Hg. D. R. W. Wood et al. (Leicester, UK, und Downers Grove, IL: InterVarsity Press, 1996), 382.

14 Siehe Anm. 4 in Kap. 5 für eine Diskussion über die „Einfachheit" Gottes – die Lehre, dass es zwischen keinem der Attribute Gottes eine echte Spannung oder einen Widerspruch geben kann.

15 C. S. Lewis, „On Forgiveness", in *The Weight of Glory and Other Addresses* (New York: Touchstone, 1980), 133. Dt. „Über Vergebung", in *Was der Laie blöckt: Christliche Diagnosen* (Einsiedeln: Johannes, 1977), 126.

16 Lewis, „Über Vergebung", 128.

17 Lewis, „Über Vergebung", 130.

18 Lewis, „Über Vergebung", 129. Hervorhebung vom Autor.

Kapitel 5: Der Gott der Liebe und des Zorns

1 Herman Bavinck, *Reformed Dogmatics*, Bd. 2, *God and Creation*, Hg. John Bolt, Übers. John Vriend (Grand Rapids, MI: Baker, 2004), 219.

2 Herman Bavinck, *Reformed Dogmatics*, Bd. 4, *Holy Spirit, Church and New Creation*, Hg. John Bolt, Übers. John Vriend (Grand Rapids, MI: Baker, 2008), 179-180.

3 L. L. Morris, „Forgiveness", *New Bible Dictionary*, Hg. D. R. W. Wood et al. (Leicester, UK, und Downers Grove, IL: InterVarsity Press, 1996), 381.

4 Hier sind wir bei der Lehre von der „Einfachheit" Gottes. Die Einfachheit Gottes bedeutet, dass alle seine Eigenschaften mit seinem einen Wesen identisch sind. Gottes Liebe und Gerechtigkeit können niemals im Widerspruch zueinander stehen, weil sie lediglich verschiedene Facetten seines Wesens sind. Der gerechte Zorn Gottes über die uns zerstörende Sünde ist ein Ausdruck seiner Liebe, und seine Liebe ist ein Ausdruck seiner Gerechtigkeit. Das Kreuz ist also nicht etwas, was

„einen Widerspruch" zwischen Gottes Liebe und Gerechtigkeit auflöst. Vielmehr ist es ein Ausdruck dafür, wie Gottes Liebe und Gerechtigkeit in der realen Zeit zusammenhängen. Weitere Informationen über die Einfachheit Gottes finden sich in Herman Bavincks *Reformed Dogmatics*, Band 2: „Die Einheit Gottes besteht jedoch nicht nur in einer Einheit der Einzigartigkeit, sondern auch in einer Einheit der Einfachheit. Tatsache ist, dass die Schrift, um die Fülle des Lebens Gottes zu bezeichnen, nicht nur Adjektive, sondern auch Substantive verwendet: Sie sagt uns nicht nur, dass Gott wahrhaftig, gerecht, lebendig, erleuchtend, liebevoll und weise ist, sondern auch, dass er die Wahrheit, die Gerechtigkeit, das Leben, das Licht, die Liebe und die Weisheit ist (Jer 10,10; 23,6; Joh 1,4-5.9; 14,6; 1Kor 1,30; 1Joh 1,5; 4,8). Daher ist jedes Attribut Gottes aufgrund seiner absoluten Vollkommenheit mit seinem Wesen identisch. Die Theologie hat diese Lehre der Schrift später unter dem Begriff ‚die Einfalt Gottes' gelehrt." Bavinck, *Reformed Dogmatics*, Bd. 2, 173-177.

5 C. S. Lewis, *The Abolition of Man* (New York: HarperOne, 2015), 27. Dt. unter dem Titel *Die Abschaffung des Menschen* (Einsiedeln: Johannes, [8]2015), 34.

6 Bavinck, *Reformed Dogmatics*, Bd. 4, 179-180.

7 Bavinck, *Reformed Dogmatics*, Bd. 4, 179-180.

8 Annie Dillard, *Pilgrim at Tinker Creek* (New York: HarperCollins, 1974).

9 Rebecca Manley Pippert, *Hope Has Its Reasons*, überarb. Ausg. (Downers Grove, IL: IVP Books, 2001), 101. Siehe Kapitel 4, „What Kind of God Gets Angry?".

10 Diese Formulierung ist meine eigene Übersetzung.

11 Siehe den kurzen, aber erhellenden biografischen Essay über Bonar von Sinclair Ferguson unter www.desiringgod.org/articles/his-hymns-make-souls-feel-whole, aufgerufen am 4. Juni 2024.

12 Horatius Bonar, *The Everlasting Righteousness* (1874; Neuauflage Edinburgh: Banner of Truth Trust, 1993), 3-4.

13 John R. W. Stott, *The Cross of Christ* (Downers Grove, IL: InterVarsity Press, 1986), 160. Dt.: *Das Kreuz: Zentrum des christlichen Glaubens* (Marburg: Francke, [2]2009, 204-205.

14 Bonar, *Everlasting Righteousness*, 4.

15 Zitiert von J. I. Packer, „Sacrifice and Satisfaction" in *Our Savior God: Studies on Man, Christ, and the Atonement*, Hg. James M. Boice (Grand Rapids, MI: Baker, 1980), 137.

[16] Bonar, *Everlasting Righteousness*, 12.
[17] William Cowper, „Love Constraining to Obedience“, in *The New Oxford Book of Christian Verse*, Hg. Davie Donald (Oxford: Oxford University Press, 1981), 195-196.

Kapitel 6: Gerechtigkeit und Liebe, Ehre und Missbrauch

[1] William Shakespeare, *Der Kaufmann von Venedig*, Akt 4, Szene 1.
[2] Robert Yarborough, „Forgiveness and Reconciliation“, in *New Dictionary of Biblical Theology*, Hg. T. Desmond et al. (Downers Grove, IL: InterVarsity Press, 2000), 500.
[3] R. K. Harrison, *Leviticus: An Introduction and Commentary*, Bd. 3, Tyndale Old Testament Commentaries (Downers Grove, IL: InterVarsity Press, 1980), 202: „Diese sogenannte ‚goldene Regel‘ wurde von Jesus (Mt 19,19; 22,39; Mk 12,31; Lk 10,27 usw.) als Ideal für altruistisches Verhalten in der Gesellschaft zitiert. Der diesem Aphorismus zugrunde liegende Gedanke war in der antiken Welt einzigartig und stellt eine der herausragendsten Moralgrundsätze des Alten Testaments dar.“
[4] Siehe insbesondere Jay Sklar, *Leviticus: An Introduction and Commentary*, Hg. David G. Firth, Bd. 3, Tyndale Old Testament Commentaries (Nottingham, UK: InterVarsity Press, 2013), 246-247.
[5] Die alttestamentliche Auffassung darüber, wie man eine Zurechtweisung richtig annimmt, findet sich in Psalm 141,5 sowie in Sprüche 9,7-8 und 15,12.
[6] Henri Nouwen, *The Road to Daybreak* (New York: Doubleday, 1990), 68. Dt. unter dem Titel *Nachts bricht der Tag an* (Freiburg: Herder, 1990 und später), 85.
[7] Rachael Denhollander, *What Is a Girl Worth?* (Carol Stream, IL: Tyndale, 2019), 140.
[8] Denhollander, *What Is a Girl Worth*, 140-141.
[9] Makonagasawa, „Atonement in Scripture: Why Penal Substitution is a Gateway Drug to Right-Wing Extremism“, Anástasis Center for Christian Education & Ministry, 22. Februar 2016, https://newhumanityinstitute.wordpress.com/2016/02/22/atonement-in-scripture-why-penal-substitution-is-a-gateway-drug-to-right-wing-extremism, aufgerufen am 4. Juni 2024.

10 Steve Chalke und Alan Mann, *The Lost Message of Jesus* (Grand Rapids, MI: Zondervan, 2004), 182-183.

11 Die Website des Podcasts ist https://www.christianitytoday.com/ct/podcasts/rise-and-fall-of-Mars-Hill, aufgerufen am 4. Juni 2024.

12 Rick Pidcock, „I Lived in the Culture of ‚The Rise and Fall of Mars Hill' and There's One Part of the Story That's Wrong", *Baptist News Global*, 24. August 2021, https://baptistnews.com/article/i-lived-in-the-culture-of-the-rise-and-fall-of-mars-hill-and-theres-one-part-of-the-story-thats-wrong/#.YdDAcxPMJhF, aufgerufen am 4. Juni 2024.

13 Denhollander, *What Is a Girl Worth*, 99.

14 Denhollander, *What Is a Girl Worth*, 100-101.

15 Denhollander, *What Is a Girl Worth*, 103.

16 Jacob und Rachael Denhollander, „Justice: The Foundation of a Christian Approach to Abuse" (Vortrag bei der 70. Jahrestagung der Evangelical Theological Society, Denver, CO, 13. November 2018), https://www.fathommag.com/stories/justice-the-foundation-of-a-christian-approach-to-abuse, aufgerufen am 4. Juni 2024. Dieses wichtige Dokument richtet sich an evangelikale protestantische Christen, ist aber ebenso relevant für andere Zweige der christlichen Kirche, insbesondere für die römisch-katholische, in der es ebenfalls jahrzehntelang sexuellen Missbrauch und Vertuschung gegeben hat.

17 Fleming Rutledge, *The Crucifixion: Understanding the Death of Jesus Christ* (Grand Rapids, MI: Eerdmans, 2017), 129.

18 Denhollander, „Justice".

19 Miroslav Volf, *Free of Charge: Giving and Forgiving in a Culture Stripped of Grace* (Grand Rapids, MI: Zondervan, 2005), 145. Dt. unter dem Titel *Umsonst: Geben und Vergeben in einer gnadenlosen Kultur* (Gießen: Brunnen, 2012), 187.

20 John R. W. Stott, *The Cross of Christ* (Downers Grove, IL: InterVarsity Press, 1986), 133. Dt.: *Das Kreuz: Zentrum des christlichen Glaubens* (Marburg: Francke, [2]2009), 169.

21 Denhollander, „Justice". Hervorhebung vom Autor.

22 Denhollander, „Justice".

23 Denhollander, „Justice".

24 Denhollander, „Justice".

25 Denhollander, „Justice".

26 Denhollander, *What Is a Girl Worth*, 310.

27 Mez McConnell, *The Creaking on the Stairs: Finding Faith in God through*

Childhood Abuse (Fearn, Rossshire, UK: Christian Focus Publications, 2019).

28 Mez McConnell, „The Rock-Solid Hope of Penal Substitutionary Atonement (Part 3)“, 20 Schemes Equip, 8. Oktober 2020, https://20schemesequip.com/rock-solid-hope-penal-substitutionary-atonement, aufgerufen am 4. Juni 2024.

Kapitel 7: Die Grundlagen der Vergebung

1 Fjodor Dostojewski, *Die Brüder Karamasow*, https://www.textlog.de/dostojewski/roman/brueder-karamasow/aus-den-gespraechen-und-belehrungen-des-starez-sossima, aufgerufen am 4. Juni 2024.

2 Robert H. Gundry, *Mark: A Commentary on His Apology for the Cross*, Bd. 2 (Grand Rapids, MI: Eerdmans, 1993), 649.

3 Craig A. Evans, *Mark 8,27-16,20*, Bd. 34B, Word Biblical Commentary (Dallas: Word, 2001), 193. „Man verfehlt das Wesen der Gegenseitigkeit in all diesen Abschnitten, wenn man Gottes Vergebung als etwas ansieht, das dadurch verursacht oder verdient wird, dass man anderen vergibt. Wie das Gleichnis vom unbarmherzigen Knecht in Mt 18,21-35 zeigt, muss das eigene Vergeben aus der erfahrenen Vergebung erwachsen. Barmherzigkeit erfahren zu haben und nicht selbst barmherzig zu sein, bedeutet daher in Wirklichkeit, Gottes gnädige Annahme nicht erfahren zu haben, und macht das Gebet als Ausdruck der Beziehung zu Gott, wie es in V. 22-24 verstanden wird, zu einem Hohn.“

4 James R. Edwards, *The Gospel According to Luke*, The Pillar New Testament Commentary, Hg. D. A. Carson (Grand Rapids, MI, Cambridge, und Nottingham, UK: Wm. B. Eerdmans and Apollos, 2015), 478.

5 Church of England, https://www.churchofengland.org/prayer-and-worship/worship-texts-and-resources/book-common-prayer/articles-religion, aufgerufen am 4. Juni 2024.

6 D. A. Carson, *Love in Hard Places* (Wheaton, IL: Crossway Books, 2002), 81.

7 Ich leihe mir hier Begriffe von zwei Autoren, die die gleiche Formulierung für zwei Aspekte der Vergebung verwenden: David Powlison, *Good and Angry: Redeeming Anger, Irritation, Complaining, and Bitterness*

(Greensboro, NC: New Growth Press, 2016), 84-87, und Carson, *Love in Hard Places*, 82.

8 Carson, *Love in Hard Places*, 85.

9 Johann Christoph Arnold, *Why Forgive?* (Walden, NY: Plough, 2010), 183-184. Siehe Einleitung Anm. 15.

10 Arnold, *Why Forgive*, 185.

11 Powlison, *Good and Angry*, 86.

12 D. A. Carson, „Matthew" in *The Expositor's Bible Commentary*, Bd. 8, Hg. Frank E. Gaebelein (Grand Rapids, MI: Zondervan, 1995), 155-157.

13 John R. W. Stott, *Christian Counter-Culture: The Message of the Sermon on the Mount* (Leicester, UK, und Downers Grove, IL: InterVarsity Press, 1978), 105. Dt: *Die Botschaft der Bergpredigt* (Worms: Pulsmedien, 2010), 120.

14 R. T. France, *The Gospel of Matthew*, The New International Commentary on the New Testament (Grand Rapids, MI: Wm. B. Eerdmans, 2007), 221.

15 „So wie dieser Rechtsgrundsatz von dem überholt wird, worauf er hinweist, so ist es auch mit der Herzenshärte. Die alttestamentlichen Propheten sagten eine Zeit voraus, in der sich das Herz des Volkes Gottes ändern und es unter einem neuen Bund leben würde (Jer 31,31-34; 32,37-41; Hes 36,26). Es würden nicht nur die Sünden des Volkes vergeben werden (Jer 31,34; Hes 36,25), sondern der Gehorsam gegenüber Gott würde von Herzen kommen (Jer 31,33; Hes 36,27), wenn das eschatologische Zeitalter anbricht. Die Unterweisung Jesu in diesen Fragen ist also eschatologisch begründet. In Jesus und dem Reich erfüllt sich (wenn auch nur teilweise) die alttestamentliche Verheißung, das eschatologische Zeitalter, das Gesetz und Propheten prophezeit hatten (Mt 11,13); und die Prophezeiungen, die das Böse eindämmten und gleichzeitig auf das Eschaton hinwiesen, werden nun durch das neue Zeitalter und die neuen Herzen, die es mit sich bringt, abgelöst (vgl. Piper, S. 89-91)". Carson, *Matthäus*, 156.

16 D. Martyn Lloyd-Jones, *Studies in the Sermon on the Mount*, Bd. 1 (Grand Rapids, MI: Eerdmans, 1969), 279. Dt.: *Bergpredigt, Bd. 1 -- Predigten über Matthäus 5,3-48* (Friedberg: 3L-Verlag 32013), 331-332.

17 France, *Gospel of Matthew*, 223.

18 France, *Gospel of Matthew*, 224.

19 France, *Gospel of Matthew*, 224.

[20] Skinner starb 1994 an Leukämie. „Tom Skinner, 52, Minister und Trainer", *The New York Times*, 26. Juni 1994, https://www.nytimes.com/1994/06/26/obituaries/tom-skinner-52-minister-and-trainer.html, aufgerufen am 4. Juni 2024.

[21] Tom Skinner, *Black and Free* (Grand Rapids, MI: Zondervan, 1970), 88.

[22] Skinner, *Black and Free*, 89.

Kapitel 8: Die Notwendigkeit der Vergebung für uns

[1] Wilfred M. McClay, „The Strange Persistence of Guilt", *Hedgehog Review* 19, Nr. 1 (Frühjahr 2017).

[2] In den letzten zwanzig Jahren hat es sich eingebürgert zu sagen, dass Schuld ein schlechtes Gefühl wegen etwas ist, was man getan hat, während Scham ein schlechtes Gefühl darüber ist, wer bzw. wie man ist. Diese Vorstellung ist zwar populär, aber umstritten. Eine bessere und vertretbarere Unterscheidung ist eine, die Schuld eher als individuell und Scham als gesellschaftlich betrachtet. Das heißt, wenn ich etwas Falsches tue, fühle ich mich schuldig und habe das Gefühl, dass ich bestraft werden muss. Aber ein Fehlverhalten kann auch Schande über meine Familie, mein Volk bringen, und das ist eine zusätzliche Belastung. Bei nicht westlichen Menschen ist es wahrscheinlicher, dass sie eigenes Fehlverhalten so interpretieren, dass es Schande über ihre Gemeinschaft bringt. Für unsere Zwecke werde ich Scham und Schuld so verwenden, dass sie praktisch dasselbe meinen – das Gefühl, versagt zu haben und Bestrafung zu verdienen.

[3] McClay, „Strange Persistence of Guilt".

[4] McClay, „Strange Persistence of Guilt".

[5] McClay, „Strange Persistence of Guilt".

[6] John Updike, Vorwort zu *Franz Kafka: The Complete Stories* (New York: Schocken, 1995), xx.

[7] Einige Leser werden eine Ähnlichkeit zwischen „Feigenblättern" und „Götzen" bemerken – Dinge, die in unserem Leben die Rolle von Pseudogöttern spielen. Es stimmt, im Wesentlichen sind sie das Gleiche. Sie hier Feigenblätter zu nennen, hilft uns, die besondere Art und Weise zu sehen, in der sie uns helfen zu kontrollieren, wie andere uns sehen, und

sogar, wie wir uns selbst sehen. Mehr über das spirituelle Phänomen des Götzendienstes in meinem Buch *Counterfeit Gods: The Empty Promises of Money, Sex, and Power and the Only Hope That Matters* (New York: Penguin, 2011), Dt.: *Es ist nicht alles Gott, was glänzt: Was im Leben wirklich trägt* (Gießen: Brunnen, [7]2024).

8 Derek Kidner, *Genesis: An Introduction and Commentary* (Downers Grove, IL: Inter-Varsity Press, 1972), 199.

Kapitel 9: Gottes Vergebung annehmen

1 Charles Wesley, „And Can it Be?" (1739). Dieses Lied erzählt von der Bekehrung seines Autors. Der hier zitierte Text lautet im Original:
Long my imprisoned spirit lay
Fast bound in sin and nature's night;
Thine eye diffused a quick'ning ray --
I woke. The dungeon flamed with light;
My chains fell off, my heart was free,
I rose, went forth, and followed thee.

2 William Shakespeare, Macbeth, 5. Akt, Übers. Dorothea Tieck, http://www.william-shakespeare.de/macbeth/macbeth_5akt.htm, aufgerufen am 4. Juni 2024.

3 Ein gängiges Beispiel für einen internen/horizontalen Ansatz zur Selbstvergebung findet sich in Keir Brady, „7 Tips For Practicing Self-Forgiveness", Keir Brady Counseling Services, ohne Datum, https://keirbradycounseling.com/self-forgiveness, aufgerufen am 4. Juni 2024.

4 Gail Sheehy, *Passages: Predictable Crises of Adult Life* (New York: E. P. Dutton, 1976).

5 Colin Tiping, *Radical Self-Forgiveness: The Direct Path to True Self-Acceptance* (Boulder, CO: Sounds True, 2011), 133. Dt. unter dem Titel *Radikale Selbstvergebung* (München: Wilhelm Heyne Verlag, 2017). „Ich bin ein spirituelles Wesen, das eine menschliche Erfahrung macht. Damit meine ich, dass ich ein Leben auf der Erde gewählt habe, um meine Lektionen zu lernen und spirituell auf eine höhere Stufe zu kommen. […] Ich bin mit dem Bedürfnis in dieses Leben gekommen, vollständig zu begreifen, was Einheit bedeutet, indem ich das Gegenteil davon erfahre – die Trennung. Ich habe bereits vor meiner Inkarnation

mit anderen Seelen vereinbart, dass sie mir die Dinge, die sie tun, nicht so sehr *antun*, als dass sie sie *für mich* tun, auch wenn es sich von der menschlichen Ebene aus oft so anfühlt, als würden sie mir etwas antun. Meine Mitmenschen sorgen dafür, dass ich reichlich Gelegenheit zum Lernen habe, während ich hier bin. […] In spiritueller Hinsicht [passiert] niemals etwas Falsches […]. Dennoch bin ich voll für mein Tun auf der menschlichen Ebene verantwortlich." https://www.google.de/books/edition/Radikale_Selbstvergebung/T7bwbZFICroC?hl=de&gbpv=1&dq=Colin+Tipping+radikale+Selbstvergebung&printsec=frontcover, aufgerufen am 4. Juni 2024.

6 Darrell L. Bock, *Luke 9,51–24,53*, Baker Exegetical Commentary on the New Testament (Grand Rapids, MI: Baker, 1996), 1118-1119.

7 In der gesamten Kirchengeschichte haben Seelsorger das geistliche Problem des „überkritischen Gewissens" erkannt. Siehe zum Beispiel Charles Hodge, „Diseased Conscience", in *Princeton Sermons* (1879; Neuauflage, Edinburgh: Banner of Truth, 2011), 122; William Bridge, „A Lifting Up in the Case of Lack of Assurance", in *A Lifting Up of the Downcast* (1649; Neuauflage, Edinburgh: Banner of Truth, 1961), 128-151; Thomas Brooks, „Precious Remedies against Satan's Devices" (1652), in *The Works of Thomas Brooks*, Bd. 1 (Edinburgh: Banner of Truth, 1980), 91-117.

8 Brooks, *Works of Thomas Brooks*, Bd. 1, 16.

9 *Broadchurch*, Folge 6, Regie: James Strong, Buch: Chris Chibnall, ausgestrahlt am 8. April 2013 auf BBC.

10 Richard Sibbes, *The Bruised Reed* (1630; Neuauflage, Edinburgh: Banner of Truth, 1998), 12.

11 Stephen Charnock, *The Works of Stephen Charnock*, Bd. 4, *The Knowledge of God* (Edinburgh: Banner of Truth, 1985), 199.

12 John Newton, „Let.11 to Rev.Mr.S.", in *Works of John Newton*, Bd. 6 (Edinburgh: Banner of Truth, 1985), 185-186.

13 Alle drei Akte der Umkehr finden sich auch in Psalm 51, aber um der Klarheit und Kürze willen werden wir sie nur anhand von Sprüche 28,13 betrachten.

14 Johann Christoph Arnold, *Why Forgive?* (Walden, NY: Plough, 2010), 175-176. S. Einleitung, Anm. 15.

15 Aus C. John Miller, „Completely Forgiven", Broschüre im Selbstverlag, 1987, 10.

16 Bruce K. Waltke, *The Book of Proverbs, Chapters 15-31*, The New In-

ternational Commentary on the Old Testament (Grand Rapids, MI: Wm. B. Eerdmans, 2005), 417-418.

17 William Cowper, „Sometimes a Light Surprises", *Olney Hymns* (1779): „Sometimes a light surprises the Christin as he sings; It is the Lord who rises, with healing in his wings."

18 Johann Heermann, „Herzliebster Jesu, was hast du verbrochen" (1730), EG 81.

19 Charles Hodge, *Princeton Sermons* (1879; Neuauflage, Edinburgh: Banner of Truth, 2011), 48-49.

20 Thomas R. Schreiner, „Luke", in *ESV Expository Commentary*, Bd. 8, Hg. I. Duguid, J. M. Hamilton und J. Sklar (Wheaton, IL: Crossway, 2021), 838.

21 Es ist viel darüber diskutiert worden, ob Gott an David gerecht gehandelt hat. David hatte sowohl Urija als auch Batseba Unrecht angetan und die Gesetze Gottes gebrochen, den Bund, der die Grundlage für sein Königtum bildete. Sollte es keine gerechte Strafe für seine Taten geben? Die Bibel zeigt uns, dass es sie gab. Anders als Saul, der nicht wirklich umkehrte, tat David es. Und so gewährte Gott es ihm, König zu bleiben. Aber Gott übte Gerechtigkeit gegenüber David durch den Tod von Davids Sohn. Hier sehen wir also wieder, dass Gott sowohl vergibt als auch gerecht ist.

22 Dieser Absatz fasst Billy Grahams Bericht in *Just As I Am: The Autobiography of Billy Graham* (New York: HarperCollins, 1997), 254-259, zusammen. Dt. unter dem Titel: *So wie ich bin: Die Autobiografie* (Gießen: Brunnen, 1998), 264-268.

23 Dick Lucas, „Romans 3,9-31", Predigt, 6. Januar 1970, St Helen's Bishopsgate, https://www.st-helens.org.uk/resources/talk/3027, aufgerufen am 4. Juni 2024.

Kapitel 10: Unsere Vergebung für andere

1 Charlotte Brontë, *Jane Eyre,* Teil II, Kap. 14 Ende, https://www.projekt-gutenberg.org/brontec/janeeyre/jane2-14.html, aufgerufen am 4. Juni 2024.

2 Lewis Smedes, *Love within Limits: Realizing Selfless Love in a Selfish World* (Grand Rapids, MI: Eerdmans, 1978), 75.

3 Miroslav Volf, *Exclusion and Embrace* (Nashville: Abingdon, 1996), 124.

Dt. unter dem Titel *Von der Ausgrenzung zur Umarmung* (Marburg: Francke, 2012), 159-160.

4 Rudolf Bultmann, „ʻΑφίημι, ʻΆφεσισ, Παρίημι, Πάρεσισ", *in Theologisches Wörterbuch zum Neuen Testament* Bd. 1, Studienausgabe, Hg. Gerhard Kittel (Stuttgart, Berlin, Köln: Kohlhammer, 1990), 507.

5 Dan Hamilton, *Forgiveness* (Madison, WI: InterVarsity Christian Fellowship, 1980), 10.

6 Hamilton, *Forgiveness*, 10.

7 Hamilton, *Forgiveness*, 11-13.

8 Brontë, *Jane Eyre*, s. Anm. 1 zu diesem Kapitel.

9 Es mag hilfreich sein, darauf hinzuweisen, dass das Unrecht, das der Täter begangen hat, manchmal weniger bewusst oder sogar tatsächlich unabsichtlich begangen wurde. Vergebung und Reue sind auch dann erforderlich, wenn ein Schaden entstanden ist, selbst wenn die Sünde nur aus Gedankenlosigkeit oder Unachtsamkeit begangen wurde.

10 Doris Kearns Goodwin, *Team of Rivals: The Political Genius of Abraham Lincoln* (New York: Simon & Schuster, 2005), 679-680, zitiert in David Powlison, *Good and Angry: Redeeming Anger, Irritation, Complaining, and Bitterness* (Greensboro, NC: New Growth Press, 2016), 93.

11 Corrie ten Boom mit John und Elizabeth Sherrill, *The Hiding Place* (Grand Rapids, MI: Baker, 2006). Dt. unter dem Titel *Die Zuflucht* (Holzgerlingen: SCM Hänssler, 2015).

12 ten Boom, *Die Zuflucht*, 278, vgl. auch Corrie ten Boom, „Guideposts Classics: Corrie ten Boom on Forgiveness", Guideposts, undatiert, https://guideposts.org/positive-living/guideposts-classics-corrie-ten-boom-forgiveness, aufgerufen am 4. Juni 2024.

13 ten Boom, „Guideposts Classics".

14 ten Boom, „Guideposts Classics", vgl. *Die Zuflucht*, 279.

15 ten Boom, „Guideposts Classics".

16 Joel B. Green, *The Gospel of Luke* (Grand Rapids, MI: Eerdmans, 1997), 613.

17 Green, *Gospel of Luke*, 624.

Kapitel 11: Von der Vergebung zur Versöhnung

1 *Ted Lasso*, Staffel 1, Folge 9, „All Apologies", Regie: M. J. Delaney, Drehbuch: Jason Sudeikis, Bill Lawrence, Brendan Hunt, Erstausstrahlung am 25. September 2020 auf Apple TV.

2 Das griechische Wort, das mit „innerlich erregt" oder „erschüttert", in älteren Übersetzungen auch mit „ergrimmt", wiedergegeben wird, bedeutet „vor Zorn brüllen oder schnauben". Jesus war von Zorn erfüllt. Siehe die Diskussion von D. A. Carson, *The Gospel According to John* (Grand Rapids, MI: Eerdmans, 1990), 415-416.

3 D. A. Carson, „Matthew", in *The Expositor's Bible Commentary*, Bd. 8, Hg. Frank E. Gaebelein (Grand Rapids, MI: Zondervan, 1995), 150.

4 R. T. France, *The Gospel of Matthew*, The New International Commentary on the New Testament (Grand Rapids, MI: Wm. B. Eerdmans, 2007), 692.

5 France, *Gospel of Matthew*, 692.

6 France, *Gospel of Matthew*, 693.

7 Michael Green, *Matthew: The Bible Speaks Today* (London: Hodder and Stoughton, 1988), 174.

8 Green, *Matthew*, 174. Es muss ergänzt werden, dass Greens Rat, nicht „immer hinter verschlossenen Türen zu handeln", besonders wichtig ist, wenn es um Missbrauch geht oder zu Tätlichkeiten gekommen ist und ein Verstoß gegen das Gesetz vorliegt. In solchen Fällen muss das Vergehen nicht nur vor die Gemeinde, sondern auch vor Gericht gebracht werden.

9 Man sollte beachten, dass gegenüber jemandem, der besonders polarisierend oder feindselig agiert, möglicherweise eine größere Distanzierung angebracht ist. Siehe 2. Thessalonicher 3,14. Wie in Anm. 8 erwähnt, sollte die Gemeinde bei Verstößen gegen das Gesetz den Täter anzeigen.

10 Zu der Frage, wie sich dieser Text auf die offizielle Gemeindezucht bezieht, siehe Edmund Clowney, „The Marks of the Church", in *The Church: Contours of Christian Theology* (Downers Grove, IL: InterVarsity Press, 1995), 99-115; Daniel E. Wray, *Biblical Church Discipline* (Edinburgh: Banner of Truth, 1978); Jay E. Adams, *Handbook of Church Discipline* (Grand Rapids, MI: Zondervan, 1986); D. A. Carson, *Love in Hard Places* (Wheaton, IL: Crossway Books, 2002).

11 Viele Menschen sind irritiert von der Aufforderung, „brennende Koh-

len auf ihr Haupt zu schütten". Die meisten Ausleger räumen ein, dass es keinen Konsens über die Bedeutung dieser Metapher gibt. Einige meinen, es bedeute, dass Freundlichkeit gegenüber Feinden diese emotional schmerzt oder die göttliche Strafe verstärkt. Das Problem mit dieser Vorstellung ist, dass sie überhaupt nicht in den Kontext passt – alles andere in dem Abschnitt spricht gegen Schädigung oder Vergeltung. Die meisten modernen Ausleger halten es für weitaus wahrscheinlicher, dass die Erfahrung, dass Böses mit Gutem vergolten wird, das Gewissen mehr plagt und eher zur Einsicht der Schuld und zu Reue führt als Vergeltung. Siehe Douglas Moo, *The Epistle to the Romans*, New International Commentary, 1. Auflage (Grand Rapids, MI: Eerdmans, 1996), 788-789.

12 Barry Bearak, „Forgiving Her Family's Killers, but Not Their Sins", *The New York Times*, 3. September 1999.

13 D. Martyn Lloyd-Jones, *Romans: Exposition of Chapter 12 – Christian Conduct* (Edinburgh: Banner of Truth, 2000), 489.

14 Lloyd-Jones, *Romans*, 489.

15 Lloyd-Jones, *Romans.*

Epilog

1 Der Text des bekannten Gospelstückes von Charles Austin Miles aus dem Jahr 1912 lautet im Original:

I come to the garden alone
While the dew is still on the roses
And the voice I hear falling on my ear
The Son of God discloses.

Refrain:
And He walks with me, and He talks with me,
And He tells me I am His own;
And the joy we share as we tarry there,
None other has ever known.

He speaks, and the sound of His voice,
Is so sweet the birds hush their singing,

And the melody that He gave to me
Within my heart is ringing.

Refrain
I'd stay in the garden with Him
Though the night around me be falling,
But He bids me go; through the voice of woe
His voice to me is calling.

Refrain

2 Aljean Harmetz, „How Endings Have Affected Two Recent Movies", *The New York Times*, 8. Oktober 1984.

Anhang C: Vergebung praktisch

1 D. A. Carson, *Love in Hard Places* (Wheaton, IL: Crossway Books, 2002), 83.

Anhang D: Versöhnung praktisch

1 Derek Kidner, *Proverbs: An Introduction and Commentary* (Downers Grove, IL: InterVarsity Press, 1964), 157.

Kathy und Timothy Keller

Ehe

Gottes Idee für das größte Versprechen des Lebens

288 Seiten, gebunden
ISBN 978-3-7655-1305-3
Auch als E-Book erhältlich

„Wenn wir verliebt sind, wird unsere Ehe glücklich."
„Mein Ehepartner muss meine emotionalen, sexuellen und geistigen Sehnsüchte erfüllen!"
Timothy Keller ist überzeugt, dass solche Vorstellungen von Ehe in die Irre führen: „Ehe ist wunderbar, aber harte Arbeit. Ich kenne keine Ehe, die mehr als ein paar Wochen alt ist und die man als wahr gewordenes Märchen bezeichnen könnte. An manchen Tagen kommt einem die Ehe wie ein unlösbares Rätsel vor, wie ein Labyrinth, in dem man sich verlaufen hat."

Zusammen mit seiner Frau Kathy zeigt Timothy Keller, was Gott sich dabei gedacht hat, als er die Ehe erfand – erfrischend ehrlich und unsentimental, aber begeistert von Gottes wunderbarem Plan.

„Dieses Buch ist eine Goldgrube an Weisheit!"
Rezension auf Amazon

BRUNNEN VERLAG GIESSEN
www.brunnen-verlag.de